Peter Gerdes (Herausgeber)

D1924186

FIESE FRIESEN

Kriminelles zwischen Deich und Moor

LEDA

Fiese Friesen
Kriminelles zwischen Deich und Moor
Herausgegeben von Peter Gerdes
1. Auflage 2011
OA 2005
ISBN 978-3-939689-83-6
© Leda-Verlag. Alle Rechte vorbehalten
Die Rechte an den einzelnen Beiträgen liegen bei den Autorinnen und Autoren
Leda-Verlag, Kolonistenweg 24, D-26789 Leer
info@leda-verlag.de
www.leda-verlag.de
Satz: Heike Gerdes
Titelillustration: Holger Fischer
Druck: Bercker Graphischer Betrieb GmbH & Co. KG
Printed in Germany

Inhalt

Jürgen Ehlers

Ausflug nach Aurich

„Ja", sagte Susanne. Aber sie hatte nicht zugehört. Während Professor Blüthgen sich mühte, ihr die Einzelheiten der frühmittelalterlichen Geschichte Ostfrieslands zu erläutern, hatte sie die Fliesen in der Vitrine betrachtet. Löwen, Raubvögel und Fabeltiere. Der Fußboden des Klosters Ihlow. Frühes 14. Jahrhundert, hieß es. Zu der Zeit gehörten offenbar auch die Löwen noch zu den Fabeltieren.

„Und dieses Kloster – das ist dann irgendwann verfallen?"

„Abgerissen. Nach der Reformation wurden die Klöster aufgelöst, und die weltliche Herrschaft hat sich ihren Besitz angeeignet. In diesem Falle also die Cirksenas. Obwohl die rechtliche Lage keineswegs klar war und auch von anderer Seite Ansprüche angemeldet wurden. Aber die Cirksenas hatten die Macht."

„Geklaut also", stellte Susanne fest.

„Wenn man so sagen will ..." Emotional aufgeladene Werturteile – ein Thema, mit dem sich Kollege Kock gern beschäftigte. Blüthgen lächelte. „Aber machen Sie sich nichts draus! Zum Glück leben wir heute in einer Zeit, wo derartige Übergriffe nicht mehr möglich sind."

„Wohl wahr", sagte Susanne. Dabei schlug ihr Herz deutlich schneller, denn im Grunde war sie gerade dabei, einen Einbruch vorzubereiten.

„Ganz einfach", hatte Gerd gesagt. „Du gehst zu Blüthgen in die Sprechstunde, sagst ihm, du sollst im Leistungskurs eine Arbeit über die Geschichte Ostfrieslands schreiben, und er sei doch der Experte, ob er dir nicht vielleicht ein kleines bisschen helfen könnte."

Ganz einfach war es nur für Gerd, hatte sie gedacht. Der brauchte es ja nicht zu tun. Gesagt hatte sie: „Leistungskurs? Was soll ich denn erzählen, wie viele Ehrenrunden ich gedreht habe?"

„Dass du dreiundzwanzig bist, brauchst du ihm ja nicht zu verraten. Ziehst dich halt ein bisschen mädchenhaft an, dann geht das schon klar ..."

Einen Moment lang hatte sie gezögert, aber dann hatte sie zugestimmt: „Wenn ich mich anders anziehen soll, dann brauche ich auf jeden Fall erst einmal Geld für neue Klamotten."

„Kein Problem", hatte Gerd gesagt. Das war das Gute an ihm: Geld war nie ein Problem. Gerd Manningas Alter war irgendein großes Tier bei den Stadtwerken.

Nein, Gerds Probleme lagen woanders. Unter anderem darin, seine Examensarbeit so abzufassen, dass sie den Anforderungen genügte. Er hatte alles viel zu lange hinausgezögert, am Ende die Kapitel auf seine diversen Freunde aufgeteilt, und die hatten sich bei viel Bier und Zigarettenqualm an die Arbeit gemacht. Aber zu spät; sie waren nicht rechtzeitig fertig geworden. So hatte Gerd schließlich, um die Frist zu wahren, eine Arbeit eingereicht, in der nach der Einleitung nur noch Unsinn stand. Und dieses Opus musste jetzt ausgetauscht werden. Aber das ging nur, wenn Blüthgen nicht zu Hause war. Susanne sollte ihn aus Oldenburg fortlocken.

Drei Tage hatte es gedauert, bis die Ersatzarbeit fertig war. Natürlich war es riskant, so lange zu warten. Aber schneller ging es nun mal nicht, und auch jetzt war das Ergebnis kein Meisterwerk, aber Blüthgen war ja kein Germanist und würde hoffentlich nicht merken, dass fünf verschiedene Autoren an dem Werk gebastelt hatten. Mehr schlecht als recht. Susanne hätte es besser gekonnt, glaubte sie, wenn er sie rechtzeitig gefragt hätte. Hatte er aber nicht. Sie besaß ja nur die Mittlere Reife und kam seiner Meinung nach für so hochwertige Aufgaben nicht in Frage.

So kam es, dass sie jetzt mit Professor Blüthgen im Historischen Museum Aurich stand und sich Dinge erläutern ließ, die sie kaum interessierten. Dabei war dieser Blüthgen eigentlich gar nicht so uneben. Wie alt mochte er sein? Höchstens dreißig, schätzte Susanne. Sportliche Figur, obwohl er sicher nicht viel Sport trieb. Durchaus attraktiv. Wenn er nur mal aufhören würde, von den alten Friesen zu erzählen. Aber das war ja das Problem. Er durfte nicht aufhören, von den alten Friesen zu erzählen, und deshalb musste Susanne weiterhin interessiert gucken und nicken und Dinge sagen wie: „Das hätte ich nicht gedacht!", um ihn zu möglichst vielen weiteren Ausführungen anzuregen.

Die ganz alten Friesen hatten sie inzwischen hinter sich gelassen. „Im 16. Jahrhundert begann der Aufbau der Territorialstaaten. Wichtige Voraussetzung hierfür war die enge Anlehnung der Grafen an Kaiser und Reich. Die Oldenburger Grafen zum Beispiel haben das sehr geschickt betrieben. Während Ostfriesland in dieser Zeit ..." Blüthgen vollendete den Satz nicht, aber Susanne ahnte, dass sich hier nicht allzu viel Großartiges abgespielt hatte. Unauffällig blickte sie auf die Uhr.

Blüthgen sah sie an. „Schade, dass Sie nicht an meiner Übung teilnehmen können. Obwohl – wenn es Sie wirklich interessiert, könnten Sie vielleicht im Sommersemester als Gasthörerin ..."

„Ich werde es mir überlegen", behauptete Susanne. Konnte es sein, dass dieser Blüthgen sich nicht nur für die alten Friesen interessierte, sondern auch für sie? Dabei hatte er sich erst so geziert. „Dafür ist eigentlich eher mein Kollege von Ehrken zuständig", hatte er gesagt. „Der bietet ein Hauptseminar an: *Historisches Lernen im Museum. Geschichtsdidaktische Überlegungen und Forschungen zur Präsentation von menschlicher Vergangenheit in Museen und Ausstellungen.* Von Ehrken ist Spezialist für Regionalmuseen. Der könnte Ihnen garantiert die ganzen Hintergründe ..."

Susanne hatte erwidert, dass es ihr bei allem Interesse an der Sache nicht um die ganzen Hintergründe gehe, sondern eigentlich nur um genau das, was sie für ihre Arbeit brauchte. Jetzt machte sie sich eifrig Notizen. Blüthgen war nett, keine Frage. Unverheiratet – jedenfalls trug er keinen Ring. Und dass er so gut aussah, das hatte Gerd ihr verschwiegen.

Gerd. Dieser Idiot. Wie lange brauchte der denn, diese dämliche Arbeit auszutauschen? Womöglich hatte er es gar nicht erst geschafft, in die Wohnung zu kommen. Wahrscheinlich passte der Nachschlüssel nicht. Bestimmt hatte der schräge Vogel gepfuscht, bei dem Gerd das Ding hatte kopieren lassen, und nun kam er nicht rein. Oder er kam rein und konnte die Arbeit nicht finden. Wer weiß, wo der Blüthgen die hingelegt hatte. Diese Akademiker konnten ziemlich unordentlich sein.

Ein Handy klingelte. Automatisch griffen beide in ihre Taschen, doch es war Susannes Handy. Das Display zeigte Gerds Nummer. „Meine Mutter", log sie.

Blüthgen trat diskret zur Seite. Zum Glück, denn Gerds Stimme tönte so laut, dass Susanne zusammenzuckte. „Es dauert länger. Ich schaff das nicht." Panik.

„Was ist denn passiert?" Susanne bemühte sich, sanft und besorgt zu klingen.

„Diese verdammte Arbeit! Ich hab nicht gewusst, dass die vom Prüfungsamt das Ding stempeln."

„Ach, das lässt sich bestimmt alles regeln …"

„Ja, natürlich lässt sich das regeln. Ich muss beide Arbeiten aufschneiden und neu binden lassen. Aber unter einer Stunde ist da absolut nichts zu machen. Eher zwei oder drei …"

„Sicher bekommst du das in irgendeinem Laden …"

„Heute ist Sonntag, Mensch! Die verdammten Copy-Shops haben zu! – Aber ich schaff das schon. Der Onno kennt jemand, den haben wir angerufen, und der kommt rein."

„Dann ist ja alles bestens …"

„Eben nicht! Das kann Stunden dauern. Der wohnt in Völlenerkönigsfehn."

„Wo?"

„Am Arsch der Welt, Mensch!"

„Ach, das wird schon alles klargehen …"

„Hör bloß auf mit diesen dämlichen Sprüchen!", keifte Gerd. „Du musst auf jeden Fall …"

„Dann bis morgen."

„Susanne, du hast dafür zu sorgen …"

„Ja. Tschüß, Mutti!" Gerds weitere Kommentare und Anweisungen wurden abgeschnitten.

Blüthgen zitierte aus dem *Politischen Journal für das Departement Ost-Ems* für den 22. November 1813, wobei er es nicht versäumte darauf hinzuweisen, dass zu diesem Zeitpunkt die betroffene Region aufgehört hatte, ein französisches Departement zu sein. „Seit dem Eintritte der Kaiserlich Russischen Truppen, der ersten Vorboten einer glücklicheren Zukunft, und der damit verbundenen Abreise der in dieser Provinz angestellt gewesenen Franzosen, erwartet man die baldige Ankunft des Ministers Freyherrn vom Stein ... Indessen ist der allgemeine sehnlichste Wunsch erfüllt, Preußens König anzugehören ..."

„Faszinierend!" Susanne hatte nicht gewusst, dass es damals schon Zeitungen gegeben hatte.

Das war Blüthgens Spezialgebiet. „Seit dem 17. Jahrhundert! Anfangs hat man geglaubt, dass von der Presse eine große Gefahr ausginge, da einfache Leute nicht in der Lage seien, Lügen von Wahrheiten zu unterscheiden."

Susanne sah Blüthgen von der Seite an. Auch gebildete Leute waren offenbar nicht in der Lage, Lügen von Wahrheiten zu unterscheiden. Oder hatte er etwa Susannes Schauspielerei längst durchschaut? Es schien nicht so. Und wenn doch, schien er zumindest damit zufrieden, mit einem hübschen Mädchen an der Seite durch das Historische Museum Aurich zu ziehen.

Susanne wandte ihre Aufmerksamkeit der benachbarten Vitrine zu, in der eine Puppe aus dem Biedermeier ausgestellt war. Eine Schönheit mit aufgemalten schwarzen Haaren, weißer Haut, rosigen Wangen.

„Die ist natürlich viel jünger", erklärte Blüthgen. „Mitte 19. Jahrhundert, würde ich schätzen."

„Schnuckelig."

Professor Blüthgen wirkte ein kleines bisschen irritiert, einen Augenblick aus dem Takt gebracht, aber dann wandte er sich wieder dem 19.Jahrhundert zu. Leider gab es kaum Exponate, um diesen Teil der Geschichte zu illustrieren. Susanne langweilte sich. Blüthgen zuckte zusammen, als plötzlich auf ihren Knopfdruck hin ein Posthorn erschallte.

Und jetzt? Sie standen am Ausgang. Da waren sie nun durch die gesamte Ausstellung marschiert. Susanne hatte das Gefühl, jetzt wirklich alles über die Geschichte Ostfrieslands gehört zu haben, und außerdem taten ihr die Füße weh. Gerd hatte sich nicht wieder gemeldet.

„Ja, ich denke, wir haben alles gesehen", sagte Professor Blüthgen. Es klang fast ein wenig bedauernd.

Susanne sah ihn an. „Wissen Sie, was ich mich frage? Ob man all dieses schöne Wissen nicht auch so darstellen könnte, dass es auch Kinder ... Ich meine, das sind doch schließlich die Museumsbesucher der Zukunft ..." Sie kam sich albern vor. Aber sie wusste, dass das Museum auf Kinder eingerichtet war. Und natürlich sprang Blüthgen darauf an:

„Ja, für Kinder, da haben sie hier natürlich noch das *Museum zum Anfassen ...*"

„Zum Anfassen?", fragte Susanne. Sie fasste ihn bei der Hand. „Ach, können wir uns das nicht auch noch ansehen?"

Geschafft! Während Gerd, noch immer ganz außer Atem, ein letztes Mal prüfte, ob die Arbeit nun auch wirklich perfekt aussah, blickte sich Onno im Zimmer um. Plötzlich begann er damit, Schubladen aufzuziehen.

„Eh, was soll das denn?"

Onno zuckte die Schultern. „Wenn wir hier schon einbrechen, dann auch richtig. Das wäre ja nun das Dümmste, hier bloß dieses alberne Buch auszutauschen und den Zaster liegen zu lassen. Und das Sparbuch hier, guck mal!"

„Du bist ja verrückt!"

„Nicht so verrückt wie du! – Hier, dieses Notebook zum Beispiel, ganz neu, wäre das nichts für dich?"

Gerd schüttelte den Kopf, das hatte er nicht nötig. Aber als Onno ihm das flache Gerät auffordernd hinhielt, griff er schließlich doch zu.

Und jetzt nichts wie raus hier, dachte er. Und ab in die Kneipe. Ach ja, noch schnell eine SMS an Susanne, dass alles geklappt hat. „Komm, lass uns hier verschwinden!"

„Ja, gleich." Onno durchwühlte das Schlafzimmer.

Da gab es ein Geräusch an der Tür.

„Jetzt ist es aber wirklich spät geworden." Blüthgen sah auf die Uhr. „Ich glaube, das Museum schließt gleich."

Noch immer keine Nachricht von Gerd. Egal. „Müssen Sie denn heute Abend noch nach Oldenburg zurück?“

„Ja, eigentlich schon ...“ Unschlüssig sah er sie an.

„Wirklich?“

„Nun ja ...“

„Es gibt hier sicher ganz anständige Hotels.“

„Aber – aber das geht doch nicht.“ Oder doch? „Na ja, wir könnten zumindest irgendwo zusammen essen gehen. Haben Sie noch gar keinen Hunger?“

Doch, Susanne hatte Hunger.

Als Susanne und Blüthgen schon längst eingekuschelt in ihrem Hotelbett lagen, klingelte plötzlich ein Handy. Blüthgen griff im Halbschlaf nach dem Ding und schaltete es aus. Nun herrschte Ruhe. So dauerte es bis zum nächsten Tag, bis die Polizei ihm mitteilen konnte, dass zwei Jugendliche beim Einbruch in seine Wohnung erwischt worden waren. Da war Blüthgen längst wieder im Institut. Eigentlich hatte er sein Hauptseminar vorbereiten wollen. Daraus wurde nichts. Er stand am Fenster und grübelte. Susanne – hieß sie wirklich Susanne? Hatte sie ihn nur deshalb nach Aurich gelockt? Alles ein abgekartetes Spiel?

Sie hatten sich für heute Abend verabredet. Ob sie vielleicht doch kommen würde?

Ann-Kathrin Ehlers

Geblitzt in Aurich

„Würden Sie jetzt bitte weitergehen?" Der Polizist ist genervt. „Sie behindern die Arbeit der Polizei."

Widerstrebend geht die Traube von Menschen ein paar Schritte zurück.

„Guck mal, jetzt, da, die haben was am Haken."

„Wenn Sie nicht augenblicklich verschwinden, lasse ich sie allesamt festnehmen!", brüllt der Polizist mit hochrotem Gesicht.

Erheitertes Gemurmel. Ein paar Leute lassen sich jedoch von diesem Anfall beeindrucken und ziehen ab. Vielleicht ist ihnen auch nicht ganz wohl bei dem Gedanken an das, was dort an dem Haken hängen könnte.

***

„So ein verdammter Mist."

Vor Schreck fährt Martin einen Schlenker auf die Gegenfahrbahn. Schon wieder geblitzt. Das rötliche Licht tanzt noch vor seinen Augen. Er blinzelt auf seinen Tachometer. 70 km/h werden es wohl gewesen sein. Und das mitten in Aurich, von-Ihering-Straße. Was werden die Straßen auch immer so breit gebaut? Die verführen einen doch extra zum Schnellfahren, und dann, zack, hat's einen wieder erwischt. Sogar nachts um drei. Das sollte verboten sein. Fünfmal hat er dieses Jahr schon bezahlen müssen. Und wenn er Pech hat, gibt dies hier noch einen Punkt in Flensburg.

Peinlich, dass er jetzt daran denken muss. So ein lächerlicher Punkt sollte ihm im Moment wirklich egal sein.

Seine Freundin Lara auf dem Beifahrersitz sagt nichts dazu. Überhaupt hat sie Martins Wutausbruch offenbar gar nicht wahrgenommen und beim Schlenker auf die Gegenfahrbahn kaummit der Wimper gezuckt.

Normalerweise lässt Martin so ein Blitzer auch kalt. Was soll's, denkt er sich meistens, wenn er den nächsten Bußgeldbescheid aus dem Briefkasten holt. Er hat ja sonst keine nennenswerten Ausgaben. Aber muss er gerade heute Nacht geblitzt werden, wo er mit seiner Freundin unterwegs ist?

Lara guckt immer noch starr geradeaus.

Der Streit war absolut unnötig gewesen. Man kann doch über alles ganz normal reden. Konfliktlösung. Und wie man das macht, sollte er als Referendar inzwischen wohl verstanden haben. Hatte er auch. In der Theorie jedenfalls.

Er hatte Lara erst vor zwei Wochen kennen gelernt. In der Disco im Carolinenhof. Sie hatte sich als Zwanzigjährige in der Ausbildung zur Bürokauffrau ausgegeben und er hatte ihr geglaubt. Warum auch nicht. Sie hatten sich gleich gut verstanden und die folgenden Abende immer etwas unternommen: Kino, Essen oder mit seinem neuen schwarzen Wagen herumfahren. Sie hatten immer Spaß gehabt. Bis vorgestern, als sie zu ihm nach Hause kam und etwas zu beichten hatte. Sie war erst fünfzehn und ging noch zur Schule. Na toll. Bei aller Liebe, das kam für Martin nicht in Frage. Verführung Minderjähriger. Er war immerhin schon Mitte zwanzig.

„Das wird mir meine ganze Zukunft ruinieren, Lara! Ich kann doch nicht mit einer Schülerin ins Bett gehen. So einer kann und darf nicht Lehrer werden. Wenn das rauskommt! Wie stellst du dir das vor?"

Und dann war sie völlig ausgeflippt. Angeschrien hatte sie ihn, er liebe sie gar nicht wirklich, er denke nur an sich, wie er so was einfach so sagen könne. Dann hatte sie angefangen, das Geschirr aus der Spüle nach ihm zu schmeißen. Da war selbst Martin nach fünf Tellern und zwei Bechern der Geduldsfaden gerissen. Er hatte den nächsten Becher aufgefangen, zurückgeschleudert und leider besser getroffen als beabsichtigt. Sie war zu Boden gegangen. Sofort tot. Nicht durch den Becher, aber sie war mit dem Hinterkopf an der Spüle aufgeschlagen. Das hatte er natürlich nicht gewollt. Eine halbe Stunde lang hatte er noch versucht, sie wieder zum Leben zu erwecken. Erfolglos.

Sie hatte ihn angelogen, er hatte sie enttäuscht, sie hatte losgetobt, er hatte sie umgebracht. Seine liebe Lara. Umgebracht. Er ein Mörder; das musste er sich immer wieder sagen.

Laras Verschwinden war sofort in den Nachrichten gewesen. Die Eltern hatten schnell reagiert. Auf dem Titelblatt seiner Tageszeitung hatte er sie am Morgen aus dem Briefkasten geholt, am Abend war sie in der Tagesschau. Das Radio mochte Martin schon gar nicht mehr einschalten. *Wo ist Lara Stein? Wer hat sie zuletzt gesehen? Ist sie womöglich entführt worden? Die Polizei bittet dringend um Ihre Mithilfe.*
Es war nur eine Frage der Zeit, bis sie ihn haben würden. Die beiden hatten sich schließlich nicht heimlich getroffen. Gut möglich, dass man sie zusammen gesehen hatte. In der Disco und auch danach.

Und jetzt hat die Polizei ein Foto von ihm. Mit Lara. Natürlich nur, wenn die beim Blitzeramt ein bisschen aufpassen. Wer weiß, wie das Bild geworden ist. Vielleicht kann man ja nichts erkennen. Andererseits werden diese Geräte auch immer besser. Da fällt ihm ein, dass der Beifahrer bei diesen Blitzfotos, die man im Brief von der Polizei bekommt, doch immer abgeschnitten wird. Vielleicht gucken die den Beifahrer gar nicht so genau an.

Er fährt schon die ganze Nacht mit ihr durch die Gegend. Wo soll er nur mit ihr hin? Er kann sie ja kaum zu ihren Eltern nach Hause bringen, jetzt erst recht nicht mehr, wo sie offiziell als vermisst gemeldet ist, mal abgesehen davon, dass er gar nicht so genau sagen kann, wo sie wohnt. Gewohnt hat.

Auf Mülldeponien, das sieht man ja immer wieder in Krimis im Fernsehen, legt man seine Leichen recht gut ab. Aber das kann er Lara nicht antun. Er hat auch versucht, in einem Waldstück ein Loch zu graben, aber die ganzen Baumwurzeln sind ihm in die Quere gekommen und er hat aufgeben müssen. Am liebsten würde er mit jemandem reden. Das Ganze ist schließlich ein Unfall gewesen, kein richtiger Mord. Aber seine Freunde sind alle ehemalige Mitstudenten. Das hat keinen Sinn. Dann kann er seinen Wunschberuf an den Nagel hängen. Seine Mutter würde sowieso alles falsch oder überhaupt nicht verstehen. Er könnte auch zur Polizei gehen. Und da? Auf Verständnis und seelische Streicheleinheiten von denen kann er nicht allen Ernstes hoffen.

Martin hält im Hafen am Sportbootanleger an. Er braucht eine kurze Pause. Es ist schon vier Uhr morgens und am liebsten wäre er im Bett. Er blickt über das pechschwarze Hafenwasser hinüber zur Betonfabrik auf der gegenüberliegenden Seite. Hier ist niemand. Auch neben ihm bei den Lagerhallen keine Seele. Zumindest nicht zu dieser Tageszeit. Nur ein einsames Sportboot liegt weiter hinten am Anleger. Als Kind ist er hier gerne hergekommen, den Ems-Jade-Kanal mit seinem großen Bruder rauf- und runtergerudert. Das war toll. „Ja ja, der Kindheit glückliche Spiele", heißt es in Astrid Lindgrens *Kalle Blomquist*. Das hatte er damals gerade gelesen und wollte unbedingt Detektiv werden. Oder wenigstens Polizist. Nun muss er vor Polizisten und Detektiven auf der Hut sein.

Martin steigt aus. Die kühle Nachtluft macht ihn wieder munterer. Er steht an der Kante des Hafenbeckens und guckt nach unten ins Wasser. Hier hat er vor vielen Jahren mal ein Fünfmarkstück verloren. Seine Mutter hatte es ihm gegeben, damit er sich und seinem Bruder ein Eis kaufen konnte. Er hatte mit dem Geldstück gespielt und natürlich war es ins Wasser gefallen. Das Wasser war so dunkel und trübe gewesen, dass das Geld sofort verschwunden war. Es konnte einen oder fünf Meter tief liegen. Schon ein bisschen unheimlich.

Das gibt ihm eine Idee. Zurück zum Auto. Im Kofferraum liegen noch die beiden Jutesäcke, die er für das Schulfest fürs Sackhüpfen mitgebracht hatte. Er zieht ihr einen der Säcke über die Beine hoch bis zur Brust. Gar nicht so einfach mit dem steifen Körper auf dem Autositz. Bevor er ihr den anderen Sack über den Kopf zieht, küsst er Lara ein letztes Mal auf den kalten Mund.

Und jetzt? Womit den Sack beschweren? Martin müht sich, ein paar Gehwegsteine loszurütteln. Er glaubt, mordsmäßigen Krach dabei zu machen und dass jeden Moment mindestens fünf Polizisten um die Ecke gelaufen kommen, um ihn zu verhaften, doch niemand hört ihn, niemand sieht ihn. Am Ende schafft er es, ein paar Pflastersteine unter den Linden am Ufer freizulegen, und steckt sie mit in die Säcke.

Es gibt einen gewaltigen Platsch, als das Sackpaket eintaucht, und Hunderte kleiner Luftblasen steigen auf. Nach zwei Minuten jedoch hat sich die Wasseroberfläche vollkommen beruhigt. Nichts ist mehr zu sehen. Genau wie bei dem Fünfmarkstück.

* * *

Der Bußgeldbescheid kommt diesmal viel schneller als sonst, und auch nicht mit der Post. Zwei Polizeibeamte klingeln Martin am folgenden Samstagmorgen aus dem Bett.

„Sind Sie der Fahrer auf diesem Foto?"

Scheiße, denkt Martin.

Alexandra Guggenheim

Warum ausgerechnet Bagband?

So, von der Presse sind Sie. Und ich soll Ihnen jetzt meine Geschichte erzählen? Für welche Zeitung schreiben Sie eigentlich? Ja, kenne ich, die liegt hier beim Frühstück aus.

Elfriede Uhlenhorst, Hausfrau. Aus Duisburg, da bin ich übrigens auch geboren. Nein, stört mich überhaupt nicht, Sie können Ihr Diktiergerät gerne einschalten. Dann müssen Sie nicht die ganze Zeit Notizen machen, und wir können netter miteinander plaudern.

Wissen Sie, ich hatte den Namen vorher noch nie gehört. Er klingt ja auch wirklich etwas fremdartig. Sie hätten mal meine Skatfreundinnen hören sollen. „Was sagt denn dein Hugo dazu, dass du gleich mit einer ganzen Musikertruppe losziehen willst?" Oder: „Das ist doch viel zu gefährlich, stell dir vor, du wirst gekidnappt."

Denen musste ich erst mal erklären, dass ich keineswegs die Absicht hatte, mit einer Bigband durchzubrennen. Schon gar nicht nach Bagdad. Sondern dass Bagband ein Dorf in Ostfriesland ist, wo mein Mann und ich das Pfingstwochenende verbringen wollten.

Sehen Sie, jetzt fragen Sie mich das auch. Wieso ausgerechnet Bagband? Weil ich nämlich in einem Preisausschreiben den ersten Preis gewonnen habe. Ein Wochenende für zwei Personen im historischen Landbrauhaus Bagband. Vollpension, Führung durch die Brauanlage und ostfriesischer Willkommensgruß inklusive.

Hugo ist leidenschaftlicher Biertrinker und war gleich ganz aus dem Häuschen. Ich habe es ja nicht so mit Bier, dann schon lieber ein Likörchen. Aber den Lösungsspruch habe ich ganz alleine herausgefunden. „Wer kein Bier hat, der hat auch nichts zu essen." Stammt von Martin Luther.

Deswegen sind wir also nach Ostfriesland gekommen. Ist 'ne schmucke Gegend hier. Hübsch, die roten Backsteinhäuser und die Windmühlen zwischen dem vielen Grün. Und alles so weit und flach. Ist eben doch was anderes als bei uns in der Stadt.

Das Zimmer ist wirklich vom Feinsten. Kirschholzmöbel, blütenweiße Handtücher, Föhn im Bad, und als Überraschungsgeschenk lag eine Packung Ostfriesentee mit Kandis auf dem Sideboard.

Am Freitagabend war großes Buffet angesagt, und hinterher sind wir und ein paar andere Hotelgäste noch an die Bar gegangen. Neben uns an der Theke saßen zwei Ehepaare, die Sanders aus Münster und die Klingenbachs aus Frankfurt.

Ja, und dann war da noch Herr Brenner, der in einem kleinen Nest südlich von Hamburg wohnte. Werbegrafiker, und, wie er zu vorgerückter Stunde unter Tränen berichtete, vor drei Monaten von seiner Frau verlassen. War mit ihrem Fitness-Trainer nach Australien durchgebrannt.

Unsere Stimmung ging in dem Moment etwas runter. Eigentlich wirkte der Mann ganz sympathisch. So 'n sportlicher Typ, Anfang vierzig, mit Jeans und spitzen Absatz-Stiefeln, die mir gleich an ihm aufgefallen sind. Trotzdem, man weiß ja nie, wie sich einer zu Hause aufführt. Vielleicht hatte seine Frau auch gute Gründe gehabt, das Weite zu suchen.

Nach einigen Runden Dunkelbier besserte sich unsere Laune wieder. Ich probierte einen Bockbierlikör und konnte danach mit ein paar Seemannsliedern entscheidend zum Gelingen des Abends beitragen. Frau Sander setzte ihrem Mann eine Kappe mit dem Aufdruck *Ostfriesen-Bräu* auf den Kopf, die sie am Nachmittag im Hotelladen gekauft hatte. Herr Klingenbach erzählte einen Ostfriesenwitz nach dem anderen und Herr Brenner hatte sich offenbar entschlossen, seinen Kummer im Genever zu ertränken.

Wir gingen erst weit nach Mitternacht zu Bett, nachdem wir uns für den nächsten Morgen zur Führung durch die Brauerei verabredet hatten.

Haben Sie das alles mitbekommen? Gut, dann können wir ja weitermachen. Pünktlich um elf sind wir also in der Hotelhalle und treffen da Sanders, Klingenbachs und noch einige andere Hotelgäste. Wir wundern uns, dass Herr Brenner fehlt, obwohl er doch ausdrücklich kommen wollte. „Hat wohl gestern einen Wacholderschnaps zu viel getrunken", flachst Herr Sander und lacht.

Frau Lambertus von der Rezeption holt uns ab und führt uns zur Brauerei. Dort wartet schon Herr Krischer auf uns, der Oberbraumeister. Nach einer kurzen Ansprache erzählt er von den segensreichen Auswirkungen, die der Genuss von Bier auf den menschlichen Organismus hat.

Wussten Sie, dass Bier schon seit mehr als 5000 Jahren gebraut wird? Und dass sogar Ärzte und Ernährungsfachleute Bier für ein äußerst gesundes Nahrungsmittel halten? Das ungefilterte Landbier aus Bagband enthält, so Herr Krischer, zehnmal mehr wertvolle Inhaltsstoffe als gefilterter Gerstensaft. Außerdem beugt es Verengungen der Herzkranzgefäße und anderen schlimmen Krankheiten vor. Hugo sieht mich in diesem Moment mit einem breiten Grinsen an und nickt. „Allerdings nur, wenn es in Maßen genossen wird", fügt der Braumeister hinzu, und jetzt grinse ich Hugo an und nicke.

Bei uns zählen Frische, Natürlichkeit und Geschmack, sagt Herr Krischer und führt uns in die Produktionshalle. Dann klärt er uns auf über das deutsche Reinheitsgebot von fünfzehnhundertschießmichtot, erzählt von Malz, Einmaischen, Enzymen, Läuterbottich und Treberkuchen ... Mir schwirrt bald der Kopf von den vielen Fachausdrücken. Aber Hugo kann gar nicht genug kriegen und fragt den Braumeister tüchtig aus. Der fühlt sich richtig angespornt und erklärt lang und breit den Einsatz von Sudpfanne, Maischbottich, Kühlschiff und Berieselungskühler. Ich fang an zu grübeln, welches Kleid ich denn zum sechzigsten Geburtstag meiner Freundin Hildegard anziehen soll und ob ich noch ein Paar neue Schuhe brauche.

Nach fast einer Stunde sind wir mit der Führung fertig, und wie wir gerade ins Restaurant zum Mittagessen gehen wollen, stößt Frau Klingenbach plötzlich einen spitzen Schrei aus. Alle sehen zu dem großen Gärtank neben dem Ausgang hin, auf den Frau Klingenbach mit zitterndem Finger zeigt. Oben, über dem Rand, hängt bäuchlings ein Mann, in seinem Rücken steckt ein Messer. Der Mann ist – Herr Brenner.

Einige Gäste geraten in Panik, doch Herr Krischer mahnt zur Ruhe. Er bittet uns, die Halle ruhig zu verlassen und uns am Nachmittag zur Verfügung zu halten. Falls die Polizei, die er umgehend benachrichtigen will, irgendwelche Fragen an uns hätte.

Alle haben es plötzlich eilig. Ich drehe mich beim Rausgehen noch mal zu dem leblosen Herrn Brenner um und stolpere beinahe über etwas Dunkles am Boden. Doch ich gehe schnell weiter und wundere mich, dass am Jackett des Toten gar kein Blut zu sehen ist, sondern nur ein roter Streifen am Hemdkragen.

Beim Mittagessen gibt es natürlich nur ein Thema. Einige der Gäste bestellen schon vor dem Essen einen Friesengeist. Natürlich nur, um ihre Nerven zu beruhigen. Keiner kann sich erklären, wie der Mord geschehen konnte. Und jeder fragt sich, ob der Mörder vielleicht sogar noch mitten unter uns ist.

Doch beim Bagbander Schnitzel mit Spiegelei, Speck, Bratkartoffeln und Salat werden solche Gedanken schnell zerstreut. Und als die Rote Grütze mit Vanilleeis und Sahne zum Nachtisch aufgefahren wird, sonnen die Gäste sich in dem wohligen Gefühl, soeben dem Tod knapp entronnen zu sein, und greifen tüchtig zu.

Frau Lambertus bittet um unsere Aufmerksamkeit. Zwei Herren von der Kriminalpolizei sind eingetroffen und wollen mit jedem ein kurzes Gespräch führen. Wir sollen aber in Ruhe zu Ende essen, sie würde uns der Reihe nach aufrufen.

Vor lauter Aufregung tue ich mir drei Löffel Zucker in den Tee. Ich bin nämlich noch nie von der Polizei vernommen worden. Endlich bin ich dran und werde in den kleinen Konferenzsaal neben der Rezeption geführt.

Der eine Polizist, ein mittelgroßer, etwas blasser Typ, heißt Kramer, und der andere ist ein Zweizentnermann mit blonden Haarstoppeln. Er heißt Stahnke, Hauptkommissar Stahnke. Übrigens ein sehr sympathischer Mann, hätte ich von einem Polizisten gar nicht erwartet. Er fragt mich, ob mir bei der Führung etwas Besonderes aufgefallen ist und was ich über den Toten weiß.

Ich berichte den Herren von unserer Runde an der Theke, was Herr Brenner aus seinem Privatleben erzählt hat und dass ich weder etwas Auffälliges gesehen noch gehört habe. Irgendwie finde ich das Ganze plötzlich doch spannend, jetzt, wo man selbst mitten in einem Kriminalfall drin ist. Bisher kannte ich so was nur aus Büchern oder aus dem Fernsehen.

Dann kann ich wieder gehen, und weil Hugo noch auf seine Vernehmung wartet, mache ich einstweilen alleine einen Bummel durch den Ort. Ich stelle fest, dass die Häuser und Vorgärten tatsächlich so adrett und gepflegt aussehen wie im Prospekt.

Direkt neben der Kirche ist eine Buchhandlung. Ich sofort rein und nach einem Geschenk für Hildegard gesucht. Meine Freundin, die demnächst sechzig wird, Sie erinnern sich? Die Inhaberin gibt sich größte Mühe, schleppt stapelweise Bücher an, bis ich schließlich genau das Richtige gefunden habe. Ein Fischkochbuch mit Kriminalgeschichten. Mir hat der schwarze Einband mit dem witzig gezeichneten Koch sofort gefallen. Hilde ist streng katholisch, demnächst kann sie freitags, wenn es bei ihr Fisch gibt, gleich noch was Unterhaltsames beim Dünsten oder Panieren lesen.

Beim Abendessen höre ich, wie an den Nachbartischen die wildesten Theorien zum Mordfall Brenner diskutiert werden. Es reicht von Auftragsmord der Werbegrafiker-Mafia über Geldunterschlagung bis hin zum Rachefeldzug eines Strichjungen. Man liest und hört ja so einiges, was sich in Künstlerkreisen abspielt. Unklar ist aber nach wie vor, wie der Mörder seine Tat unbemerkt von den vielen Gästen im Hotel ausführen konnte.

An diesem Abend verzichten wir auf einen Absacker an der Bar und gehen früh auf unser Zimmer. Ob es nun an dem tragischen Schicksal unseres Thekennachbarn oder an der Ostfriesischen Kartoffelsuppe mit Krabben gelegen hat – jedenfalls kann ich in dieser Nacht kaum schlafen. Immer wieder geht mir das Bild des toten Herrn Brenner durch den Kopf, der wie ein Mehlsack über dem Gärtank hängt. Hugo macht sich keine solchen Gedanken, der liegt ruhig neben mir und brummt wie ein Bär.

Am nächsten Morgen steht Hugo gut ausgeruht auf und zieht sich den grauen Anzug und ein frisches weißes Hemd an. Ist ja schließlich Sonntag. Während ich im Bad vor dem Spiegel stehe und mir die Lippen nachziehe, erscheint plötzlich der Hemdkragen des toten Herrn Brenner vor meinem geistigen Auge. Mit dieser seltsamen roten Farbspur. Und auf einmal kommt mir der Gedanke, dass das vielleicht gar kein Blut gewesen ist, sondern – Lippenstift.

Jetzt fragt man sich natürlich sofort: Wie kommt es, dass ein Mann, der von seiner Ehefrau verlassen wurde, Lippenstift an seinem picobello gebügelten Hemd hat? Nein, junge Frau, da liegen Sie völlig daneben, der hatte bestimmt keine andere. Der war noch längst nicht über den Verlust seiner Gattin weg.

Nach dem Frühstück kommt Frau Lambertus zu den Gästen an den Tisch und berichtet, dass die beiden Polizisten ihr provisorisches Ermittlungsbüro in den kleinen Konferenzsaal verlegt haben und dass wir uns nicht scheuen sollten, hinzugehen, falls jemandem noch was eingefallen sein sollte.

Ich gehe also ein zweites Mal zu den Kommissaren und erzähle ihnen von der seltsamen Spur auf dem Hemd, an die ich mich plötzlich wieder erinnert habe. Der Herr Stahnke notiert sich alles und nickt anerkennend. Er sagt, dass das ein wertvoller Hinweis ist.

Zum Frühschoppen gibt es Live-Musik im Wintergarten. Sanders und Klingenbachs wollen einen Ausflug nach Aurich machen, aber Hugo möchte lieber dableiben und in Ruhe seine Sonntagszeitung lesen. Während ich dem Shantychor zuhöre, fällt mein Blick auf die Rückseite der Zeitung. Ein Bericht über den letzten Schrei in der Männer-Schuhmode: Cowboystiefel. Und genau solche spitzen Schuhe wie auf dem Foto hatte auch Herr Brenner getragen.

Ja, und dann fällt mir wieder ein, dass ich in der Brauerei über etwas Dunkles gestolpert bin. Und schlagartig ist mir, als wenn das die Cowboystiefel von Herrn Brenner gewesen sein könnten. Fragen Sie mich jetzt nicht, warum einer erst seine Schuhe auszieht, um sich anschließend in einem Gärtank umbringen zu lassen. Das sollen die Polizisten rauskriegen, die werden schließlich dafür bezahlt, denke ich und gehe zu ihnen. Herr Stahnke lobt meine gute Beobachtungsgabe.

Dieses Nachdenken über ungelöste Mordfälle ist ganz schön anstrengend, und ich bin froh, als meine Grübeleien durch das Mittagessen unterbrochen werden. Es gibt Bierkutschersteak mit Zwiebelsauce und Kartoffeln, zum Nachtisch Jan im Hemd. Eins muss man den Ostfriesen lassen, kochen können sie.

Als Hugo sein Mittagsschläfchen beendet hat, schlage ich einen Spaziergang zum Nachbarort Strackholt vor, damit wir bei der Friesentorte am Nachmittag wenigstens ohne schlechtes Gewissen zuschlagen können. Ich geh zum Auto, um unsere Wanderschuhe zu holen, und als ich den Kofferraum wieder zumache, stutze ich. Der Wagen rechts neben unserem Auto steht auf einmal mindestens einen Meter weiter weg als bei unserer Ankunft am Freitag. Ich erinnere mich genau, wie ich aufgepasst habe, dass ich beim Aussteigen nicht mit der Beifahrertür gegen den gelben Kombi stoße.

Der Wagen ist mir auch wegen seines seltenen Kennzeichens aufgefallen: WL. Das heißt Winsen/Luhe. Meine Cousine wohnt nämlich da. Winsen/Luhe ist südlich von Hamburg, und Herr Brenner kam doch auch aus der Ecke.

Wie ich mir meine Wanderschuhe anziehen will, fange ich an zu wackeln. Ich stütze ich mich an dem gelben Auto ab, und dann merke ich, die Motorhaube ist ganz warm.

Tote fahren keine Autos, denke ich und überlege, wer wohl an die Autoschlüssel von Herrn Brenner rangekommen sein könnte. Ist mir zuerst etwas peinlich, als ich schon wieder bei den beiden Kommissaren auf der Matte stehe. Ich erzähle ihnen von dem gelben Kombi und dass meiner Ansicht nach irgendwas an der Sache faul ist. Ob sie denn absolut sicher sind, dass Herr Brenner tatsächlich tot ist und nicht bloß ein Verbrechen vorgetäuscht hat.

Da kriegt Herr Stahnke leuchtende Augen, packt mich am Ärmel und geht mit mir in den Wintergarten, wo schon einige Gäste beim Nachmittagstee sitzen. Plötzlich tritt das ganze Personal in einer Reihe an und klatscht Beifall. Ein Tusch erklingt, und ein Mann kommt auf mich zu und überreicht mir einen großen Blumenstrauß. Der Mann ist – Herr Brenner.

Ich fange an zu zittern, alle reden plötzlich durcheinander, und dann klärt Hauptkommissar Stahnke uns auf. Wir waren sozusagen Versuchskaninchen, denen gezielt Spuren gelegt wurden. Der Fremdenverkehrsverein Ostfriesland plant nämlich eine neue Touristenattraktion: ostfriesische Krimi-Wochenenden. Den Hotelgästen wird ein Kriminalfall vorgespielt, und dann geht es darum, herauszufinden, wer der Täter ist. Herr Stahnke ist übrigens ein echter Kommissar aus Leer und hatte sich freundlicherweise bereit erklärt, bei diesem Test mitzumachen. Und Herr Brenner ist in Wirklichkeit kein Werbegrafiker, sondern Schauspieler und hat schon mal in einem *Tatort* die Leiche gespielt.

Da das Experiment dank meiner außergewöhnlichen Kombinationsgabe so hervorragend gelaufen ist, werden die Verantwortlichen demnächst darüber beraten, die Krimi-Wochenenden ab dem nächsten Herbst in das touristische Angebot aufzunehmen, sagt Herr Stahnke. Und ich kriege sogar eine Urkunde als Ehrenkommissarin.

So, junge Frau, nun kennen Sie die ganze Geschichte. Wäre nett, wenn Sie mir den Artikel zuschicken könnten. Ich freu mich jetzt schon auf die Gesichter meiner Freundinnen. Danke, Ihnen auch, und schönen Tag noch.

Hugo, ich brauche dringend frische Luft. Lass uns endlich den Spaziergang machen, aber sei unterwegs bloß mucksmäuschenstill. Diese Frau von der Zeitung hat mich völlig fertig gemacht. Geredet hat die – wie ein Wasserfall. Sag noch mal einer, die Ostfriesen wären wortkarg!

Manfred Briese

Paradiesvögel in Bensersiel

Jeden Tag ein anderer Himmel, jeden Tag ein anderes Licht. September in Bensersiel. Gestern Abend noch, um die gleiche Zeit, konnten sie die Dünen Langeoogs fast einzeln unterscheiden. Und der weiße Wasserturm leuchtete so hell und nah, als hätte man mit ein paar Sprüngen hinübersetzen können. Regina und Franz Mauschat lehnten sich im Restaurant *Zum Bären* behaglich zurück. Großflächige Fenster gewährten den Rundblick auf einen weiten Küstenstreifen.

„Ungefähr dort müsste der Leuchtturm von Norderney sein." Er zeigte in die Richtung, wo gestern noch ganz klein der senkrechte dunkle Strich am Horizont hingemalt war. „Womöglich sieht man nachher den Lichtschein durch den Dunst." Sein Blick wanderte weiter. „Schau mal! Dort hinten waren wir gestern auch!"

„Was meinst du?"

„Da, die beiden dort hinten. Gestern sind wir dort auch den Damm entlanggelaufen."

Überrascht hatte sie, wie nahe das Langeoog-Schiff in der Fahrrinne auf der anderen Seite des Leitdamms an ihnen vorbeigeglitten war. Von den Basaltblöcken aus hätte man ohne zu schreien den Menschen an der Reling einen guten Tag wünschen können.

Regina staunte. „Ist das nicht riskant? Reicht denen das Wasser nicht schon bis ans Knie?"

„Riskant? Eigentlich nicht. War nicht am Spätnachmittag Hochwasser? Dann wird es immer flacher. Die können gar nicht ertrinken, so sehr sie sich auch anstrengen."

„Außer, es hält einer den anderen ein bisschen unter Wasser“, lachte sie.

Sie nippten an ihrem Bier und freuten sich auf ihr Essen.

„Jetzt haben die beiden sich auch auf die Steine gesetzt.“

Sie begriff nicht gleich: „Bitte?“

„Genau wie wir gestern!“

Die unförmigen, scharfkantigen Basaltsteine drückten zwar auf die Sitzfläche, aber schön war es dort trotzdem. Scheinbar weit weg vom Trubel. Im Niemandsland zwischen Insel und Festland, hatte man das Gefühl.

„Sag mal, hast du das Glas dabei? Das Opernglas! Sieh doch, der Vorhang hat sich soeben geöffnet!“

„Du Witzbold!“ Sie reichte ihm das kleine Fernglas über den Tisch, selbst angestrengt in die Weite der Wattlandschaft schauend. Was hatte er jetzt wieder entdeckt? Zwar pensioniert, aber neugierig wie eh und je. „Einmal Pauker – immer neugierig“, murmelte sie vor sich hin.

„Wissbegierig“, korrigierte er. „Habe ich es doch richtig gesehen!“ Er reichte seiner Frau das Glas zurück. „Da drüben! Gerade eben waren es doch zwei Personen. Und jetzt? Nur noch eine zu sehen. Sie hat sich wieder erhoben.“

„Vielleicht wird einer vom anderen verdeckt. Auf diese Entfernung schlecht zu unterscheiden.“

„Zweimal die fangfrische Kutterscholle!“

Sie fühlten sich aus ihren Beobachtungen herausgerissen. Die servierten Speisen forderten ungeteilte Aufmerksamkeit.

Nach der dritten Scholle und einem frischen Pils beugte Franz Mauschat sich wieder vor und schaute hinaus. Inzwischen war der beobachtete Mann wieder aus der Einsamkeit durch Schlick und Wasser der Zivilisation entgegengestapft. Auffällig die kräftigen Farbtöne seines Anoraks. Leuchtend rot und gelb.

Er runzelte die Stirn. „Ich habe das Gefühl, dass der Mann da unten hin- und herschaut, als wollte er sich vergewissern, dass er nicht beobachtet wurde. Und wo ist die Person, die ihn begleitet hat?“

Und etwas später: „Ach, das ist erstaunlich. Der Mann steuert genau die Stege des Yachthafens hier unten an. Er unterhält sich mit einem der Freizeitskipper. Ziemlich erregt, wie es scheint."

Der Skipper verwehrte dem Mann offensichtlich den Zugang zum Boot. Schrien sie sich an? Es war wie im Stummfilm. Bis zum Tisch im Restaurant schaffte es der Schall nicht.

Plötzlich erschien eine weitere Person auf Deck. In den gleichen Farben. Konnte eine Frau sein. Widerspruchslos schien sie auf den Mann zuzugehen, in wippendem Gang, fast fröhlich, nahm seinen Kopf in beide Hände und drückte ihm rechts und links einen Kuss auf die Wange. Er schien überrascht, aber nach kurzer Besinnung folgte er der forsch Ausschreitenden mit einigen Schritten Abstand.

Jetzt sah man: Die beiden trugen Partnerlook, ziemlich auffällig sogar, rot mit gelb abgesetzt. Einig in Äußerlichkeiten, in den Gefühlen womöglich entzweit. Die Kleidung vielleicht gekauft in der Absicht, im Urlaub wieder zu einer Einheit zu finden.

Ein auffälliger Unterschied allerdings, dass die Kleidung der Frau offenbar durchnässt war.

„Vergiss den Nachtisch nicht!"

Er schrak auf. „Ach du liebe Zeit. Aufs Essen habe ich überhaupt nicht mehr geachtet. Aber wie kommt die Frau auf das Segelboot? Wir haben das Wichtigste wohl verpasst! Ist sie am Leitdamm in die Fahrrinne gesprungen? Vielleicht nach einem Streit? Und hat sich auffischen lassen? Eine gewagte Sache bei ablaufendem Wasser. Die Strömung in der Fahrrinne dürfte recht stark sein."

Regina lächelte. „Willst du meinen Tipp hören? Der hat sie hineingestoßen!"

Gesättigt und zufrieden schlenderten die beiden Arm in Arm quer über den Sportthemenpark in Richtung ihres Quartiers in der Nähe der Sonnentherme. Pension *Meeresrauschen* – die Inhaber schienen Sinn für Humor zu haben. Etwas weit bis zu der Stelle, an der das Rauschen der Wellen das Ohr erreichen konnte. Aber wer im Internet diesen Namen liest, glaubt schon fast die salzige Luft zu riechen. Nicht dumm, diese Wahl.

Zu dem soliden Haus passten die Gäste. Durchschnittsmenschen, alle in reiferem Alter. Nur zwei von ihnen stachen heraus, schienen sich hierher verirrt zu haben. Im hintersten Winkel des Frühstücksraumes ließ sich jeden Morgen ein auffälliges Paar nieder. Die beiden machten auf den ersten Blick den Eindruck, jünger als alle anderen zu sein. Oben herum sehr bunt gekleidet, unten eng anliegende schwarze Nappalederhosen. Auch sonst fielen sie etwas aus dem Rahmen. Die Frisur des Mannes glich einer Löwenmähne, angegraut, aber wild, so als habe er schon vor dem Frühstück mal über den Deich geschaut. Nur das Gesicht passte nicht dazu. Es hätte nach der Sauerstoffdusche hellwach wirken müssen, signalisierte aber eher das Gegenteil. Die Frau neben ihm trug ihr Haar extrem kurz geschoren, hennarot.

Am Frühstücksbüfett bot sich Franz Mauschat die Chance, die beiden aus der Nähe zu betrachten. Der zweite Eindruck korrigierte den ersten: Die Gesichter der so jugendlich Wirkenden enttarnten ihr Alter. Von tiefen Furchen wurden sie durchpflügt, von Lachfalten, allerdings mit einer Spur Melancholie versetzt. Die Mundwinkel wiesen nicht mehr aufwärts.

Als die Mauschats ihre Pension nach dem abendlichen Gang um den Hafen wieder betreten hatten, ließ sich Regina vom Licht im Frühstücksraum anlocken.

„Ach, kommen Sie näher! Auf ein Glas Roten!“ Hingen über den Stuhllehnen nicht die beiden auffälligen Jacken? Also waren sie es tatsächlich, die vor zwei Tagen dieses seltsame Schauspiel auf dem Leitdamm geboten hatten.

Wenn Regina ihr Regenerationsschläfchen vor dem Fernseher absolviert hatte, war sie immer hellwach. Langsam näherte sie sich den Lockrufern, ihren widerwillig folgenden Franz im langen Schlepptau. Der wollte lieber den Krimi im Zweiten sehen und murrte.

„Setzen Sie sich doch bitte.“ Die beiden etwas exotischen Zeitgenossen winkten. „Wir brauchen Ihre Hilfe.“

In den Mauschats erwachte die Neugier.

Die Rothaarige griff zwei weitere Gläser vom Sideboard und füllte sie. Der Mann mit der grauen Mähne machte einen etwas gleichgültigen Eindruck. Vielleicht hatte er dem Rotwein zu sehr zugesprochen.

„Warum haben Sie eigentlich Ihre Frau vorgestern ins Wasser gestoßen?", wagte sich Franz Mauschat in die Offensive.

„Ach, haben Sie das gesehen? Es war Teil unseres Spiels. Ich sah den Segler herangleiten und verließ mich darauf, dass er meine Frau herausfischen würde. Sie kann nämlich nicht schwimmen. Genau wie ich übrigens."

Von der Seite warf die Rothaarige ihrem Mann einen schnellen Blick zu, unkontrolliert, nicht gerade freundlich. Er zerfloss schnell in einem unverbindlichen Lächeln.

„Und welche Hilfe erwarten Sie von uns?", fragte Regina spitz. Sie ahnte schon: Beziehung kitten!

Jetzt übernahm die Frau die Gesprächsführung. „Also, mein Mann und ich, wir langweilen uns ganz fürchterlich! Eine ätzende, eine tödliche Langeweile."

Regina nickte unmerklich. Siehste.

Es ging aber noch weiter. „Damit wir uns wieder ein bisschen aus der Erstarrung lösen, haben wir uns ein Spiel ausgedacht. Ein spannendes Spiel. Ein Spiel um Sein oder Nichtsein – na, Sie wissen schon! Jeder von uns beiden wird versuchen, den anderen zu besiegen. Und zwar so, dass es wie ein Unfall aussieht. Der Überlebende soll doch nicht im Knast landen." Sie endete mit leichtem Lächeln, das der Löwenmähnige nickend bestätigte.

„Was?", entfuhr es Reginas Mund. „Sie sind verrückt! Das geht ja auf Leben und Tod!" Machten die beiden sich einen Spaß daraus, ein älteres Ehepaar zum Narren zu halten?

„Ja wirklich! Ein guter Witz!" Franz schüttelte den Kopf. Hätten sie bloß die Finger von diesem verdrehten Paar gelassen! „Unter diesen Umständen können Sie natürlich keine Hilfe von uns erwarten. Das ist – das ist sittenwidrig!"

„Ach, ist es gar nicht! Wir möchten ja nur, dass Sie den Sieger schützen, den Intelligenteren von beiden, und – Sie tun ein gutes Werk. Jeder von uns beiden wird Ihnen fünftausend Euro übergeben, morgen oder übermorgen. Zu treuen Händen. Der Gewinner bekommt sein Geld zurück. Den anderen Betrag überweisen Sie bitte zur Hälfte an die Jacobi-Kantorei in Hannover. Die andere Hälfte gehört Ihnen."

„Jacobi-Kantorei?"

Jetzt schaltet sich der Mann ein: „Ja. Für unser Reqiem am Totensonntag."

„Er ist nämlich Kantor", erläuterte die Rothaarige. „Und seine Kalkulation weist noch ein dickes Defizit auf."

Was für ein makabres Spiel! Daran konnten sie sich natürlich nicht beteiligen. Das war doch verrückt!

„Am besten schlafen Sie ihren Rausch ordentlich aus!", sagte Franz Mauschat scharf. „Gute Nacht! Ich überlege mir, ob ich morgen zur Polizei gehe. In Esens ist eine Polizeistation. Gute Nacht."

In der Entrüstung entging ihnen, dass die Frau dem Mann hinter ihrem Rücken zuzwinkerten.

Zurück in ihrem Zimmer fanden Regina und Franz so schnell keine Ruhe. Ernst nehmen das Ganze oder nicht? Eigentlich hatten sie nicht gerade Lust, sich bei der Polizei zum Gespött zu machen.

„Komisch ist", sagte Franz, „dass sie so einig wirken. Gestern sah das ganz anders aus, nicht?"

Am folgenden Morgen kannte der Himmel kein Mitleid mit den Urlaubern an der Küste. Der Pensionär und seine Frau hatten schlecht geschlafen. Endlos kreiste die Geschichte vom Abend durch ihre Köpfe. Die beiden Paradiesvögel saßen beim Frühstück wieder abseits und verhielten sich, als sei nichts gewesen.

Schneller als erwartet sahen sich die vier wieder. Ein erneuter Wolkenbruch trieb das bunte Paar ins Café; kaum hatten sie Platz genommen, traten auch die Mauschats ein. Die Frau mit dem roten Schopf winkte sie heran: „Kommen Sie! Hier ist noch Platz!"

„Na, haben Sie gut geschlafen?", fragte das faltige Löwengesicht grinsend. „Wie fanden Sie unsere Geschichte gestern Abend? Aufregend? Oder lustig?"

„Ich hoffe, Sie haben das nicht ernst genommen", sagte die Rothaarige. „Wir hatten schon einiges getrunken. Und komisch, immer fallen meinem Mann so abstruse Geschichten ein. Vergessen Sie die schnell!"

Regina und Franz zögerten. War nicht sie es gewesen, die

den Ton vorgegeben hatte? Aber dann stimmten sie erleichtert in ihr Lachen ein. „Es war aber ein ziemlich böses Spiel, das Sie sich mit uns geleistet haben. Na, vergessen wir's!"

Ein Gläschen Sekt entkrampfte die Stimmung. „Auf diesen schönen verregneten Urlaubstag!" Die Rothaarige goss nach.

So kam es, dass das Pensionärsehepaar eine knappe Stunde später etwas beschwipst seine Herberge aufsuchte, um sich zu einem Mittagsschlaf ohne die übliche Mahlzeit vorweg zu begeben.

Abende an der Nordseeküste haben ihren besonderen Reiz. In Bensersiel gehört es für viele Gäste dazu, bei entsprechendem Himmel zum Leitdamm zu pilgern und von dort aus den Sonnenuntergang zu bestaunen. Eigentlich langweilig. Jeden Abend geht die Sonne unter, na und? Wer keine Ader dafür hat, den lässt es eben unberührt. Andere geraten ins Schwärmen.

Die Mauschats saßen vor dem Fernseher. Nach den ZDF-Nachrichten konnte man den Apparat getrost wieder ausstellen, so dürftig war das Programm. Regina, von der täglichen Deichwanderung müde, kuschelte sich tief in den Sessel. Wenn Franz jetzt nichts anderes einfiel, gab es das übliche Nickerchen zwischen sieben Uhr fünfzehn und acht.

Er trat auf den Balkon und studierte die Wetterlage. Kräftige schwarze Wolken, gelb umrandet, an aufgerissenem Himmel, der nach Westen aufhellte. Emil Nolde hätte seine Freude gehabt.

„He, komm! Raus mit dir, bevor du wieder wegpennst. Jacke an und an die Luft!"

„Na gut, meinetwegen. Sonnenuntergang?"

Kopfnicken: „Sonnenuntergang."

Es wurde eine Enttäuschung. Eine Wolkenschicht direkt oberhalb des Horizonts verdarb alles. Statt spektakulär ins Meer oder hinter die Inseln zu tauchen, verschwand die Sonnenscheibe vorzeitig.

Auf dem Rückweg durchbrach Franz nachdenklich das Schweigen. „Was glaubst du, Regina: Hat die untergehende Sonne eine erotische Ausstrahlung?"

„Wieso fragst du mich das? Ihr Männer guckt doch immer auf Rundungen! Wir Frauen schauen anderswohin."

Er sah sie fragend an.
„In die Augen." Leicht schiebend zwang Regina ihren Mann zur Kursänderung. „Ich lade dich ein, zum Eisbecher im *Bären*. Du brauchst 'ne Abkühlung!"

Später – die Nacht hatte endgültig vom Himmel Besitz ergriffen – schlenderten sie am Yachthafen vorbei. Plötzlich verspürte er einen Knuff in der Seite. Der Hinweis galt zwei Radfahrern, die sich nebeneinander näherten. Im Laternenlicht waren gelbrote Anoraks zu erkennen.

Sie rollten auf die Spaziergänger zu, kaum voneinander zu unterscheiden. Er an der Kaimauerseite, sie im gleichmäßigen Abstand daneben.

„Denkst du, was ich jetzt denke?"

„Ich glaube ja! Die auf dem Fahrrad, das ist wie – wie der Papst auf dem Moped!"

Die Paradiesvögel hatten ihrerseits die Mauschats registriert. Die Rothaarige raunte dem Löwenmähnigen etwas zu. Der sah sie an, nickte, lächelte. Und änderte plötzlich seinen Fahrstil. Sein Rad geriet ins Schlingern, als sei der Fahrer von einem Geschoss getroffen worden. Dazu grölte er etwas.

Regine Mauschat schaute ihren Mann an: „Kennst du das nicht? Aus dem Reqiem!" Die Wiederholung geriet etwas leiser. War ihm soeben bewusst geworden, was er da von sich gab? *„Denn alles Fleisch, es ist wie Gras, und alle Herrlichkeit des Menschen ..."*

Der Abstand der beiden Radler verringerte sich mehr und mehr. War das beabsichtigt? Es wurde immer enger. Die Mauschats blieben stehen. Was bahnte sich dort an? Der Sänger geriet immer mehr in die Nähe der Kaimauer, anscheinend ohne die Gefahr zu begreifen. Er schaute weiterhin nach links, auf seine Frau.

Inzwischen waren die Radfahrer den Mauschats so nahe gekommen, dass diese in ihre Gesichter sehen konnten. „Der hat ja Angst!", murmelte Franz Mauschat. Was hatte die Frau mit ihm vor?

Ein geparkter Anhänger stand im Weg. Schwungvoll umkurvte die Frau das Hindernis. Der Musiker jedoch wurde völlig überrascht. Erschreckt riss er den Lenker nach rechts, verlor das Gleichgewicht, warf die Arme hoch. Kein Schrei, mehr ein erstaunter Ausruf, während er über die Kante stürzte. Laut klatschend durchbrach er die Wasseroberfläche.

Menschen rannten aus allen Richtungen zur Kaimauer, beugten sich über die Kante. Nichts. Nur Dunkelheit. Einer hatte den Rettungsring aus seinem Kasten gerissen, warf ihn an der Unglücksstelle in den Hafen. Aber nichts tat sich. Keine Hand griff danach.

„Ich hätte mir in der Fahrrinne den Tod holen können!" Die Rothaarige saß breitbeinig, die Unterarme auf die Oberschenkel gestützt, auf einem Findling und sog den Rauch einer Zigarette tief ein. Die Umstehenden blickten erstaunt zu ihr hinüber. Begriff die nicht, was passiert war? Sie schien erstaunlich gefasst. Stand sie unter Schock?

Regina warf Franz einen fragenden Blick zu.

Franz nickte. „Klarer Fall: Das Ende des Spiels." Er fingerte sein Handy aus dem Anorak und tippte die Notrufnummer ein.

Dieter Bromund

Die Hand von Carolinensiel

Als der Brief eintraf, erinnerte ich mich an den Anruf. Ja, ich hatte einem Treffen mit einem Dr. Otto Rostede aus Bremen in Carolinensiel zugestimmt und auch einen Termin genannt, den er nun brieflich bestätigte. Es handle sich um eine Erbschaft.

Als ich um fünfzehn Uhr an jenem Dienstag die *Teestube* in Carolinensiel betrat, saß Herkens am Tisch unterm Fenster, Hauptkommissar, Gewaltverbrechen, Polizeidirektion Wittmund. Auch er wartete auf Rostede, ohne mehr als ich zu wissen. Rostede kam pünktlich, eine Aktentasche und einen flachen Holzkasten gleicher Größe tragend. Ein Mann von vielleicht gerade dreißig, unauffälliges Habit, seiner Karte nach Rechtsanwalt zu Bremen. Doch er sprach einen Dialekt, den ich nicht einordnen konnte.

Es wurde ein merkwürdig kurzes Gespräch. Wir waren die einzigen Gäste der *Teestube*. Es bediente uns ein Wesen, das ich für die Wirtin hielt, würdevoll und schweigsam.

Ob ich bereit sei, ein Logbuch und ein Notizbuch aus dem Nachlass eines gewissen Cörd Roeloff zu lesen und darin nach Spuren eines Verbrechens zu suchen? Rostede legte zwei schwarz eingebundene dicke Bände auf den Tisch und ließ mich blättern: Sütterlinschrift, deutsch, ich würde den Text lesen können. Also sagte ich zu. Über das Honorar würden wir reden müssen.

Herkens würde sich des Kastens annehmen, den Rostede mit einem Schlüssel öffnete. Auf rotem Samt lag eine rechte Männerhand, braun, mit gerade ausgestreckten Fingern, dem Augenschein nach etwa sechs Zentimeter hinter dem Gelenk vom Arm abgetrennt. Rostede sei sich nicht sicher, ob diese Hand geschnitzt sei, was man vermuten könne, oder ob sie von einer Leiche stamme, vielleicht sogar eine Reliquie sei. Weiter wollte er wissen, ob es zwischen der Hand und den beiden Büchern irgendeinen Zusammenhang gäbe.

„Sie sind ein eingespieltes Team, stimmen Sie sich ab. Mein Mandant hat für die Klärung der Frage in seinem Testament zweitausend Euro ausgesetzt, zwischen den Ermittlern zu teilen. Wie viel Zeit brauchen Sie?"

Rostede ließ sich mit der Zusage vertrösten, dass wir ihm morgen, nach erster Prüfung, die Frage beantworten würden. Dann zahlte er die Rechnung und verschwand.

Eingespieltes Team hieß, Herkens hatte mir einmal das Leben gerettet, zwischen Spiekeroog und Neuharlingersiel, und den Mörder von zweien meiner Segelgäste gefasst.

Da saßen wir beide nun am Hafen von Carolinensiel, blickten auf zwei Tjalken und eine Schouw, die dort offenbar schon für den Winter festgemacht hatten, genossen den Anblick der Giebel hinter dem Deich und wussten nicht recht weiter. Der alte Hafen vor dem Sieltor war ja berühmt für seine Treffen von Oldtimern. Ich selber war mal mit einer Crew auf der *Opa Reimer* von Bensersiel zu einem solchen Treffen außen rum, also vor den Inseln entlang, nach Carolinensiel gesegelt. Meine Colin-Archer-Yacht, in anderen Häfen immer ein Objekt des Bestaunens, fiel unter den Schiffen hier nicht auf. Die Fotos, die ich damals gemacht hatte, hingen über meinem Schreibtisch. Carolinensiel sah heute – noch oder wieder? – so aus wie vor hundert Jahren.

„Mein erster Eindruck", holte Herkens mich in die Gegenwart zurück: „Dies hier ist eine menschliche Hand, mumifiziert. Hier über dem Gelenk sehen Sie die Spur eines dicken Nagels. Warum lässt dieser Anwalt das Objekt nicht in Bremen untersuchen? Ich werde es nach Oldenburg geben. Sollen sich die Pathologen drum kümmern."

„Oder die Kunsthistoriker, falls es sich um eine Reliquie handelt“, ergänzte ich.

„Die zweitausend Euro“, sagte er zum Abschied, „können Sie übrigens allein behalten. Ich bin in diesem Fall im Dienst.“

Er war so ehrlich, ein „leider“ hinzuzufügen.

Warum wir uns zu diesem Gespräch in Carolinensiel und nicht zwei Häfen weiter in Bensersiel, bei mir zu Hause, getroffen hatten, ahnte ich, als ich zu Hause am Schreibtisch zu lesen anfing.

„Logbuch der *Hoffnung*, Schonerbrigg, Heimathafen Carolinensiel, Kapitän Eime Cassens Janssen aus Carolinensiel“ stand schwungvoll in der Mitte des ersten Blatts des Logbuchs. Und unten die Zeile: „Begonnen am 17. Januar 1867. Mit Gottes Hülfe.“

Schon damals gab es vorgedruckte Logbücher mit vorgegebenen Spalten, dieses hier sah aber eher nach einem Hauptbuch aus. Dünne blaue Linien liefen quer über die Seite, dicke und dünne rote senkrecht. Die Seiten waren nummeriert. Es fehlte keine.

Logbücher waren schon immer amtliche Dokumente gewesen. Sie hielten fest, was mit Schiff, Ladung, der Reise und der Mannschaft zusammenhing. Pro Tag eine Seite, jede Seite unten abgezeichnet vom Kapitän. Ich verstand das ECJ als Kürzel für Eime Cassens Janssen.

Eine gefällige, nach rechts geneigte Schrift, die üblichen Spitzen der alten Schrift waren hier sanft gerundet. Sie fand sich bis Seite 126. Die letzten zwölf Seiten hatte der Schrift nach jemand anderes das Logbuch geführt. Doch ECJ stand, wenn auch etwas gröber als vorn, weiterhin am Fuß.

Eine Schonerbrigg war ein zweimastiges Segelschiff mit rahgetakeltem Fockmast, das mit sieben Mann gesegelt werden konnte. Schiffe dieser Art machten Reisen über die Nord- und Ostsee. Manche liefen sogar Spanien, Portugal und Südamerika an.

Nach dem Lesen des Logbuchs lag neben mir ein Blatt Papier, auf dem ich alle Reisen mit Daten und Ladung notiert hatte. In der ersten Zeile stand St. Petersburg, wohin die *Hoffnung* Weizen geliefert hatte und mit Holz zurückgekehrt war.

Die letzte Reise führte nach Mursara in Libyen mit Stockfisch, Bohnen und Häuten, und von Mursara nach Amsterdam mit Datteln.

Mursara war ein Hafen an der libyschen Küste, den ich nicht kannte. Beim Recherchieren las ich, dass der Hafen westlich von Tripolis im 19. Jahrhundert noch sehr geschäftig gewesen, dann aber versandet sei.

Nichts an den Eintragungen war auffällig. Gelegentlich hatte der Schiffer auf Fracht warten müssen, zwei Männer waren in Pernambuco am Fieber gestorben, einer war bei schwerer See vor Skagen über Bord gegangen und konnte nicht gerettet werden.

Nichts Besonderes, sagte ich dem Anwalt, der am nächsten Nachmittag anrief, und dem Kommissar, der sich um dieselbe Zeit meldete. Wenn man etwas über die Werft und das weitere Schicksal der *Hoffnung* in Erfahrung bringen wollte, brauchte man mindestens einen Tag mehr. Ich hatte leider versäumt, mir Karl-Heinz Wiechers „Geschichte der Ostfriesischen Segelschifffahrt" zu kaufen und würde nach Aurich fahren müssen, um das Buch dort in der Ostfriesischen Landschaft zu lesen, wo es sicher zu finden war.

Also machte ich mich erst mal an das zweite Buch, das seinem Titel nach das Tagebuch des Cörd Roeloff war, Steuermann aus Bremen.

Der schien ein sehr ordentlicher Mensch gewesen zu sein. Denn unter seinem Namen stand „gebohren den 12. Februari 1839 zu Achim an der Weser". Auch er begann seine Aufzeichnungen „Mit Gottes Hülfe", wie das damals wohl so üblich war. Die Handschrift dieses Mannes war etwas gröber als die aus dem Logbuch und deutlich kleiner.

„Heute, den 5. März 1859, sind wir mit dem letzten Eisgang von Brake ausgelaufen nach Hull in England. Ich bin der einzige Schiffsjunge auf der *Sophia*, einer Kufftjalk von 93 Registertonnen. Länge: 21,88 Meter, Breite 6,25 Meter, Tiefgang 2,71 Meter. Gebaut bei Lühring in Hammelwarden 1850." So die erste nüchterne Eintragung. Auch die nächsten lasen sich über viele Seiten hinweg wie ein Logbuch mit Angaben über Mittagsorte, Frachten, Kurse und Zielhäfen.

Etwa ab der Mitte des gut zehn Zentimeter dicken Buchs, das offenbar nach seinem Abschluss noch mal in Segeltuch nachgebunden worden war, lasen sich die Eintragungen leichter.

In Hull stinkt es im Herbst nach Hering, wenn die schottischen Weiber die Fässer füllen. In Amsterdam lockt die Sünde hinter dem Burgwall. In St. Petersburg hat man eine Bombe auf den Zaren geworfen, es herrscht Empörung und Entsetzen. Alle einlaufenden Schiffe werden genau kontrolliert. Die Nächte heißen hier im Sommer weiß.

Ich las, wie aus dem Schiffsjungen ein Leichtmatrose und aus diesem ein Vollmatrose wurde, der allein Mars- und Bramsegel setzen konnte. Ein Onkel hinterließ Georg ein kleines Legat, das er klug zum Besuch der Navigationsschule in Brake einsetzte. Cörd bestand 1867 sein Examen als Steuermann auf großer Fahrt.

Danach wurden die Berichte ausführlicher und ich fand mich plötzlich auf der Reise der *Hoffnung* nach Musara wieder. Cörd Roeloff fuhr auf der Schonerbrigg *Hoffnung* als Steuermann unter Kapitän Janssen 1869 nach Libyen.

Ein Vergleich mit dem ersten Buch zeigte sofort, dass Roeloff auch bei Janssen erwähnt worden war – wie sich das gehört, denn der Steuermann ist nach dem *Master next to God* der zweite Mann an Bord und übernimmt das Kommando, wenn der Alte ausfallen sollte.

Die Reise nach Musara und zurück nach Amsterdam führte durch ruppige See in der Biscaya, zu langem Flautentreiben vor Gibraltar und dann zu einer schnellen Fahrt in den libyschen Hafen.

„Der Kapitän hat einen Unfall. Wir bleiben eine Woche im Hafen, ein Hakim betreut Janssen, der seine rechte Hand verloren hat. Der arabische Arzt versorgt die Wunde mit Öl. Als sie gut verheilt, gehen wir ankerauf. Ich führe das Schiff in Janssens Auftrag." Das stand da in Roeloffs Buch.

In Amsterdam mustert er ab, als die Datteln gelöscht sind, nennt Differenzen mit dem Kapitän als Grund und fährt weiter auf holländischen Seglern, ab 1871 auf Dampfschiffen. Die Eintragungen in Roeloffs Logbuch enden mit dem Hinweis: „Wir haben am 1. September bei Sedan mit Gottes

Hülfe einen großen Sieg über die Franzosen errungen und den Kaiser der Franzosen und die ganze Armee gefangen genommen."

Fazit nach der Lektüre des Logbuchs und des Tagebuchs: Keine Hinweise auf ein Verbrechen.

Da meldete sich Herkens. Ich wollte ihn in den *Deichgrafen* nach Bensersiel einladen, weil Lisbeth heute ihre berühmte Erbsensuppe anbot. Aber er hatte wenig Zeit und berichtete nur am Telefon.

„Es ist eindeutig eine rechte Männerhand, die mit Gewalt, mit einem Beil, einem Schwert oder einem Säbel, vom Unterarm getrennt wurde. Etwa einhundertdreißig bis einhundertfünfzig Jahre alt. Vermutlich in der Sonne getrocknet. Unsere Spezialisten in Oldenburg prüfen sie weiter. Auffallend ist eine Wunde hinter dem Handgelenk, die nicht vernarbt ist. Sie erinnern sich. Und was gibt es bei Ihnen Neues?"

Ich berichtete, dass ich von einem Unfall gelesen hatte, bei dem im Hafen von Musara in Libyen Kapitän Eime Cassens Janssen, Eigner der *Hoffnung* aus Carolinensiel, die rechte Hand verloren hatte. So Cörd Roeloff in seinem persönlichen Logbuch und so auch das Logbuch der *Hoffnung*, das – der Handschrift nach – ab Musara dieser Roeloff geführt hatte. Es war die letzte Reise, die Cassens und Roeloff zusammen machten.

„Na, das ist doch eine Story, Skipper. Schreiben Sie die doch auf!"

Ich war mir noch nicht ganz sicher. So doll war das nicht, was ich da gelesen hatte. Ich wollte von Herkens mehr über die Hand erfahren.

Einem Dieb wird in manchen muselmanischen Staaten noch heute die rechte Hand abgehackt, so der Hauptkommissar. Das schreibt die Scharia, das islamische Gesetz, vor, die im übrigen auch Steinigungen für Frauen fordert, die die Ehe gebrochen haben. Nach der Scharia werden Mörder mit dem Schwerte geköpft. Heutzutage amputiert man bei Körperstrafen Gliedmaßen in Hospitälern, dort soll man auch Augen entfernen, wenn die Scharia es so verlangt.

„Und damals, Mitte des 19. Jahrhunderts?", wollte ich von Herkens wissen, der offenbar gut nachgeforscht hatte.

„Geschah das öffentlich. Der Verurteilte wurde sediert, also beruhigt, der Unterarm abgebunden, dann schlug der Henker zu und hielt den Stumpf sofort in siedendes Öl. Das klingt ekelhaft, aber der Dieb konnte so überleben. Die Hand nagelte man ans Stadttor, zur Abschreckung weiterer Diebe."

Einem Deutschen wird in Libyen die Hand abgehackt, weil er als Dieb gilt? Ja, da sammelte sich langsam Stoff für eine Geschichte.

„Haben Sie Ihre Erkenntnisse schon dem Anwalt mitgeteilt?", wollte ich von Herkens wissen.

„Die ganze Sache ist äußerst merkwürdig", sagte er, „es gibt in Bremen keinen Anwalt und Notar namens Otto Rostede. Ebenso wenig in Niedersachsen oder Hamburg. Und auch nicht im restlichen Deutschland."

Das verblüffte mich. Wozu das Ganze – zwei alte Logbücher, eine abgehackte Hand und ein Anwalt, den es nicht gab?

„Wir gehen der Sache mal weiter nach", sagte er, „und Sie haben Stoff für eine Story."

Ganz so sah ich das nicht. Im nebligen Herbst hatte ich an meinen beiden Yachten zu tun, die im Winterlager standen. Im November wollten Lisbeth und ich auf die Seychellen fliegen, um uns zu erholen. Die Geschichte konnte warten. Auch Herkens ließ sich nicht mehr hören.

Als wir aus dem Indischen Ozean zurückkamen, lag unter den Bergen von Post ein Brief von Otto Rostede, allerdings ohne Absender. Es gibt ihn also doch, ließ ich Herkens ausrichten, der keine Zeit hatte, weil er mit der Aufklärung einer Mordsache in Wittmund befasst war. Was ich dann in der Hand hielt, war ein zehnseitiges Papier in Zwölf-Punkt-Schrift, Perlpica. Seminararbeit, Prof. Dr. Hannes Münch, Seminar für Regionalgeschichte, Westfälische Wilhelms-Universität, Münster. WS 2004/05.

Verfasser: Otto Rostede, 8. Fachsemester.

Was sollte ich mit einem wissenschaftlichen Text machen? Als ich dann blätterte, wurde ich allerdings eingefangen. Der Verfasser berichtete von zwei Logbüchern, die er gelesen habe. Der Beschreibung nach waren es die beiden, die noch bei mir im Schrank standen, das Logbuch der *Hoffnung* und das Tagebuch des Cörd Roeloff. In diesen beiden sei zu lesen, dass ein deutscher Kapitän in einer libyschen Hafenstadt die rechte Hand verloren habe. Nach den beiden Logbüchern habe es sich wohl um einen Unfall gehandelt, der wahrscheinlich beim Anbordnehmen der Ladung mit einer Talje passiert sei.

So etwas hatte ich auch vermutet. Alles weitere aus der Seminararbeit war mir neu. Rostede zitierte Dokumente, die er im Seminar für Regionalgeschichte gefunden hatte: Briefe des Steuermanns Roeloff an seine Frau Katherine in Carolinensiel. Rostede zitierte die Fundstellen auf eine Weise, die mir sehr gefiel: wörtlich, nicht umschrieben. Die Roeloffschen Briefe seien Teile einer Sammlung aus dem Jahre 1932, die im Verlag Soltau-Kurier Norden mit dem Titel „Briefe von Fahrensleuten" erschienen waren. Unter der Überschrift „Wettfahrt nach Musara" waren dort drei Briefe abgedruckt, die ergänzten und erklärten, was die Logbücher verschwiegen. Was war in Musara wirklich vorgefallen?

Rostede war ein geschickter Verfasser. Zunächst stellte er die beide Protagonisten vor, zwei Janssens aus Carolinensiel, beide Eigner großer Segelschiffe, beide über ein paar Ecken verwandt.

Eime Cassens, den Skipper der Schonerbrigg *Hoffnung*, auf der Roeloff als Steuermann fuhr, kannte ich schon aus den Logbüchern. Von Tabbe Tobias, dem Skipper der Brigg *Mathilda*, las ich jetzt zum ersten Mal.

Cörd Roeloff stammt aus Bremen, erlaubt sich also, über Ostfriesen gelegentlich zu spotten. Die beiden Kapitäne lieben dieselbe Frau: Pauline Sophie Voltmann. Und beide wollen sie heiraten. Sie, das dumme Weib, sei beiden gleich zugetan. Und nun wetten diese Ostfriesen: Wer aus der nächsten Reise den größten Profit macht, solle den Vortritt bei Pauline haben.

Der Autor begründete das Ziel Musara: Der Handel mit Datteln sei überaus gewinnbringend. Dattelkerne wurden damals für Tropenmedizin gebraucht.

„So sind also die beiden Ostfriesen gleichzeitig nach Musara an die libysche Küste gesegelt. Versteh das einer!", hieß es im ersten Brief des Roeloff. Im zweiten berichtete er, wie die beiden deutschen Segelschiffe auf Reede ankern mussten, weil die Behörden des örtlichen Bey die preußische Flagge nicht honorierten, und wie sie mit Hilfe von Agenten mühsam Fracht einsammeln konnten, Datteln aus Nordafrika. Im dritten Brief berichtete Roeloff seiner Katherine, welche Preise die Datteln erzielt hatten. Eime Cassens war mit der *Hoffnung* als Erster nach Amsterdam gelangt, Tabbe Tobias bekam als Zweiter mit der *Mathilda* die schlechteren Preise. „Und so heiratete Eime Cassens am 8. März in Carolinensiel seine Pauline Sophie Voltmann. Tabbe Tobias tröstete sich mit Katharina Johanne Dudde, mit der er sich im July ehelich verband."

Hatte ich überlesen, warum Eime Cassens die Hand verloren hatte? Man schlug sie doch nur Dieben ab. Was hatte Eime Cassens als Skipper einer Schonerbrigg unter preußischer Flagge in Musara denn gestohlen? Nein, Roeloff schrieb nichts in seinem Brief und der Verfasser der Seminararbeit stellte keinerlei Vermutungen an.

Ich hatte also wirklich Stoff zum Schreiben.

Eime Cassenes Janssen – ein Verbrecher? Tabbe Tobias, der Verlierer, der mit beiden Händen zurückkehrte? Die Liebe trennt sie – und tut … was noch? Lässt Hass aufkommen, auch Männer der Sandküste haben heiße Herzen. Und einen kühlen Kopf. Tabbe Tobias also lässt sich etwas einfallen, denn warum sollte er denselben Hafen wie Eime Cassens anlaufen? Eime Cassens sollte am besten nie zurückkehren, damit Tobias die begehrenswerte Pauline Sophie heiraten kann. Natürlich muss er, Tabbe Tobias, bei all dem schuldlos erscheinen. Also stellt er Eime Cassens im muslimischen Musara eine Falle, als beide Kapitäne dann endlich an Land dürfen. Und Cassens wird angeklagt und verurteilt. Nur der französische Konsul bewahrt den Preußen vor der Hinrichtung mit dem Schwert. Der Richter verhängt die leichtere Strafe, Eime Cassens verliert die rechte Hand, sie wird ans Stadttor genagelt, Tabbe Tobias lässt sie nachts stehlen, an Bord holen und bringt sie mit nach Ostfriesland. Er würde sie hier … da stellt sich sein Eheweib quer, Katharina Johanna Dudde verhindert, dass Tabbe Tobias mit der Hand seinen Spott treibt.

Beide Kapitäne grüßen sich weiter, als sei in Libyen nichts geschehen, und wenn sie einem Handschlag nicht ausweichen können, muss es auch mit links gehen. Carolinensiel braucht von den Vorfällen in Musara nichts zu erfahren.

Was für eine Geschichte! Ich zog Lisbeth immer erst ins Boot meiner Geschichten, wenn die Story stand, also jetzt. Sie meinte daraufhin, ehe ich mich an so etwas wage, sollte ich mich noch mal in Carolinensiel umhören. Warum nicht bei Manfred Sell, dem Direktor des Deutschen Sielhafenmuseums in Carolinensiel, der immer mal zum Essen in den *Deichgrafen* kam? Ich hatte ihn nie getroffen, aber als Lisbeth anrief, bekam ich sofort einen Termin. Überraschend hatte auch Herkens Zeit zu kommen. Ich fand einen Parkplatz vor der Volksbank in Carolinensiel und ging zum Kapitänshaus, in dem Sell mit einer Kanne Tee wartete.

„Was kann ich für Sie tun, Skipper? Ich habe ja einiges von Ihnen gelesen."

Die flache Kiste mit der abgehackten Hand hatte Herkens auf den Tresen gelegt. Wir saßen in der Gaststube, in der manchmal Jungverheiratete nach der standesamtlichen Trauung, die im ersten Stock dieses Teils des Museums stattfindet, auf ein Glas Sekt einluden. Ich legte meine beiden dicken Logbücher auf die Kiste und das zehnseitige Papier, das Rostede geschickt hatte, daneben. Sell kümmerte sich erst bei der zweiten Tasse Tee darum.

„Wie kommen Sie denn dazu, Herr Kommissar? Und Sie, Skipper? Die drei Sachen gehören doch zu uns ins Archiv in der Alten Pastorei. Wir bekommen häufig aus Erbschaften interessante Stücke oder Bücher für unser Museum, die wir dann erst mal ins Archiv legen. Die da sind in die Museumsbestände noch gar nicht eingeordnet. Woher haben Sie sie?"

Der Museumsmann war so erregt, wie es sich für einen Norddeutschen gehört, also kaum. Auch Herkens ließ sich durch die Frage, die ja mancherlei bedeuten konnte, nicht aus der Ruhe bringen. Er stopfte erst mal seine Pfeife.

Also erzählte ich, was ich gelesen hatte, und Sells Gesicht verwandelte sich, erblühte zu einem Grinsen und dann zu einem breiten Lachen.

„Sie hätten sich viel Arbeit sparen können, Skipper", sagte er. „Aber vielleicht hätten Sie auch ein bisschen Spaß versäumt, wenn Sie mich gleich angerufen hätten. Sagen Sie, trug Rostede noch seinen Bart?"

Herkens erinnerte sich präziser, aber auch er schüttelte den Kopf. „Wir haben alle drei Sachen von einem Mann von knapp dreißig Jahren bekommen, der sich als Anwalt ausgab."

„Ein graues, ein braunes Auge, kräftige Nase, rheinischer Dialekt?"

Das konnten wir bestätigen.

„Dann ist es unser Rostede, der sich inzwischen den Bart abgenommen hat. Wissen Sie, der war vor einem Jahr bei uns als Praktikant im Museum. Er hat Jura studierte und nach seinen Examen noch mal Fremdenverkehrswirtschaft."

„Und hat gestohlen?", wollte Herkens wissen.

Sell zuckte mit den Schultern. „Da liegen doch die Sachen. Sprechen wir von unerlaubtem Ausleihen."

„Und der Aufsatz?"

Sell blätterte, sah sich den Titel genauer an. „Es gibt kein Institut für Regionalgeschichte an der Uni Münster. Ein Hanns Münch als Professor ist zuständig für Rheinische Landesgeschichte in Bonn. Die „Briefe von Fahrensleuten" gibt es sicher nicht, ich müsste sie kennen. Vermutlich hat Rostede mit dieser Arbeit den Spaß noch weiter getrieben."

„Und warum das alles?"

Ich glaube, Sell bedauerte in diesem Augenblick, dass es nichts Stärkeres als Tee im Gastzimmer gab. Ich hätte gern einen Köm gegen meine Verblüffung getrunken. Und auch Herkens hätte sicher gern einen zur Brust genommen.

„Dieser junge Wissenschaftler Dr. Otto Rostede hatte schon während seiner kurzen Zeit in Carolinensiel gemeint, es müsse endlich mal wieder eine Story über unsern Ort veröffentlicht werden – zur Förderung des Fremdenverkehrs."

Ich setzte klirrend meine Tasse ab.

„Da sehen Sie wieder", meinte Herkens ganz gelassen, „was ich Ihnen schon öfter sagte. Was für eine Geschichte! Schreiben Sie sie doch auf."

Regula Venske

Dangaster Rübli-Schwur

I. Spatzen morden. Mädchen füttern.

„Ich kündige Ihnen die Freundschaft auf."

Zwar bemühte sich die Frau am Nebentisch, ihre Stimme zu dämpfen, aber ihr Zischen drang dennoch schmerzhaft zu Manfred Arning herüber. Er spürte, wie er unwillkürlich zusammenzuckte. Als er zu den beiden Rotgefärbten am Nachbartisch schaute, fing er einen wilden Blick der Sprecherin auf, bevor sie weiterzischte: „Sie sind die Mutter einer Mörderin!"

Gleichgültigkeit vortäuschend, griff Arning nach seinem Becher und nippte an seinem Kaffee. Es war offenbar so, dass man immer das magisch anzog, was einen gerade selber umtrieb. In seinem Fall waren das Mord und Totschlag. Die Mutter einer Mörderin? Aus dem Augenwinkel heraus versuchte er, eine unauffällige Einschätzung der beiden Damen vorzunehmen. Beide hatten sich redlich Mühe gegeben, die Tatsache zu kaschieren, dass ihre besten Jahre hinter ihnen lagen. Einen erfahrenen Ermittler wie Arning täuschten sie mit ihren Mogeleien allerdings nicht über gewisse Grundbefindlichkeiten hinweg. Beide hatten ihre Haare in jenem violettstichigen Rot getönt, das bei Frauen ab fünfzig die vorherrschende Haarfarbe zu sein schien und dem Frauenkenner sofort „Achtung! Wechseljahre!" signalisierte. Und beide wiesen jene etwas großporig-aufgeschwemmte Gesichtshaut auf, die von regelmäßigem Weinkonsum erzählt. Weißwein, vermutete Arning im Falle der schlanken Zischerin, und Rotweinkonsum bei ihrer fülligeren Freundin, deren Nase rötlich in ihrem Gesicht prangte. Leuchtfeuer überm Jadebusen, dachte Arning, der am rechten Rand seines Gesichtsfeldes üppige, grün gewandete Wölbungen über der Tischkante ausgemacht hatte. Hätte er mit seinem Freund, dem Profiler, eine Wette abschließen sollen, so hätte er die Schlanke mit dem türkisen Rollkragenpullover auf Kunsterzieherin in Bremen (Realschule) taxiert und ihrer beleibteren Freundin eine Keramikwerkstatt in Fischerhude angedichtet. Den Kaffeebecher noch in der Hand, lehnte er sich in seinem Stuhl zurück und tat so, als würde er sich wieder seiner Zeitung zuwenden. In Wahrheit lauschte er dem Gespräch der beiden Damen.

„*Darunter lagen, noch gut erkennbar, neun verschrumpelte Spatzenköpfe mit erstarrten ...*"

„Waaas? Spatzen... ?"

„*Neun verschrumpelte Spatzenköpfe mit erstarrten halb offenen Schnäbeln.* Ich sage dir, Ulla, diese Kindheitserinnerungen von Konstanze Radziwill vermitteln ein sehr eindrückliches Bild. Von der Rohheit und Brutalität der Kinder, der Jungens vor allem, natürlich, aber auch von ihrem eigenen Mitläufertum. Als Tochter eines Künstlers war sie selbst ständig davon bedroht, zur Außenseiterin abgestempelt zu werden. Wenn sie dazugehören wollte, musste sie erst recht bei allem Unfug mitmachen, angefangen beim harmloseren Äpfelklauen bis hin zur mörderischen Spatzenjagd."

„Igitt! Und die Kinder haben die armen Vögelchen wirklich gegessen?"

„Erst mit der Taschenlampe geblendet, damit sie nicht wegflogen, dann eingefangen, dann ein Gebet gesprochen. Alle durften das Köpfchen noch mal streicheln – und dann wurde es zwischen Daumen und Zeigefinger eingeklemmt, umgedreht und abgerissen."

Arning unterdrückte ein leichtes Frösteln. Solche Knabenfreuden hatte er nicht gekannt. Vielleicht hätten ihm Erfahrungen und Kenntnisse wie diese allerdings den Einstieg – und vor allem den Aufstieg – bei der Kripo erleichtert, wer weiß?

„Und dann wurden sie noch in der gleichen Nacht hier in der Küche des Kurhauses gebraten! Vermutlich genau da, wo sie eben deinen Tee aufgebrüht haben. Sogar der Vater des jetzigen Wirts, der alte Tapken, kam, vom Geruch angelockt, höchstpersönlich hinzu. Konnte es offenbar kaum abwarten, einen halbgaren Spatz am Bein zu packen und ihn im Ganzen zu verspeisen. Krach-krach-krunsch. Und hinterher spuckte er die Knöchelchen feinsäuberlich nacheinander aus wie Gräten. Die Radziwilltochter erzählt davon sehr anschaulich: *Eigentlich ekelte ich mich vor dem Essen, aber Lena servierte mir drei kleine Herzen, halb so groß wie ein Fingernagel …* Na, und die hat sie dann unter Antons strengen Blicken runtergeschluckt."

„Anton? Ist das etwa der Wirt vom Kurhaus? Den wir hier so oft hinterm Tresen gesehen haben?"

„Nein, das ist der Bruder. Anton ist der, mit dem wir letztes Jahr nach Wilhelmshaven geschippert sind. Dem die *Etta von Dangast* gehört, der uns das schöne Seemannsgarn erzählt hat. Und dem Sabinchen zu guter Letzt noch den Kapitänstrunk abgeschwatzt hat. Der hat – jedenfalls in diesen Erinnerungen – den meisten Spatzen den Kopf abgedreht. Der, dessen Rhabarbertorte du so verfallen bist wie man übrigens von Jahr zu Jahr deutlicher sieht, entschuldige, wenn ich das mal so direkt sage, meine Liebe – das ist Karl-August. Der hat nach dem Tod der Eltern 1977 mit seiner Frau das *Alte Kurhaus* übernommen und inzwischen ja sogar das Bundesverdienstkreuz für seine Rhabarbertorte bekommen. Aber man darf wohl annehmen, dass er als Kind auch nicht gerade zimperlich war. So was liegt doch in der Familie. Und hier oben an der Küste, das sind sowieso halbe Wilde, wie der alte Radziwill sehr richtig bemerkt hat. So was bleibt im Blut. Ich zitiere, was er über Dangast sagte: *Ein altes, gesetzloses Seeräubernest – jeder denkt, er könnte rumballern, wie er lustig ist, Enten, Gänse, Hasen, Rehe …*"

„Komisch, irgendwie finde ich das Abmurksen dieser kleinen unschuldigen Spatzen grausamer, als wenn sie Hasen oder Rehe gejagt hätten …"

Die Frau, die offenbar Ulla hieß, starrte versonnen auf ihre Gabel, auf der sich ein großes Stück Rhabarberbaisertorte befand. Schließlich gab sie sich einen Ruck und schob die rötlich-weißgraue Masse nachdenklich in den Mund. Arning sah ein paar Goldzähne blinken. Er nahm einen Schluck von seinem Kaffee, der jetzt genau die richtige Temperatur hatte, und stellte den Becher ab. Mit einem freundlichen Schmunzeln schaute er ganz offen zu den beiden Frauen hinüber. Wie beruhigend, dass am Nebentisch nur von Spatzenmorden die Rede war. Seitdem ein neuer Mordfall die Soko auf Trab hielt, der er seit nunmehr acht Jahren angehörte und deren Leiter er seit zwei Jahren war, hatte er kaum mehr so entspannt irgendwo gesessen. Es war richtig gewesen, den Sonntagsausflug nach Dangast zu machen, dachte Arning schon jetzt. Mit seiner Kawasaki Silberpfeil war es ein Katzensprung von Bremen nach Dangast. Den ganzen Tag könnte er noch genießen, auch später am Deich spazieren gehen oder eine kleine Wattwanderung machen. Aber erst einmal Zeitungen lesen bei Kaffee und Kuchen im *Alten Kurhaus*, das war ein Muss, das war Kult – wo gab es das noch im dritten Jahrtausend, einen Becher Kaffee plus den köstlichsten Kuchen auf der ganzen Welt für nur drei Euro? Mochten sie auch Seeräuber sein hier oben, Halsabschneider waren sie nicht, das war einmal klar.

Arning seufzte, als er das Wort Halsabschneider dachte. Warum nur wurde er die Erinnerung an jede Art von Verbrechen nicht los? Es war ein Elend mit seinem Beruf, dass ihn die Geschehnisse bis in den letzten Winkel seines Privatlebens, die letzten Winkel seines Hirns und seiner Seele verfolgten. Kein Wunder, dass auch Irene es nicht lange ausgehalten hatte mit ihm. Und er nicht mit ihr. Er konnte Frauen nur ertragen, solange sie am Nachbartisch saßen.

Soeben betraten zwei weitere Mittfünfzigerinnen den Kurhaussaal, eine weitere Rotgefärbte und eine attraktive Brünette mit sonnengebräuntem Teint. Arning fing einen blitzenden Blick von ihr auf, als sie sich suchend im Café umschaute. Gern hätte er ihr ein Lächeln zugeworfen, aber im selben Moment hatte sie unter den wenigen Gästen – zwei jungen Müttern vom nahegelegenen Mutter-und-Kind-Kurheim mit ihren Krabbelkindern, einem Biker-Pärchen in voller Montur und drei Friesenkerlen, die schon am Vormittag bei Bier und Kümmelschnaps saßen – die von ihr gesuchten Freundinnen erspäht und steuerte den Nebentisch an. Die

Rothaarige folgte ihr. Da Irene sich zu Jahresbeginn – gleich nach dem Mord, dem achten in der Serie – abgesetzt hatte, musste Arning die Begrüßung der Frauen wenigstens nicht mit schlechtem Gewissen verfolgen.

„Hola, Mädels. Na, ihr werdet auch immer älter."

„Tja, Bienekind, nicht jede von uns kann auf Mallorca leben. Aber pass auf, die Sonne ist auf Dauer auch nicht gut für deine Haut."

„Das ganze Leben ist nicht gut für die Haut, sag ich euch. Wollt ihr noch was haben? Wartet mit den Neuigkeiten, bis ich wiederkomme."

Bewundernd schaute Arning der Brünetten – Bienekind – hinterher, die beschwingt den Tresen ansteuerte. Im *Alten Kurhaus* herrschte Selbstbedienung, und an manchen Tagen im Hochsommer stellte die Schlange am Tresen eine echte Geduldsprobe dar. Dass man ohne größere Wartezeit an die Reihe kam, war ein klarer Vorteil der Nebensaison und tröstete darüber hinweg, dass die Aprilsonne noch zu matt war für ein Mittagsschläfchen am Privatstrand des Hauses.

Eine Weile blickte er aus dem Fenster hinaus aufs Watt und stellte fest, dass alles noch an seinem Platze war, die steinerne Skulptur in Form eines riesigen Phallus ebenso wie der hölzerne Kaiserstuhl des selbsternannten Wikingeroberhauptes Butjatha, zwei Kunstwerke, die seit Jahren den Gezeiten, Volkes Stimme – in Form von wechselnden obszönen Schmierereien – und dem Algenbewuchs trotzten. In ruhiger Stimmung nahm sich Manfred Arning wieder die Zeitung vor, um einen Moment später entsetzt festzustellen, dass seiner Mordserie eine ganze Seite gewidmet war. Wieso hatte er das nicht vorher gesehen? Wieso nicht gewusst? Dann hätte er sich eine andere Zeitung aus dem Ständer genommen und die Lektüre dieses Blattes auf den Montagmorgen verschoben. Nun kam er natürlich nicht darum herum, den Beitrag zu studieren, den ein ihm unbekannter Journalist zusammengeschmiert hatte. Mit zusammengepressten Zähnen fluchte er vor sich hin. Vermutlich würde er sich schon im nächsten Moment gründlich ärgern, wenn er das eine oder andere Detail, um dessen Geheimhaltung er streng bemüht war, in der Zeitung ausgeplaudert fand. Und tatsächlich, da ging es schon los: *Hat der Frauenmörder ein Vaterproblem? Verbindungen zur Homo-Szene nicht ausgeschlossen!*

Diese neueste Einschätzung des Profilers, eines Psychologen von der Bremer Universität, mit dem er eng zusammenarbeitete, hatte Arning unbedingt zurückhalten wollen. Bislang nahm die Öffentlichkeit an, dass die Mordserie, die das Land seit bald einem Jahrzehnt erschütterte und der im Laufe der Jahre sieben blutjunge, bildhübsche Frauen zum Opfer gefallen waren, auf das Konto eines in seiner Adoleszenzkrise heftig gestörten jungen Mannes ging, der ein extrem neurotisches Verhältnis zur Weiblichkeit hatte. Sicher war er ein Muttersöhnchen, wie es im Buche stand, verklemmt und feige dazu, denn er tötete seine Opfer nicht mit offener Manneskraft, sondern heimtückisch und hinterhältig. Flößte ihnen erst Vertrauen und dann K.-o.-Tropfen im Schaumwein ein, um die so Betäubten alsdann mit einem batteriebetriebenen Vibrator elendiglich zu ersticken. Der Anblick der jungen Frauen mit diesen grotesken, überdimensionierten Symbolen einer gestörten Männlichkeit im weit aufgerissenen Mund hatte Arning jedes Mal aufs neue erschüttert. Dem letzten, achten Mord war allerdings ein älterer Mann zum Opfer gefallen, ein prominenter Kunstprofessor aus Düsseldorf. Eine Tatsache, die das Täterprofil um ein paar interessante Aspekte erweitert hatte.

Arning war sich sicher, dass er den jungen Mann – sein Freund, der Profiler, schätzte ihn bei Beginn seiner Taten auf nicht älter als dreiundzwanzig – eines Tages zu fassen kriegen würde. Aber schon sein Vorgänger hatte das von sich geglaubt und war darüber alt und grau geworden, verbittert und ausgebrannt. Schließlich hatte man ihn, auf eigenen Wunsch, vorzeitig in den Ruhestand versetzt und Manfred Arning an seine Stelle berufen. Einen seit dem letzten Mordfall ebenfalls stark gealterten Mann, der im Grunde froh sein konnte, dass keine der Damen am Nebentisch auf die Idee gekommen war, ihn genauso kritisch zu mustern, wie er sie aufs Korn genommen hatte. Sicher wäre ihnen, da es ihnen an Lebenserfahrung offensichtlich nicht mangelte, auch die eine oder andere spitze Bemerkung eingefallen über rote Äderchen auf seinen Wangen, den Geruch von Freiheit und Abenteuer in seiner Lederkluft oder die Wölbung seines Bauches unterhalb des Tisches. Leuchtturm fünf Zentimeter unter Normal Null, wie Irene gelästert hatte, oder auch nur: Leuchtturm landunter.

Arning merkte, wie er unter dem Tisch beide Hände zu Fäusten ballte. Der Sonntag war gelaufen. Kein Anbändeln mit der aparten Brünetten mehr, die soeben zum zweiten Mal mit einem beladenen Tablett an den Nachbartisch zurücktrat. Nach der Kuchenrunde waren die Damen inzwischen zum Sekt übergegangen. Arning ertappte sich, wie er sie wütend anstarrte. Die Brünette – Sabine, Bienekind – starrte herausfordernd zurück und wandte sich dann ihren Freundinnen zu, die längst beim Thema Kunst angelangt waren.

„Von wegen spinnerte Vogeltante“, ereiferte sich gerade die üppige Rothaarige, Ulla. „Wenn ihr erst die Ausstellung von Trude Rosner-Kasowski gesehen habt, wisst ihr, was für eine Ausdruckskraft diese Künstlerin hatte.“

„Malen konnte sie“, bestätigte die schlanke Zischerin, die gemeinsam mit ihr von Anfang an im Kurhaus gesessen hatte. „Okay, das ist Expressionismus, und da gibt's viele Blumenaquarelle – der zweite Weltkrieg findet in diesen Bildern nicht statt. Das Politische an ihr war eben was anderes. Das Politische war die Aktion. Dass sie von ihrem kärglichen Geld Weizenkörner an der Mühle gekauft hat, und zwar Säcke voll. Nicht nur, um damit die Spatzen zu füttern. Auch, um die Spießer und Bauern zu ärgern, INDEM sie die Spatzen fütterte. Eine vielleicht unsinnige, aber doch sinnvolle Tat.“

„Genau wie unsere Aktionen ...“, stimmte die als Letzte Hinzugekommene ihr kichernd zu.

Arning entging nicht, dass die hübsche Sabine, wohl die Anführerin in dieser Runde, die andere mit einem warnenden Blick bedachte. Augenscheinlich wollte sie die Aktionen der Gruppe nicht in der Öffentlichkeit diskutieren. Vor seinem inneren Auge entstand ein zartes Bild, dann ein deutlicheres Gemälde, das die vier Damen beim Füttern einiger Spatzen zeigte. Im Geiste sah er ein hübsches Aquarell, in zarten Farben gemalt – nun ja, eine Prise kräftiges Grün, Rot und auch Violett mochte wohl hineingemischt werden. Er knüllte seine Zeitung zusammen, warf sie vor sich auf den

Tisch und stand auf. Im Eifer seines Abgangs kippte sein Stuhl polternd nach hinten über, aber die Viererrunde nahm keine Notiz davon.

„Patriarchalischer Kunstbetrieb“, hörte Arning es raunen, während er seine Lederjacke anzog. Er bedachte die Runde mit einem lässigen Abschiedsgruß, der immerhin von der sonnengebräunten Anführerin mit prüfendem Kopfnicken erwidert wurde. Um diese Damen, dachte Arning lächelnd, musste er sich keine Sorgen machen. Aus dem Alter, in dem sie dem Dildomörder zum Opfer fallen konnten, waren sie glücklich heraus. Mit dem nächsten Gedanken war er wieder bei seinen Akten, die er sich, sobald er nach Bremen zurückgeprescht war, zum tausendsten Male vornehmen würde. Die Wattwanderung musste warten, bis zum nächsten Sonntag oder länger; von Bremen nach Dangast war es ja wirklich nicht weit.

II. Spatzen füttern. Mädchen morden.

„Interessanter Typ“, seufzte Sabine Münkeboe. „Schade, dass sie ab fünfzig alle Bäuche ansetzen.“

„Aber raucht eindeutig zu viel! Abgehalfterter Bremer Altlinker. Lehrer für Sozialkunde und Sport. Oder – ein Krimialer?“

Die vier Frauen kicherten, nur Ulla Upgant-Schott kräuselte vor Ekel ihre fleischige Nase. „Habt ihr gemerkt, wie der gestunken hat?“

„Der reine Angstschweiß“, grinste Birgit Groß-Ippener. „Beziehungsweise der nicht ganz so reine …“

Wieder prusteten sie ungehemmt los. Jetzt, da sie keinen Zuhörer mehr in ihrer unmittelbaren Nähe wussten, brauchten sie ihre Stimmen nicht mehr zu einem Wispern oder Zischeln zu dämpfen. Es war gut, sich jedes Jahr in der Nebensaison einmal hier zu treffen. Das *Alte Kurhaus* war ein magischer Ort. Sie fühlten sich herrlich, ungebunden und frei. Wie damals, vor drei mal sieben Jahren, als sie jung und unbeschwert gewesen waren und den Schwur geleistet hatten. Den Dangaster Rübli-Schwur, so hatte Renate Henstedt-Ulzburg ihn später genannt, denn an jenem Tag hatte es im *Alten Kurhaus* eine köstliche Rübli-Torte gegeben. „Wir wollen sein ein einig Volk von Schwestern, in keiner Not uns trennen und Gefahr ...“

Über die Fortsetzung des Schwurs hatten sie damals erbittert gestritten. Konnten sie es bei der Formulierung „Wir wollen frei sein, wie die Väter waren ...“ belassen, oder sollte es besser heißen: „Wir wollen frei sein, wie die Mütter nie gewesen ...“?

Es ging hier nicht nur um Inhalte, man musste auch das Versmaß bedenken, hatte Sabine Münkeböe immer wieder betont. Sie hatte wahrlich gut reden, konnte es sich leisten, der Ästhetik den Vorzug zu geben, denn schon damals hatte sich angedeutet, dass für ihren Lebensunterhalt durch eine reichliche Erbschaft vorgesorgt war, während Renate Ulzburg ihren Hans-Gerd Henstedt noch – und auch – mit einem Seitenblick auf seine Beamtenpension ins Auge fasste, Ulla Upgant-Schott bereits Fragen des Unterhalts mit Volker Schott diskutierte und Birgit Groß-Ippener sich bemühte, ihrem Oskar seinen Anteil an partnerschaftlicher Kinderbetreuung schmackhaft zu machen. Aber ihre Freundschaft – Freundinnenschaft, wie Sabine Münkeböe es gern nannte – hatte alle ökonomischen Widrigkeiten und ideologischen Grabenkämpfe überlebt; schließlich kannten sie sich seit ihren frühesten Bremer Studien- und Frauengruppenzeiten. In dem Bewusstsein, dass wahre Weiblichkeit, dem Meeresströmen gleich, nichts anderes als Flexibilität im stetigen Wechsel von Ebbe und Flut bedeutet, hatten sie den Schwur im einen Jahr so, im darauf folgenden wiederum mit anderem Wortlaut erneuert. Und seit zwei Jahren waren sie übereingekommen, freier als die Mütter sein zu wollen und freier als die Väter dazu.

„Eher den Tod, als in der Knechtschaft leben ...“

Zwar hatte es sie längst in alle Himmelsrichtungen verschlagen, doch noch immer trafen sie sich jedes Jahr am ersten Sonntag im April, um feierlich die Hände an den „Grenzstein“ zu legen, jenen dreimeterachtzig hohen Phallus aus Granit, den der Oldenburger Künstler Eckhart Grenzer 1984 vor dem Kurhaus in den Nordseeschlick gepflanzt hatte. Das Kunstwerk hatte damals heftige Diskussionen ausgelöst. Sie waren von Anfang an einhellig dagegen gewesen.

„Hat man so einen Schwachsinn schon gehört", hatte Sabine Münkeböe damals ihrer aller Meinung zusammengefasst. „Der Künstler sieht den Grenzstein an der Flutkante als verbindendes Glied ..."

„Haha, wirklich, sehr komisch, so ein Glied", hatte Renate Henstedt-Ulzburg eingeworfen.

„... Glied zwischen dem weiblichen Meer und der männlichen Erde. Das Wissen, dass Mutter Erde AUCH weiblich ist, ist ihm verlorengegangen."

„Damit steht ..."

„Haha, wieder komisch", hatte Birgit Groß-Ippener dazwischengeplappert, aber Sabine Münkeböe war auch auf ihren Witz damals nicht eingegangen.

„... steht der Künstler nicht allein. Keiner von diesen Kerlen hat doch nur die geringste Ahnung von Weiblichkeit!"

„Glieder verbinden nicht", hatte Ulla Upgant-Schott düster gemurmelt. „Besser hätte er eine große Vulva genommen. Die weibliche Erde nimmt das weibliche Meer in sich auf."

Da sie mit Granit nicht umgehen konnten und es nicht zu bewerkstelligen war, über Nacht eine Vulva in den Dangaster Schlick zu rammen, hatten sie sich bald nach der Einweihung der Phallus-Skulptur an den Strand vor dem Kurhaus geschlichen und in großen, violetten Buchstaben KAMPF DEM PHALLO-FASCHISMUS an den Schaft des Denkmals geschrieben. TOD DEN MUSEN war einige Jahre später hinzugekommen. Im Laufe der Jahre hatten sie wiederholt feststellen müssen, dass es nur *ein* Wesen auf der weiblichen Erde gab, dass noch mehr Unverstand besaß als der männlichste Mann, nämlich das weiblichste Weibchen. Dieser Typus unterstützte den Phallo-Faschisten unbekümmert in seinem Wahn, die Erde für männlich zu halten – törichtes Weiberpack.

Aus TOD DEN MUSEN war irgendwann TOD DEN MÖSEN geworden, zunächst nur im Spiel; die orangefarbene Leuchtschrift hatte sich hervorragend auf dem vom Salzwasser angefressenen Sockel des Phallus gemacht. Erst 1993 – in jenem Jahr war der Phallus zum Zeichen gegen Aids vom Künstler verhüllt gewesen – war bei Mohnkuchen und Kräuterbitter der Plan in ihnen gereift. Aktionen waren die

Kunst. Nicht Formen, nicht Farben – und Buchstaben vor allem nicht. Fortan wollten sie sich mit Graffiti nicht mehr zufrieden geben. Was war es denn, was im Gedächtnis der Menschen blieb? Noch immer ging in Dangast die Mär, eines Nachts in den zwanziger Jahren sei die schöne Alice Fokken nackt und bemalt auf einem Pferd am Kurhausstrand längs geritten. Dass die schlesische Künstlerin Trude Rosner-Kasowski hier ausgezeichnete Bilder gemalt hatte, hatte eine Weile gebraucht, um ins Bewusstsein der Menschen zu dringen. Dass sie jedoch mit einer angeleinten Stockente spazieren ging, war keinem Bauerntölpel verborgen geblieben.

Waren Aktionen die wahren Kunstwerke, so waren anonyme Aktionen die wahre weibliche Kunst. Anonymus WAR bekanntlich ja eine Frau gewesen. Diesem Thema hatte Sabine Münkeböe eine ganze Magistraarbeit gewidmet, über Anonymus machte ihr niemand mehr etwas vor. Und nun war die Zeit gekommen, mit anonymen Aktionen ein Zeichen gegen den Phallo-Faschismus zu setzen. Die Musen mussten dran glauben, den phallusanbetenden Mösen gebührte der Tod. Es war ganz leicht gewesen, Sabine Münkeböes Gedankengängen zu folgen; wo nicht, hatte der Kräuterschnaps ein Übriges getan.

Natürlich reichte es nicht, wie Ulla in Fischerhude die Töpferscheibe zu drehen oder, wie Birgit, mit den achten Klassen im Museum ein Bild von Paula Becker-Modersohn zu betrachten. Und auch Renates Beruf – sie gab Bastelbücher für Mädchen heraus – entsprach nicht der wahren Berufung. „Federboas im Stil der zwanziger Jahre", „Mein schönster Perlenschmuck". Nein, es war an der Zeit, die Kunst auf die Straße zu bringen. In die Bars oder Ateliers, in die spießigsten Wohnzimmer, wenn es denn sein musste. Und es musste sein. Kunst war Aktion, darüber brauchte man kein Wort mehr zu verlieren.

Mit sieben jungen Musenfrauen hatten sie im vergangenen Jahrzehnt in verschiedenen norddeutschen Städten ein Zeichen gesetzt. Sieben ältere Künstlerherren, vorwiegend aus dem Süden, sollten nun folgen. Der Erste hatte leider nicht verstanden, was und wie ihm geschah, daran war noch zu arbeiten, ein bisschen Einsicht sollte ihnen im Rahmen ihrer

Aktionen wohl kommen. Dass die Herren als Mordopfer größere Berühmtheit erlangten denn als Kunstprofessoren, konnte nicht ganz vermieden werden; es war jedoch im Grunde egal. Fortan mussten diese Künstler selber als Musen gelten. Hatte nicht auch dieser grandiose Phallus sie auf wunderbare Weise nur – inspiriert? Das Leben war ein ständiges Geben und Nehmen, ein Kommen und Gehen, ein Strömen und Fließen und Fluten und Bluten, und sie durften Teil dieses Prozesses sein. Durften ihn selbst gestalten. Das war das wahre weibliche Künstlertum, die wahre weibliche Größe.

„Wir ham den Phallus längst – den längsten Phallus längst – in uns aufgenommmm", zwitscherte Sabine Münkeböe nach dem vierten Glas Sekt. „Zersetzt ham wer ihn, ich mein zersext. Kein großer – Vallussst."

Mitunter ahnten sie schon die Größe, in der das Genie sich dem Wahnsinn näherte – dass sie sich diesem Stadium zu viert annäherten und Hand in Hand, würde ihre Größe nicht schmälern. Ganz im Gegenteil. Im Unterschied zu den vielen bekannten männlichen Künstlergruppen gab es bei ihnen keine Konkurrenz, und niemals würde es eine Sezession geben, eine Dangaster Sezession.

Inzwischen wurden ihren Kunstaktionen nicht nur ganze Zeitungsseiten gewidmet – selbst der Spanner am Nebentisch war ja kurzfristig durch die Lektüre von ihnen abgelenkt gewesen; Rundfunk- und Fernsehsendungen, Vorträge und Sachbücher, Kriminalromane, Fernsehspiele, ja sogar dokumentarische Fortsetzungsserien wurden über ihre künstlerischen Manifestationen produziert. Aber niemand war ihnen bislang auch nur im Ansatz auf die Schliche gekommen. Weil eben auch die Kriminalpolizei männlich war und an die Hypothese von der männlichen Erde glaubte. Und die Hypothese von der männlichen Tat.

Als erster Serienmörder würden sie in die Geschichte eingehen, der mit einem feministischen Künstlerkollektiv identisch war. Es war genial. Was konnte dagegen schon groß von solchen Schnapsaktionen wie der Dangaster Kornstaffel übrig bleiben, bei denen das Publikum auf 4-mal-400-Meter Länge Kornglas um Kornglas hatte ausleeren müssen, von Anatol Herzfeld und anderen Künstlernaturen am Wegesrand eingeschenkt? Geschenkt! Und die anschließende Siegerehrung im Kurhaus – der Preis bestand in Terrinen voll blankem Korn, die mit Schöpflöffeln zu leeren waren – war auch nichts anderes als reiner Mord gewesen. Reiner männlicher Mord.

Wenn sie sich einmal im Jahr an ihrem Stammtisch im *Alten Kurhaus* trafen, um neue Pläne zu schmieden – in die Mitte der Tischplatte waren die Worte DAS VORLOCH ZUR HÖLLE geritzt – dann wussten sie, sie hatten den zu ihnen passenden Ort gefunden.

Nicht nur die Erde, auch die Hölle war weiblich.

Und übrigens war das Haus, die Alten wussten es noch, über einem Friedhof gebaut.

***

Ich bitte alle erwähnten Personen um freundliche Nachsicht für den makabren Verlauf meiner Geschichte; da hat sich hinter meinem Rücken wohl Sabine Münkeböe durchgesetzt. Dank für gewinnbringende Lektüre, die ich hiermit herzlich weiter empfehle, an:

- Lena Tapken: *Rund ums Alte Kurhaus Dangast*, Bremen 1999
- Konstanze Radziwill und Olaf Dinné (Hrsg.): *Trude Rosner-Kasowski in Dangast. Zwischen Zeitgeist und Abkehr*, Ausstellungskatalog, Franz-Radziwill Gesellschaft e.V., 2002
- Anna Inge Radziwill: *Der Minengürtel, die Plastikschuhe und Arubia*, Roman, Verlag Schnittpunkte, Hamburg 1985
- Friedrich Schiller: *Wilhelm Tell*. Schauspiel in fünf Aufzügen (1804)

Manfred C. Schmidt

Emder Privatfriedhof

Rainer Janssen treibt es wie immer auf die Spitze. Er verschwindet im Schrank und zieht die Türen bis auf einen Sehschlitz zu. Seine Mitschüler feixen und freuen sich auf die Reaktion ihres alten Mathematiklehrers, Opa Knelles, wenn Rainer wie gestern mitten in der Stunde sein Versteck verlassen wird. Knelles ist ein gutmütiger Kerl. Langmütig erträgt er immer wieder die Scherze der Schüler. Oft schüttelt er nur sein weißes Haupt und bemerkt: „Janssen, Janssen. Was soll aus dir nur werden?"

Auch diese Mathestunde soll wieder ein Fest werden; die Klasse 7 L2 tobt. Sie tobt immer, bevor der alte Lehrer kommt; oft auch noch, wenn er bereits anwesend ist.

„Was ist denn hier los?" Mit Gebrüll reißt Deutschlehrer Lattkaw die Klassentür auf. Die Schüler erschrecken heftig. Sie verstummen. Sie stehen auf und grüßen ehrerbietig.

„Setzen! Verdammte Bande. Ihr benehmt euch wie in einem bolschewistischen Freudenhaus! Na, Siewers, du elender Klassensprecher, warum hast du deine Mitschüler nicht im Griff? Rede!" Der massige Lehrkörper baut sich vor Harald auf und sieht von oben auf ihn herab.

„Äh, äh, ich weiß nicht …", stammelt Harald Siewers. Verängstigt guckt er Lattkaw an.

Der blickt in die Klasse und sagt mit lauter, nasaler Stimme, die Rainer so vortrefflich nachmachen kann: „Er stottert, der Herr Klassensprecher! Lass dich eher Klassenstotterer nennen. Dass du nichts weißt, ist hinlänglich bekannt. Wir wissen, aus welchem Stall du kommst!" Nicht zum erstenmal spielt Lattkaw auf den Beruf von Haralds Vaters an. Das trifft ihn schwer, auch wenn er nur die Hälfte von dem, was der Lehrer sagt, versteht. Lattkaw hat Harald und einigen anderen aus der Klasse schon mehrfach zu verstehen gegeben, dass er von ihnen nichts hält. „Arbeiterkinder sind dumm und haben auf einem Gymnasium nichts zu suchen."

Harald weiß, dass er den Mund halten muss; alles andere würde es nur noch schlimmer machen. Und er hat Angst, Angst um seinen Freund Rainer. Sonst haben sie immer Späher auf dem Flur, die die Ankunft des Lehrers verkünden. Aber doch nicht bei Opa Knelles. Ausgerechnet heute wird er von Lattkaw vertreten, ausgerechnet. Harald starrt auf den Schrank.

„Wer fehlt da? Etwa der Janssen, der Tunichtgut?" Lattkaw hat Rainers leeren Stuhl entdeckt und greift nach dem Klassenbuch. Die Streber in der ersten und zweiten Bankreihe grinsen in sich hinein; sie haben oft selber Zoff mit Rainer. Sie wissen, dass heute die Post noch abgehen wird.

Harald schwitzt. Der Lattkaw ist gerissen, das weiß er. So leicht lässt der sich nichts entgehen. Harald spürt, dass der Lehrer Lunte gerochen hat. Wie nebenbei knallt er einen Packen Arbeitshefte auf den Lehrertisch. Auch das noch! Wieder ist ein Viertel der Hefte besonders eingepackt, drei Viertel stecken in bunten Plastikschutzhüllen. Manchmal können die Schüler daran erkennen, ob ihre Hefte oben mit dabei sind. Oben, das bedeutet eine gute Zensur. Harald ist nie oben dabei, seitdem Lattkaw den Deutschunterricht übernommen hat.

Mit gelangweilter Miene zückt der Lehrer den Rotstift. Er sitzt breitbeinig auf dem Lehrerstuhl und stützt den Oberkörper auf den angewinkelten linken Arm. Die tiefliegenden, braunen Schweinsaugen lugen über dicken Tränensäcken hervor und beobachten die Schüler misstrauisch. Die Bulldoggenwangen schlabbern bei jeder Bewegung. Der halslose Kantenkopf sitzt wie zementiert auf dem Stiernacken, der in den breiten, fleischigen Rundrücken übergeht.

Rainer hält sich tapfer, findet Harald. Er selbst stirbt tausend Tode: Zum einen wegen der Klassenarbeit, zum anderen wegen seines Freundes. Aber wie muss der sich fühlen?

Plötzlich knarrt es leise vom Schrank her. Gespenstische

Ruhe herrscht in der Klasse. Lattkaw hat nichts gehört. Oder doch? Harald hält sich zitternd am Tisch fest.

Der Deutschlehrer steht langsam auf. Er fährt sich mit der gespreizten Hand durch die fettigen, nach hinten gekämmten Haare. Er nimmt die Hefte in die Hand. „So, liebe Freunde. Es gibt die Ergebnisse eurer schriftlichen Ergüsse zurück und es bestätigt sich wieder, was ich schon mehrfach sagte: Einige von euch werden schon noch auf meinen Privatfriedhof kommen!"

Harald weiß diesmal ganz genau, was er meint. Die Spießer lachen wieder; sie wissen, dass ihnen nichts passieren wird. Andernfalls macht ihr Vater, Herr Doktor Soundso, eben wieder ein Gartenfest, zu dem viele Lehrer eingeladen werden oder er spendet wieder einmal einen Diaprojektor für die Schule, wenn es brenzlig wird.

Plötzlich nimmt Lattkaw Anlauf, packt den Schrank und schiebt ihn hinter das Waschbecken an die Wand. Er steht nun so, dass die Tür unmöglich geöffnet werden kann.

Ganz ruhig, als sei nichts geschehen, fährt der Lehrer in seinem Vortrag fort und teilt die Hefte aus. Harald sieht, dass außer ihm, Rainer, Jens, Martin und vier weitere Mitschüler eine 5 oder 6 zurückbekommen. Sie müssen die Hefte nicht einmal aufschlagen, sie erkennen es ohnehin: Die Hefte sind besonders eingewickelt – in Todesanzeigen!

***

Harald Siewers steuert den Benz Kombi von der Auricher Straße in die Geibelstraße. Vor dem großen Ehemaligentreffen im Gymnasium will die Clique wie in alten Zeiten bei *Tchibo*, Zwischen beiden Sielen, zusammenkommen. Harald flucht. Sein Pünktlichkeitsfanatismus treibt ihn wieder einmal so sehr an, dass er nach einstündiger Fahrt viel zu früh in der Seehafenstadt ankommt. Emden, die ostfriesische Stadt mit Charakter – immer noch seine Heimatstadt. Seit zwanzig Jahren wohnt er hier bereits nicht mehr, dennoch kehrt er immer gern zurück.

Der Benz fährt die altbekannten Wege fast eigenständig. Barenburg/Neue Heimat, der Stadtteil seiner Kindheit, fliegt vorbei; die verlassene Carl-von-Müller-Kaserne, die Ludwig-

Uhland-, die Heinrich-Heine-Straße, die Hermann-Allmers-Straße mit seinem Geburtshaus.

Im Vorbeifahren blickt Harald in die Hermann-Löns-Straße, an deren Ende die Barenburg-Volksschule liegt, die heute Pestalozzi-Schule heißt. Dort war die Schulwelt noch in Ordnung gewesen. Harald weigert sich, an die nachfolgenden qualvollen Schuljahre zu denken. Doch am Ende der Eggena-Straße sieht er über die Querstraße hinweg die holzbeplankte Brücke zu seinem früheren Gymnasium. Düstere Gedanken steigen auf. Harald drückt aufs Gas. Erst bei Mahlstede besinnt er sich. Mahlstedes Kiosk – gibt es den noch? Geradeaus steht auf dem Bunker in grünen, großen Lettern THIELE TEE. Den gibt es noch!

Harald Siewers lässt den Stadtwall rechts und links liegen, fährt weiter in die Innenstadt. Kurz erblickt er das Filmtheater Apollo. Als Kinder hatten sie sich einen Spaß daraus gemacht, den Namen rückwärts zu lesen – Kinder halt. Kurz vor dem Emder Rathaus biegt Harald zweimal links ab und hält direkt auf die Bollwerkkirche zu. Nach der Rechtskurve findet er einen Parkplatz.

Hier stunn een Appelboom bi de Kark. De Boom weer upbaut 1584, offbrannt, upbaut und later noch eenmal offbrannt. Der Spruch ist in Sandstein gemeißelt und ziert die Tür des heutigen Antikladens. Hier haben Rainer und er so manchen halben Liter getrunken. Das *Appelboom*, die Kultkneipe der siebziger und achtziger Jahre in Emden. Harald kannte sie sogar schon, als sie noch *Clou* hieß. Der Schülertreffpunkt schlechthin, neben *Tchibo*.

Harald überquert die Straße in Höhe von *Eis-Rialto* und schlendert in die Fußgängerstraße Zwischen beiden Sielen. Die Kaffeefiliale ist mittlerweile einige Häuser weiter gezogen. Lautstark wird Harald begrüßt.

„Jule treffen wir gegen 15 Uhr in der Schule“, sagt Hero. „Vorher gehen wir in die Pizzeria am Markt, schräg gegenüber vom *Madison*.“

***

Jule fällt ihm gleich um den Hals. „Schön, dass du diesmal gekommen bist!“

„Logisch“, antwortet Harald, „sonst hätte ja einer gefehlt!“ Aber so logisch ist es doch nicht. Lange hatte er sich überlegt, ob er zu diesem zweiten großen Schultreffen ehemaliger Gymnasiasten zu Beginn der Sommerferien kommen sollte. Besonders Rainer Janssen hatte ihn dazu gedrängt. Schließlich ist er doch froh, da zu sein. Nach kurzer Begrüßung gibt es in der Pausenhalle Kaffee und Kuchen. Einige Besuchergruppen besichtigen neue und alte Schultrakte. Harald sitzt bei seinen besten Schulfreunden, grüßt mal hier einen ehemaligen Mitschüler und dort einen ehemaligen Lehrer.

„Doc Mayer brauchten wir nur auf das Thema London zu bringen, dann erzählte er die ganze Unterrichtsstunde“, beginnt Hero den Reigen der Schulanekdoten.

„Oder wie Lattkaw den Rainer im Schrank einsperrte, wisst ihr noch?“, funkt Niko lachend dazwischen. Er hat sich an die Gruppe herangeschlichen und versucht sich wieder zu profilieren.

Abrupt gefriert das Lachen. Rainer sieht Harald an, Harald blickt zu Hero.

Jule sagt: „Da bleibt einem das Lachen im Halse stecken. So witzig war das doch gar nicht.“

Keiner sagt einen Ton, bis Jens meint: „Es war auch nicht witzig, in Vietkong-Stellung Gedichte aufzusagen. Wer stand denn mit gespreizten Beinen, Hände hinter dem Kopf verschränkt, vor Angst schlotternd, da: *Sieh da, sieh da, Timotheus, die Kraniche des Ibykus* ...? Du doch nicht, Niko, du doch nicht!“

Die alte Feindschaft lodert wieder auf. Doch bevor es schlimmer wird, verzieht sich Nikolaus, der Streber von früher, und schließt sich einer anderen Gruppe an.

„Ob der auch kommt?“

„Wer?“, fragt Harald.

„Na, der Lattkaw“, meint Rainer.

„Nein, der wohnt nicht mehr hier. Wurde doch strafversetzt. Weit genug weg. Weißte doch. Hat einen Schüler geschlagen, unter Zeugen. Mit großem Krawall wurde er abgeschoben!“

„Stimmt.“

„Der ist sicher schon in Rente.“

„Pension heißt das bei Beamten“, verbessert Jens.
„Ach, egal!“ Jule hält die Sektflasche in der Hand und schenkt ein.
„Prost!“

Es ist spät geworden. Das Treffen neigt sich langsam dem Ende zu. Der zweite Teil der Veranstaltung soll in sogenannten „kleinen Arbeitsgruppen“ enden, was nichts anderes bedeutet, als dass man sich am Abend in den Emder Kneipen treffen will.
„Wir sehen uns im *Grusewski*, das *Appelboom* gibt es ja nicht mehr und das *Hopo* auch nicht“, meint Jule. „Bis nachher!“
Es wird merklich leerer, viele ehemalige Schüler verabschieden sich. Rainer reicht Harald ein Zigarillo. „Und sonst?“
„Auch gut. Und dir? Hast ganz schön zugelegt“, lacht Harald und klopft seinem Freund auf den Bauch. Sie haben sich lange nicht gesehen, aber sofort ist die alte Vertrautheit wieder da. Die Chemie stimmt, wie früher.
„Was haben die uns gequält!“
„Aber wir haben uns auch gut gewehrt.“ Beide lachen. Rainer schlägt Harald auf die Schulter. „Wenn man das erzählt, das glaubt niemand!“
„Keiner!“, bestätigt Harald.
Sie drücken die Zigarillos aus und setzen zu einem Schluck Sekt an. Rainer hält inne: „Da ist er.“
„Wer?“
„Diese Obersau, Lattkaw!“
„Wo denn?“
„Na, da hinten, der mit dem Stock. Der da bei Niko steht.“
„Meinst du wirklich?“
„Darauf verwette ich meinen Kopf.“
Sie nehmen die Gläser in die Hand und gehen näher heran.
„Das ist aber schön, Herr Lattkaw, Sie einmal wieder zu sehen.“ Nikolaus beherrscht seinen Small Talk wie eh und je, denkt Harald.
„Gleichfalls“, näselt Lattkaw. „Wiedersehen. Ich will mir noch einmal meine alte Wirkungsstätte ansehen.“ Er lässt Niko ohne weitere Bemerkung stehen, stößt mit dem Stock

die Tür auf und humpelt über den Schulhof. Er steuert auf den alten Mittelstufentrakt zu.

„Komm!“ Rainer zieht Harald am Arm. Sie folgen dem Lehrer. Lattkaw schaut hierhin und dorthin, steigt schließlich in den ersten Stock.

„He, sieh einmal. Dort an der Decke sind immer noch die Abdrücke der zerplatzten Quitten zu sehen, die wir damals dagegengeschmissen haben“, flüstert Harald.

Lattkaw verschwindet in einem Klassenraum. Er dreht sich um, als die beiden Freunde in der Tür stehen, und blickt sie hochmütig an: „Kenne ich Sie nicht?“

„Na klar“, entgegnet Rainer perfekt näselnd. „Wir sind vom Beerdigungsinstitut Ihres Privatfriedhofs. Erinnern Sie sich? Bei uns liegen Sie richtig!“

Dem alten Lehrer wird sichtlich mulmig. Die Arroganz ist gewichen. „Lassen Sie mich da durch!“ Mit ausgestrecktem Handstock stürzt er zur Tür.

Doch geschickt ergreift Rainer den Stock. „Moment!“ Mit einer kleinen Drehung entwindet er Lattkaw die Gehhilfe und drückt ihm den Knauf auf die Brust. „Nicht so schnell, wir haben noch etwas zu erledigen!“

Mit diesen Worten drängt er Lattkaw zurück in den Klassenraum. Weiter, immer weiter.

Vor dem Schrank sagt Rainer: „Sieh einmal an. Derselbe wie früher – oder ist es der gleiche?“ Lattkaw sagt nichts.

Harald öffnet die rechte Schranktür, während Rainer den Lehrer hineindrückt. Dann knallen sie die Tür zu.

„Jetzt wollen wir doch einmal sehen, ob er noch passt!“

Mit voller Wucht schieben sie den Schrank hinter das Waschbecken.

***

„Zigarillo?“ Draußen auf dem Schulhof lehnt sich Rainer an den Stützpfosten des Vorbaus.

Der alte Hausmeister schlendert auf sie zu.

„Na, Feierabend?“, fragt Harald.

„Jo, alles abgeschlossen. Ich glaube zwar nicht, dass hier jemand während der Sommerferien hinein will, aber sicher ist sicher!“

Peter Gerdes

Esenser Zeitkreisel

Der Griff nach der Karaffe ging ins Leere und brachte das Rotweinglas gefährlich ins Schwanken. Schnell fasste er zu, um den langstieligen Kelch vor dem Umstürzen zu bewahren, und fegte dabei mit dem Ellbogen die Ouzogläschen vom Tisch. Zum Glück war der Teppichboden weich genug, so dass nichts zu Bruch ging. Und leer waren die dickwandigen Stamper sowieso schon gewesen.

So unauffällig wie möglich bückte er sich und klaubte die Gläschen auf. Eins, zwei und drei. Und vier. Nanu, so viele? Kein Wunder, dass das Muster auf seinem Gyrosteller so verschwommen aussah. Von Rotwein alleine konnte man schließlich nicht so blau werden.

„Na, so fröhlich heute?“ Georgios war neben ihm aufgetaucht wie aus dem Boden gewachsen und begann abzuräumen. Verwundert stellte Stahnke fest, dass er über sein eigenes Witzchen buchstäblich Tränen gelacht hatte. Er griff nach seiner Serviette, um sich die Augen zu trocknen, ängstlich darauf bedacht, die frisch gefüllte Karaffe, die Georgios neben die halb leere gestellt hatte, nicht zu gefährden. Die dritte Karaffe des Abends, wenn er sich nicht irrte. Oder etwa auch schon die vierte?

„Wünschen Sie noch ein Dessert, Herr Hauptkommissar? Oder vielleicht einen Kaffee?“, fragte der Wirt, während er Stahnkes Glas nachfüllte. Hinter ihm huschte seine Nichte Elenni vorbei, zierlich, klein und wohlproportioniert, den puppenhaften Kopf umweht von einer dichten Wolke kohlschwarzer Haare. Fast ebenso schwarz waren ihre Augen, deren Blick Stahnke streifte und ihn lustvoll erschauern ließ.

„Nein danke“, antwortete er. „Ich trinke nur noch den Wein aus, dann ist Schluss für heute. Bringen Sie ruhig gleich die Rechnung.“

Georgios musterte ihn mit besorgter Miene. „Geht es Ihnen nicht gut? Sie haben ja Schweiß auf der Stirn. Fieber vielleicht?“

„Ach wo.“ Stahnke war froh, die Serviette in der Hand behalten zu haben, und tupfte sich die Schweißperlen ab. „Einfach wieder mal zu viel gegessen. Ihr Essen ist eben zu lecker und die Portionen sind viel zu groß. Deshalb komme ich ja so oft hierher.“ Lachend klopfte er sich auf den stattlich, tatsächlich prall gefüllten Bauch.

Der Wirt des *Athen* erwiderte das Lachen mit professioneller Zufriedenheit und entfernte sich, wie immer im Geschwindschritt.

Stahnkes Lachen verschwand ebenso schnell. Wenn der wüsste, dachte er. Wenn der das eines Tages rauskriegt, dann Gnade mir Gott. Egal welcher. Die Griechen haben ja eine Menge davon. Aber die werde ich dann auch wohl allesamt nötig haben.

Georgios mochte etwa so alt sein wie er selbst, so um die fünfzig, nur war der Grieche körperlich deutlich besser erhalten als der Ostfriese. Mit seiner schmalen, drahtigen Figur, seinem dunklen Teint, den markanten Gesichtszügen und der wallenden Haarpracht stellte er den zwar größeren und breitschultrigeren, aber eben auch fülligeren, rundgesichtigen und stoppelhaarigen Stahnke locker in den Schatten. Wie der Chef des Esenser Speiselokals reagieren würde, wenn er erfuhr, dass sich ausgerechnet dieser Brocken von einem sporadischen Stammgast, der immer mal wieder aus Leer in die Bärenstadt abgestellt wurde, an seine kaum halb so alte Nichte herangemacht hatte, mochte er sich gar nicht vorstellen.

Natürlich war es ja nur eine Spielerei gewesen. Eigentlich. Die dienstlichen Gastspiele in Esens nutzen, ein bisschen probieren, mühsam erworbenes Selbstbewusstsein ausspielen, Marktwert testen. Konnte ja keiner ahnen, dass die feurige kleine Elenni so sehr auf väterliche Teddytypen mit Waschbärbauch stand! Völlig überrascht hatte er registriert, wie die junge Frau auf seine tapsigen Flirtversuche ansprang.

Na ja, und so stark, dass er der unverhofften Chance hätte widerstehen können, war er nun wieder nicht.

Und da hockte er nun, mitten im Zentrum des selbst angerichteten Kuddelmuddels, Aug' in Aug' mit süßer Verlockung und drohendem Verhängnis. Natürlich war es Wahnsinn, unter diesen Umständen weiter hierher zu kommen, aber das entsprach nun einmal seiner Gewohnheit, und jede abrupte Veränderung wäre noch auffälliger gewesen. Außerdem schmeckte das Essen hier wirklich verdammt gut. Vom Wein ganz zu schweigen.

Apropos, sein Weinglas war schon wieder leer, merkwürdig. Er schenkte sich aus der neuen Karaffe ein, nicht ohne das Glas sorgfältig am Fuß zu sichern. Vorsicht war besser als noch mehr Chaos.

Chaos nämlich hatte er derzeit mehr als genug um sich herum, auch ohne Elenni und ihren treusorgenden Onkel. Allein schon die Sache mit Backe reichte aus, um ihn zur Verzweiflung zu treiben.

Backe, eigentlich Beene Pottebakker, begleitete Stahnkes Polizeikarriere schon seit vielen Jahren. Allerdings nicht als Kollege, sondern als Kunde. „Er lässt bei uns arbeiten“, so hieß es im Jargon der zuständigen Fachkommissariate, früher in Leer, jetzt in Esens. Vor allem bei den Spezialisten für Körperverletzung und Drogenhandel tauchte Backe ebenso zuverlässig und ähnlich häufig auf wie Stahnke im *Athen*. Die Liste von Backes Vorstrafen näherte sich dem Format einer Tapetenrolle.

Das aber war nur die eine Seite der Medaille. Oder der Dienstmarke, um im Bild zu bleiben.

Die andere war Backes unglaubliche Menschlichkeit. Jeder, der mehr als nur flüchtig mit dem gutmütigen Riesen zu tun gehabt hatte, lobte seine Aufrichtigkeit, seine Nachsicht und Hilfsbereitschaft. Im Grunde seines Wesens war Backe eine ehrliche Haut – ein Widerspruch, der nicht aufzulösen war. Einer wie Backe, der seine Seele so offen und verletzlich mit sich herumtrug, kam wohl nicht darum herum, sich einen massiven Drogenpanzer zuzulegen. Eine elefantenartige Konstitution half ihm, die körperlichen Folgen zahlloser Abstürze, Entzüge und Rückfälle zu ertragen. Die polizeilichen Folgen seiner Aktivitäten nahm er achselzuckend in Kauf. In der Drogenszene musste man sich nun einmal regelmäßig Geld beschaffen und hin und wieder auch jemandem eins auf die Mütze geben. Und dafür wurde man eben hin und wieder in den Bau gesteckt. Für Backe ein vollkommen normaler Kreislauf. Nichts Persönliches und kein Grund, sich mit den Beamten nicht bestens zu verstehen.

Seit gut einem Jahr stand der Hauptkommissar sogar tief in Backes Schuld. Ein durchgeknallter Messerstecher hatte Stahnkes damalige Freundin als Geisel genommen, und Backe hatte ihn außer Gefecht gesetzt. Mit Stahnkes eigener Dienstwaffe übrigens, die dieser zuvor verloren hatte. Darüber witzelten die Kollegen heute noch. Nicht auszudenken, wie die Sache hätte ausgehen können, wenn der Riese nicht zur Stelle gewesen wäre.

Diesmal aber war alles anders. Backe hatte es übertrieben, hatte seine enormen Körperkräfte unterschätzt und einen Dealer erschlagen, vor zwei Nächten, beim Kreisverkehr am Nordring. Zwar leugnete er die Tat, die Sachlage aber war eindeutig. Keine große Herausforderung für den Ermittlungsleiter. Und der hieß natürlich ausgerechnet Stahnke, vertretungsweise, weil Ferienzeit war.

Hastig stürzte der Hauptkommissar ein weiteres Glas Wein hinunter und füllte ebenso hastig nach. Ein paar blutrote Tropfen landeten auf dem weißen Tischtuch, drangen langsam in das gestärkte Gewebe ein und begannen sich auszubreiten.

Der Ermordete, ein Kerl namens Gerald Koch, war in der Szene nur als „die Ratte“ bekannt gewesen. Ein treffender Spitzname, denn dieser Koch pflegte den letzten Dreck zu verkaufen, billig gestreckten, mit Milchzucker oder Schuhcreme versetzten Stoff, was seinen Profit ins Maßlose steigerte. Besonders gerne dealte er vor Schulen, aber auch an den einschlägigen Treffs im Innenstadtbereich war er regelmäßig anzutreffen. Und dort war er schon öfter mit Backe aneinander geraten.

So auch vorletzte Nacht. Es gab Zeugen. „Er hat die Ratte im Nacken gepackt und so geschüttelt, dass ich dachte, dem springen gleich sämtliche Knorpel raus“, hatte ein Obdachloser ausgesagt. Lachend, denn Freunde hatte die Ratte nicht.

Backe habe Gerald Koch dann vor sich hergetrieben, hieß es weiter, raus aus der Innenstadt, Richtung Herdetor und Kreisverkehr. Dann habe man die beiden aus den Augen verloren. Zurückgekommen sei Backe allein.

Die Ratte wurde wenig später von einer zufällig vorbeikommenden Funkstreife gefunden, am Rand des Kreisels, mit eingeschlagener Stirn. Der tödliche Schlag war seitlich von oben und mit großer Kraft geführt worden – eindeutige Indizien. Wo Backe die Waffe gelassen hatte und was für ein Gegenstand es gewesen war, wussten sie noch nicht, da der Riese nicht kooperierte. Er stritt alles rundheraus ab. Eigentlich untypisch für ihn, aber schließlich war auch die Tat selbst nicht normal.

Und jetzt wurde Backe die Rechnung präsentiert. Ausgerechnet von ihm.

„Die Rechnung, Herr Hauptkommissar."

Stahnke schreckte aus seinen Gedanken auf. Georgios stellte das kleine Tablett mit der Rechnung und dem Abschieds-Ouzo vor ihn hin. Er zahlte, gab ein Trinkgeld, dessen Höhe von seinem schlechten Gewissen diktiert wurde, und griff nach dem Ouzo wie nach einem Rettungsring.

Der Wirt dankte strahlend, doch dann nahm sein Gesicht wieder einen besorgten Ausdruck an. „Also ich weiß nicht, irgendwie sehen Sie mir doch etwas unpässlich aus. Werden Sie bloß nicht krank!"

„Kein Grund zur Sorge." Wieder führte Stahnke die Serviette zur Stirn: „Ich nehme einfach ein paar von meinen Kapseln, dann geht's gleich wieder."

Interessiert beugte sich Georgios vor, als Stahnke ein Päckchen aus seiner Tasche zog, zwei Kapseln entnahm, sie sich in den Mund warf und mit etwas Wein nachspülte. Dann begann er diebisch zu grinsen. „Aah, Ginseng! Das ist gut. Gut für ältere Herren wie uns, nicht wahr? Macht uns fit für die jungen Damen!" Anzüglich ließ er die Augenbrauen nach oben schnellen. Dann verabschiedete er sich eilig, denn das Lokal war immer noch rappelvoll und die Gäste klangen ungeduldig.

Wieder tupfte sich Stahnke die Stirn, die schweißnasser schien denn je. Erneut fuhr es ihm durch den Kopf: Wenn der wüsste!

Seine Serviette begann sich bereits aufzulösen. Die Schrift unter der aufgedruckten griechischen Landkarte war eben noch zu erkennen. Ein Zitat des Philosophen Perikles: „Mit sichtbaren Zeichen üben wir wahrlich keine unbezeugte Macht den Heutigen und Künftigen zur Bewunderung, und brauchen keinen Homeros mehr als Sänger unseres Lobes noch wer sonst mit schönen Worten für den Augenblick entzückt – in der Wirklichkeit hält dann aber der Schein nicht der Wahrheit stand."

Wie bitte?

„Ich verstehe meine Serviette nicht", murmelte Stahnke vor sich hin. „Sie ist mir über. So weit ist es schon gekommen."

Es wurde Zeit, eindeutig. Mühsam stemmte er sich von der Polsterbank hoch und zwängte seinen massigen Leib aus der engen Nische. Es war zwar noch etwas Wein übrig, aber den ließ er doch lieber stehen. Oder? Ach was. Schnell griff er zu und leerte das Glas im Stehen.

Elenni huschte vorbei, dampfende Grillteller in beiden Händen, und schickte ihm ein Abschiedslächeln herüber. Verschwörerisch ließ sie ihre Augenbrauen nach oben schnellen, genauso wie kurz zuvor ihr Onkel. Stahnke glaubte zu spüren, wie ihm der soeben getrunkene Wein umgehend und heiß aus allen Poren brach.

Raus hier, dachte er, nichts wie raus und ab nach Hause. Zur Ruhe kommen, ausschlafen und dann mal ein paar Dinge ins Reine bringen. Gleich morgen. Ja, morgen.

Erfrischende Kühle umfing ihn, als er hinaus auf die Jücherstraße trat. Licht und Lärm, die hinter ihm her aus dem Restaurant drangen, wurden von der zufallenden Tür gekappt. Erleichtert atmete er tief durch und schritt kräftig aus, Richtung Hotel. Ab ins Bett, und zwar alleine.

Es war ihm gar nicht aufgefallen, wie verbraucht die Luft im Lokal gewesen war. So etwas ging auf den Kreislauf. Vermutlich hatte er deshalb dieses Flimmern vor den Augen. Er schloss kurz die Lider, rubbelte sie mit den Fingerknöcheln, öffnete sie wieder. So.

Das Flimmern aber blieb. Es verstärkte sich sogar. Offenbar ging es von der blassgelb leuchtenden, langsam pulsierenden Kugel aus, die sich dort auf dem Parkstreifen befand.

Normalerweise standen da abends die Autos dicht an dicht, aber heute ...

Heute auch. Stahnke sah sie ganz deutlich; jedes einzelne Feld war besetzt. Trotzdem stand diese pulsierende Kugel ebenfalls dort. Das heißt, sie stand eigentlich nicht, sie hing vielmehr ein paar Handbreit über dem Boden, genau da, wo auch die Autos standen. Aber nicht etwa auf ihnen drauf oder in ihnen drin, sondern ... *auch*. Obwohl das physikalisch eigentlich gar nicht möglich war. Wirklichkeit? Oder Schein?

„Herr Stahnke?"

Gott sei Dank, wenigstens war er nicht alleine hier draußen mit diesem seltsamen Ding. Die leuchtende Kugel zerrte doch stärker an seinen Nerven als er zugeben wollte, hatte ihm sogar schon ein kribbeliges Gefühl rund um seinen Bauchnabel verursacht. Da war er richtig froh, die Stimme eines anderen Menschen zu hören.

Obwohl – wirklich *gehört* hatte er die Stimme eigentlich nicht. Und eine richtige *Stimme* war es auch nicht gewesen, vielmehr schienen sich die Worte direkt in seinem Kopf gebildet zu haben, so als seien sie ihm auf die Großhirnrinde projiziert worden. Und ein anderer *Mensch* war weit und breit auch nicht zu sehen. Lediglich dieses merkwürdige Gebilde, das ihm gerade bis zum Nabel reichte und aussah, als sei es von der letzten Weihnachtsdekoration übrig geblieben.

„Hauptkommissar Stahnke?"

Im Bruchteil einer Sekunde erstarrte sein massiger Körper zu Eis. Die Weihnachtsdeko hatte gesprochen! Oder vielmehr nicht gesprochen, sondern – na ja, eben Worte gemacht. In *seinem* Kopf! Fleischige Worte, die innen an seinen Schädelknochen leuchteten wie flammende Suflakispieße. Und von Sekunde zu Sekunde leuchteten sie drängender.

„Ja doch", knurrte Stahnke.

Das Ding da vor ihm war so dunkelgrün wie ein Adventskranz kurz vor Nikolaus und hatte die Form eines großen, auf der Spitze stehenden Tropfens. Das obere Drittel des Tropfens wies zahlreiche dunkelrote Auswüchse auf, die permanent ihre Form veränderten. Bis auf einen allerdings; der sah aus wie eine kleine rote Trompete und blieb konstant auf Stahnkes Nabel gerichtet.

Alles in allem ein erschreckender Anblick, aber wiederum gar nichts im Vergleich zu den beiden Gestalten, die den monströsen Tropfen rechts und links flankierten. War der Tropfen nur etwa halb so groß wie Stahnke, so überragten ihn die beiden Begleiter glatt um das Doppelte. Und ihre Form – nun, eine Form gab es eigentlich überhaupt nicht. Tiefrote Blasen mit dünnen weißen Streifen waberten dort um mehr gedachte als wahrnehmbare Senkrechten, ein Anblick, der teils an gehäutete Muskelpartien, teils an die quellenden Innereien von Lava-Lampen erinnerte.

Jetzt kribbelte es wieder in Stahnkes Nabelregion. „Es tut mir leid, wenn ich Ihnen Ungelegenheiten bereite, aber ich muss Sie bitten, die Substanz herauszugeben", verkündeten die flammenden Spieße in seinem Kopf.

„Welche Substanz?", stammelte der Hauptkommissar. „Und wer sind Sie überhaupt? Oder was?"

„Verzeihung, ich vergaß", kribbelte der Tropfen. „Mein Name ist Schulz. Hauptmulator Schulz, Ulriker. Und dies hier sind meine matmetischen Kollegen, Mulator Strabbelkaaks und Tronik Sszrraan." Der Tropfen drehte sich ansatzweise nach beiden Seiten, woraufhin die wabernden Gestaltlosigkeiten recht und links von ihm blitzartig auf die Hälfte ihrer Größe zusammenschrumpften und sich zu schwarzleuchtenden Ovalen ballten. Danach blubberten sie in gewohnter Höhe und Farbe weiter.

Nun ja, was hieß schon gewohnt?

„'n Abend", grüßte Stahnke zurück.

„Alsdann, Herr Kollege", fuhr der Tropfen fort. „Die Substanz bitte. Es eilt ein wenig."

Merkwürdig, überlegte Stahnke. Verrückt geworden bin ich offenbar nicht, weder vorher noch jetzt, da ich doch allen Grund dazu hätte. Liegt vielleicht am Alkohol, der mich gerade genügend benebelt hat, um all dies hier zu ertragen, ohne tot umzufallen. Wie ein Dämpfungsfeld oder so etwas. Aber die Wirkung verfliegt offenbar rasch, sonst würde ich das jetzt ja nicht denken ...

„Die Substanz!" Das flammte nicht mehr drängend, sondern drohend. Aber kribbelte da nicht unterschwellig noch etwas anderes mit? So ein gewisser Unterton, einer, der Stahnke wohlvertraut war? Genau: Schuldbewusstsein! Was immer dieser Hauptmulator hier trieb, es war nicht ganz astrein.

„Bitte Substanz definieren“, gab Stahnke zurück.

Die Antwort kribbelte prompt: „Getrocknete Pflanzenwurzel in pulverisierter Form, Mikrokristalline Cellulose, Montanglycolwachs, Gelatine, Eisenoxidhydrat, Eisen-III-oxid, Titandioxid, Natriumdodecylsulfat. 54 Einheiten.“

„Igitt! Das muss ein Irrtum sein. So etwas besitze ich nicht.“ Vorsichtig bewegte Stahnke sich einen halben Schritt zurück.

Weiter kam er nicht. Das rechte Blubbermonster, dasjenige, das dieser Schulz mit „Tronik Sszrraan“ vorgestellt hatte, löste sich plötzlich in nichts auf. Dafür spürte Stahnke im selben Augenblick eine gigantische, unverrückbare Masse in seinem Rücken. Keine Frage, wer oder was das war. Zu solch einem effizienten Assistenten konnte man den Hauptmulator nur beglückwünschen. Sein eigener Kollege Kramer war ja weiß Gott auch nicht schlecht, aber teleportieren konnte der nicht.

Schulz hatte sich nicht bewegt, seine Trompete aber war um einen halben Schritt länger geworden. „Lüge!“, kribbelte er empört. „Die Substanz befindet sich in Ihrer rechten Hosentasche. Geben Sie sie augenblicklich heraus. Widerstand ist zwecklos.“

Da Stahnke keinerlei Lust verspürte, entweder assimiliert oder aber püriert zu werden, gehorchte er und schob seine rechte Pranke in die Hosentasche. Nur, was sollte da schon sein außer Schlüsselbund und Taschenmesser … aber halt!

„Aha!“, kribbelte Schulz zufrieden. „Also doch.“

Langsam zog der Hauptkommissar die Schachtel heraus und hielt sie hoch. „Ginsengwurzelpulver in Kapselform“, las er vor. „Zur Stärkung und Kräftigung. Aktiviert und vitalisiert Körper und Geist.“ Stahnke kniff die Augen zusammen: „Was wollen Sie denn damit?“

Wenn er jemals einen sich windenden Tropfen gesehen hatte, dann jetzt. „Wissen Sie, das ist so“, kribbelte der Dunkelgrüne. „Ich bin als ulrikischer Hauptmulator mitverantwortlich für den galaktischen Liniendienst, das heißt, ich … wie soll ich das phanten … also ich bin eine Art Kollege von Ihnen, ja? Im weitesten Sinne. Und nun habe ich in einiger

Zeit … Sie würden natürlich sagen ‚vor einiger Zeit', aber in Wirklichkeit … aber was ist schon wirklich … egal, jedenfalls hat es geklappt, man schlug mich für eine Ehrung vor, und jetzt bin ich zur Schmelzung eingeteilt. Schon zur zweiten innerhalb eines einzigen Lebens! Tja, und nun … weiß ich nicht, ob ich dazu auch in der Lage bin, verstehen Sie? Daher … Also bitte!"

Stahnkes Hand krampfte sich noch ein bisschen fester um die Ginsengschachtel. „Schmelzung?", stieß er hervor. „Erklären Sie das!" Vor seinem geistigen Auge sah er ganze Planeten samt kompletten fremden Zivilisationen in atomarem Höllenfeuer vergehen. Vielleicht auch eine gar nicht so fremde Zivilisation? Mitsamt der Erde? War das eine „Schmelzung"? Daran wollte er auf keinen Fall mitschuldig werden, ganz gleich, was ihn das kostete.

„Sie irren sich", flammte es in seinem Kopf. Das Kribbeln rund um seinen Bauchnabel fühlte sich jetzt ganz anders an; irgendwie verständnisvoller, ja versöhnlicher. Der Bursche hat gelauscht, durchzuckte es ihn. Verdammt.

Als Antwort stoben kitzelige Kicherfunken auf. „Ja, ich gestehe", phantete der Hauptmulator. „Wir Ulriker sind nun einmal nicht sehr diskret, wissen Sie. Was einer von uns weiß, das wissen alle. Nur vergessen wir manchmal, dass andere Wesen in diesem Punkt … anders sind."

Bestimmt wollte er „altmodisch" sagen, dachte Stahnke. Wofür hält der uns? Für Provinzler? Rückständige galaktische Hinterwäldler?"

„In der Tat", gab Schulz unumwunden zu. „Daher wissen Sie auch nicht, was eine Schmelzung ist. Ich werde es Ihnen erklären."

Stahnke fühlte sich von den Füßen gerissen und in einen rasend rotierenden Strudel gesogen. Die Straße, der Parkstreifen, die Autos und das Restaurant waren plötzlich verschwunden, ebenso das Städtchen Esens und der ganze Planet Erde – und das war erst der Anfang. Als der Hauptkommissar endlich wieder Materie unter seinen Sohlen spürte, war ihm jedes Gefühl für Raum und Zeit abhanden gekommen.

Das Ding, auf dem er stand, erinnerte entfernt an die Tribüne eines Fußballstadions. Der Platz allerdings, den die Tribünen umstanden, war weder eckig noch grasbewachsen. Genau genommen war er überhaupt kein Platz, eher vielleicht ein Bündel von Linien, die ... ja was?

„Viel zu viele Dimensionen", murmelte Stahnke und konzentrierte sich lieber auf die Tribünen. Sie standen alle im rechten Winkel zueinander, also mussten es eigentlich vier sein. Er begann zu zählen, ausgehend von der Tribüne, auf der er stand. Bei dreiundsiebzig gab er es auf. Wirklichkeit, Wahrheit, Schein? Was würde seine Serviette dazu sagen?

Quatsch. So hatte das keinen Zweck.

Dann fiel ihm auf, dass der größte Unterschied zu einem irdischen Stadion weniger die Anzahl der Dimensionen als vielmehr die Stimmung auf den Rängen war. Die dicht gedrängt stehenden tropfenförmigen, verschiedenfarbigen Besucher nämlich zeigten keinerlei Aggressivität, sondern strahlten etwas Feierliches aus, etwas ungeheuer Schönes. Ob das der Schlüssel zum Verstehen war?

„Ja", sagte der grüne Tropfen direkt neben ihm, und Stahnke wusste, dass das Schulz war. „Es ist Liebe."

Dort unten auf der riesigen multidimensionalen Fläche, die natürlich nicht unten war, sondern – ach hol's der Teufel, dort jedenfalls tauchte jetzt eine kleine tropfenförmige Gestalt auf. Sie bewegte sich langsam, und irgendwo dort, wohin sie sich bewegte (wo immer das auch war), erschien eine zweite Gestalt. Ein leises Summen ertönte von den Tribünen. Je mehr sich die beiden Tropfen einander näherten, desto stärker wurde dieses körperlose, dieses unglaublich geräuschlose Geräusch, bis es zu einem Brausen anschwoll, schöner als jede Musik, die Stahnke jemals gehört hatte.

„Wir Ulriker sind eigentlich unsterblich", erläuterte Schulz derweil. „Relativ jedenfalls. Das heißt, hin und wieder stirbt schon einer von uns. Durch einen Unfall, beim Erstkontakt mit gewalttätigen Zivilisationen, durch bislang unbekannte Krankheiten. Nicht oft, aber es kommt vor. Und natürlich wollen wir unsere Gesamtzahl konstant halten, nicht wahr? Das will doch jede vernunftbegabte Art."

Stahnke räusperte sich und versuchte, an nichts zu denken. Vor allem nicht an die irdischen Überbevölkerungsprobleme.

„Daher wird von Zeit zu Zeit solch eine Schmelzung angeordnet“, fuhr der Hauptmulator fort. „Zwei besonders verdiente Angehörige unserer Rasse werden dazu auserkoren, sich zunächst miteinander zu verbinden, also zu verschmelzen, um sich alsdann zu dreiteilen. Aus zwei Individuen werden drei. Einer mehr. Sie verstehen?“

„Verstehe“, murmelte Stahnke. Natürlich verstand er überhaupt nichts. Was sollte das hier sein – etwa Sex? Alle Jubeljahre nur, dafür vor aller Augen? Wo blieb denn da der …

„Spaß?“, phantete Schulz. „Wie kommen Sie in diesem Zusammenhang auf Spaß? Eine Schmelzung ist alles anderes als das. Sie ist ein Opfer, ein Opfer für die Allgemeinheit, ein ziemlich schmerzhaftes obendrein. Nur die Liebe all unserer Mitgeschöpfe macht diesen Vorgang erträglich.“

Schulz schwieg einen Moment, und Stahnke hätte schwören können, ihn schlucken zu hören. Vielleicht aber bildete er sich das nur ein, ebenso wie das Schmelzungsstadion, das sich gerade wieder in eine dämmerige Esenser Straße verwandelt hatte.

„Manchmal aber reicht die Liebe alleine nicht aus“, fuhr Schulz fort. „Dann fehlt es einfach an der Kraft, die man braucht, um … verstehen Sie mich? Dann hat man ganz furchtbare Angst zu versagen. Und sucht nach Unterstützung.“

Jetzt war es Stahnke, der schluckte. „Ich verstehe Sie gut“, sagte er. Und er dachte: Nur zu gut. „Da, nehmen Sie.“ Er reichte dem Ulriker das Päckchen mit den Ginsengkapseln. Fasziniert beobachtete er, wie es seiner Hand entschwebte und sich vor einem der dunkelroten Auswüchse des Hauptmulators in Luft aufzulösen schien.

„Danke!“, phantete Schulz. „Ich danke Ihnen herzlich! Obwohl ich so etwas wie ein Herz natürlich nicht habe. Aber das ist ja sowieso nur eine Metapher, nicht? Jedenfalls, wenn ich Ihnen im Gegenzug mal einen Gefallen tun kann – jederzeit!“

Einen Gefallen? Stahnke grinste bitter. Tja, den konnte er jetzt wirklich gut gebrauchen. Aber wie hätte ihm dieser Adventstropfen helfen sollen? Sicher, er konnte und wusste offenbar eine Menge. Aber konnte er Backes Schuld tilgen? Oder seine Dummheit mit Elenni ungeschehen machen?

In seinem Kopf erklang so etwas wie ein Räuspern. Richtig, Schulz war ja noch hier. Und seine Kribbeltrompete auch.

„Ebenfalls Schmelzungsprobleme, wie?“, phantete der Hauptmulator. „Wenigstens können Sie ja morgen in die nächste Drogenhandlung gehen und neue Wurzelstaubkapseln kaufen, im Gegensatz zu mir. Aber in der anderen Sache kann ich Ihnen vielleicht helfen.“

Wieder saugte es ihn an und wirbelte ihn herum. Stahnke staunte, wie schnell er sich an die unglaublichsten Vorgänge gewöhnen konnte. Diesmal aber ging es nicht quer durchs halbe Universum, nicht einmal aus der Stadt heraus. Stattdessen ging es zurück.

Zurück?

Er fand sich am Kreisverkehr wieder, an der innenstadtnahen Seite, dort, wo die Straße Herdetor einmündete. Zwei Männer stritten sich in der Dunkelheit, ein kleiner und ein riesengroßer. Der Große packte den Kleinen im Genick und schüttelte ihn. Dann stieß er ihn vor sich her in Richtung Straße – und drehte sich um. Seelenruhig ging Backe zurück Richtung Zentrum, lauthals beschimpft von einem quicklebendigen Kerl, den man Ratte nannte.

„Was ist das hier?“, fragte Stahnke leise. Er wagte nicht, sich zu rühren, denn er schwebte etliche Meter über dem Straßenpflaster. „Ein Paralleluniversum? Eins, in dem Backe nicht zum Mörder wird?“

„Keineswegs“, antwortete Schulz, der neben ihm schwebte, als sei dieser Zustand das Normalste auf der Welt (welcher Welt auch immer). „Ein naheliegender Gedanke, aber nein, dies ist Ihr ganz gewohntes Kontinuum. Passen Sie auf.“

Ratte hatte sich müde geschimpft, wandte sich zum Gehen, schritt aus, schickte dabei eine letzte Beleidigung über die Schulter zurück in Richtung Backe. So lief er beinahe in den Lieferwagen hinein, der ungewöhnlich spät und wohl deshalb sehr eilig um den Bahnhofskreisel herum preschte. Im letzten Moment reagierte Ratte, blieb Zentimeter vor dem durchrauschenden Wagen stehen. Und wäre gewiss unverletzt geblieben, wenn der obere Teil der Ladung nicht um gut einen Meter übergestanden hätte. Eisenrohre. Eins davon traf Ratte aus der Drehbewegung heraus wuchtig an der Stirn.

„Paff!" Stahnke war zum Jubeln zumute, was er angesichts der toten Ratte zwar pietätlos, aber absolut verzeihlich fand. „Backe ist unschuldig! Hören Sie, Schulz?"

Aber Schulz war fort. Futsch, verschwunden. Und Stahnke hing mutterseelenallein meterhoch über dem Pflaster des Bahnhofskreisels.

In Panik schrie er auf, fuchtelte mit den Armen, verlor das Gleichgewicht, taumelte, fiel. Und schlug auf. Allerdings nicht auf dem Kreisel, sondern auf dem Pflaster der Jücherstraße, direkt vor dem *Athen.*

„Liebster!" Das war Elenni. „Was ist mir dir? Bist du verletzt?" Sie warf sich über ihn, schloss ihn in ihre Arme, küsste ihn heiß und süß und voller Inbrunst. Schlagartig fühlte sich Stahnke aller Probleme ledig. Und absolut schmelzungsbereit, notfalls auch vor Publikum. Was für ein kurioser Gedanke!

Dann bemerkte er, dass es tatsächlich einen Zuschauer gab: Georgios. Nie zuvor war Stahnke so bewusst geworden, was es hieß, sich zu früh gefreut zu haben.

Bernd Flessner

In Greetsiel gepult

Es gibt Schlagzeilen, die der Leser überfliegt und noch während des Überfliegens wieder vergisst. Es gibt Schlagzeilen, an denen das Auge kurz hängen bleibt und solche, die den Leser fesseln und ihn dazu verleiten, den entsprechenden Artikel zu lesen. Und es gibt Schlagzeilen, die den Leser anschreien, die ihn blitzschnell packen und in den Artikel, für den sie werben, hineinsaugen. Es sind Schlagzeilen, die zu leben scheinen.

Von einer solchen Schlagzeile wurde Heiko Tammen an einem sonnigen Montagmorgen verschlungen. Gleich auf der Titelseite des *Ostfriesischen Kuriers* hatte die Schlagzeile gelauert und ihm beim ersten Kontakt ein magisches Wort entgegengeschleudert: **Krabbenschälmaschine.** Eingerahmt war der provokante Begriff von den nicht weniger elektrisierenden Worten **Neuartige** und **erfunden.** Zwar war die Wortwahl des Autors mehr als fragwürdig, denn Krabben hießen in Ostfriesland seit jeher Granat und wurden gepult und nicht geschält. Doch das war es nicht, was Tammen die gerade an den Mund geführte Teetasse wieder auf der Untertasse abstellen ließ.

Tammen war der Inhaber des größten Fischereibetriebs von Greetsiel, den die Presse regelmäßig als ungekrönten Granatkönig, ostfriesischen Krabbenmillionär oder erfolgsverwöhnten Kutterbaron feierte. Der Unternehmer war stolz auf diese und ähnliche Titel, die er sich in fast drei Jahrzehnten harter Arbeit erworben hatte. Mit neunzehn hatte er die Firma von seinem Vater, der nach dem Sturmtief Erna auf See geblieben war, geerbt und aus dem kleinen, rückständigen Fünfmannbetrieb ein Imperium mit zehn Kuttern und mehr als sechzig Angestellten gemacht. Dafür hatte er geschuftet. Von morgens um sechs bis kurz vor Mitternacht. Tag für Tag. Auch am Wochenende. Jede Krise hatte er pariert, über jeden noch so zähen Konkurrenten triumphiert. Sein letzter und überaus gewinnbringender Coup war die Anschaffung von drei modernen dänischen Krabbenpulmaschinen vor zwei Jahren gewesen. Seither konnte ihm keiner mehr das Meerwasser reichen.

Als er ein Kind war, wurde der Granat noch von den Frauen der Fischerfamilien gepult. Auch seine Mutter hatte sich nach jedem Einlaufen der Kutter ihre Kisten geholt und sofort in der Küche mit ihrer Schwester und einer Nachbarin losgelegt. Liefen die Kutter morgens ein, gingen die gepulten Krabben noch am selben Tag in die Fischgeschäfte und Restaurants. Vorher wurden sie gewogen und vorsichtig gewaschen, damit sie ihr Meeresaroma behielten, denn schließlich wurden sie an Bord der Kutter in Meerwasser gekocht. Als Krabbenpulerin wurde man zwar nicht reich, hatte aber ein kleines Einkommen, auf das viele Haushaltskassen nicht verzichten konnten. Lange Zeit wurden die Krabben, die die Greetsieler Fischer anlandeten, selbstverständlich auch in Greetsiel gepult. Bis lukrativere Jobs und neue Hygieneverordnungen die Krabben ins Exil nach Polen oder Marokko trieben, wo Handarbeit billig und die Fugenbreite zwischen den Fliesen den zuständigen Behörden egal war. Die Krabben wurden globalisiert, gewaschen, nochmals gewaschen und mit Benzoe- und Sorbinsäure konserviert, als gelte es, die Aura der Nordsee zu exorzieren.

Die dänischen Krabbenpulmaschinen jedoch, die besten, die es auf dem Markt gab, ersparten den Krabben die langen Reisen und pulten den Granat wieder gleich nach dem Anlanden in Greetsiel. Nur ein paar Stunden später konnte man sie in Tammens Fischgeschäften kaufen oder in den Restaurants bestellen. Frischer und hygienischer ging es einfach nicht. Der einzige Nachteil waren die hohen Anschaffungs- und Wartungskosten für die empfindlichen Maschinen. Die komplizierte Mechanik, die kleinen Messer, die Hydraulik, die Kompressoren und die verschiedenen Siebe hatten ihre Tücken und sorgten dafür, dass fast immer eine seiner drei

Maschinen in Reparatur war. Aber das spielte keine Rolle, denn der Einsatz lohnte sich trotzdem. Wer auf Frische und Qualität Wert legte, kaufte seine gepulten Krabben bei der *Tammen-Fisch GmbH*.

Der Zeitungsartikel begnügte sich nicht mit einer einmaligen Lektüre, sondern zwang den Granatkönig zu einem zweiten Durchgang.

Hermann Hoogemann hatte Greetsiel nach dem Abitur verlassen und in München studiert, um anschließend in die Forschung zu gehen. Luft- und Raumfahrt. Irgendein Programm hatte er dort geleitet, das Tammen nichts sagte, und war nach gesundheitlichen Problemen vor drei Jahren ausgestiegen und in sein Heimatdorf zurückgekehrt. Dort hatte er, von der Öffentlichkeit unbemerkt, die völlig neuartige Krabbenpulmaschine in einer Halle des elterlichen Betriebs konstruiert. Das Herzstück seiner Maschine sei ein besonderer Chip, der mit Hilfe eines von Hoogemann entwickelten Programms sämtliche Prozesse steuere. In der Maschine, hieß es weiter, würde zunächst die genaue Größe jeder Krabbe ermittelt, um diese dann individuell von einem System feiner Klingen und Greifer vom schützenden Panzer zu befreien. Dies ginge so rasend schnell, dass das Auge dem Vorgang nicht folgen könne. Pro Stunde könne die Maschine bis zu fünfzig Kilogramm pulen. Außerdem sei die Maschine in der Lage, nicht nur die Nordseegarnele, lateinisch *Crangon crangon*, zu pulen, sondern jede beliebige Krabbe und jeden Shrimp bis hin zum Hummer. Der Schlüssel sei eben die Größenmessung, denn der feinmechanische Pulvorgang sei immer ein und derselbe. Am Ende würden die gepulten Tiere dann noch mittels Ultraschall gereinigt und in einer Spezialfolie vakuumverpackt. Dadurch könne das Aroma perfekt bewahrt werden.

Hoogemann wolle seine Maschine, die jeder anderen um ein Vielfaches überlegen sei, nicht nur an der gesamten Nordseeküste vermarkten, sondern zu seinem weltweiten Exportschlager machen. Hightech, made in Germany. Dafür sei jedoch ein Patent erforderlich, das der Erfinder auch beantragt habe. Die Kommission vom Europäischen Patentamt in München treffe, unterstützt von Experten vom TÜV, am morgigen Dienstag in Greetsiel ein, um letzte Fragen zu erörtern, die eingereichten Pläne durchzugehen und die Maschine in Funktion zu erleben.

Tammen ließ die Zeitung auf den Tisch sinken, schaute kurz und wie hypnotisiert aus dem Küchenfenster und sprang auf. Es war zwar erst kurz nach acht, aber das Gelesene konnte er ohne einen eiskalten Aquavit nicht verdauen. Im Gefrierschrank standen gleiche mehrere Flaschen. Erst nach drei randvollen Gläsern und einem kurzen Spaziergang durch seinen Garten konnte er sich dem schriftlich zugestellten Urteil stellen. Die Eltern des Erfinders zählten zu seinen härtesten Konkurrenten. Wenn die neue Maschine das hielt, was die Zeitung versprach, waren seine Tage als Granatkönig gezählt. Noch dazu hatte er in den letzten Jahren viel investiert und war nicht nur bei einer Bank am Limit angelangt. Für absehbare Zeit hieß es für ihn: rien ne vas plus.

Vor der Tür zum Wintergarten blieb der Granatkönig stehen und betrachtete sein Spiegelbild in der großen Scheibe. Trotz der Verzerrung und der störenden Reflexionen waren die Tränensäcke unter seinen Augen und die Furchen um Mund und Wangen deutlich zu erkennen. Der Mann in der Scheibe wirkte älter, als er tatsächlich war, wirkte verbraucht und müde. Je länger er das Spiegelbild anstarrte, umso mehr schien die Farbe aus dem Gesicht seines Zwillings zu verschwinden. Als sich eine Wolke vor die Sonne schob, löste sich sein Spiegelbild fast völlig auf. Tammen wich von der Scheibe zurück, in der er nur noch mit Mühe zu erkennen war. Er musste handeln, und zwar schnell, sonst lief er Gefahr, alles zu verlieren.

Am Abend war von den Plänen, die er im Laufe des Tages geschmiedet und durchgespielt hatte, einer übrig geblieben. Es war ein gewagter Plan, für dessen Ausführung er darüber hinaus nur diese Nacht zur Verfügung hatte. Tammen wartete bis nach Mitternacht und wählte den Weg über den Deich. Um diese Zeit war die Chance, hier jemandem zu begegnen, gleich Null. Anfang Mai waren die Nächte einfach noch zu kalt zum Flanieren. Auf Höhe des Yachthafens verließ er die Deichkrone und näherte sich vom Schöpfwerk her dem Fisch- und Krabbenverarbeitungsbetrieb der Hoogemanns, der in einem alten Gulfhof untergebracht war. Der Hof war jedoch nicht sein eigentliches Ziel, sondern die kleine moderne Halle, die vor einigen Jahren an den hinteren Teil der Scheune geklebt worden war. Ein schmaler Pfad, der beim Hafen endete, führte an einer Notausgangstür vorbei, die mit größter Wahrscheinlichkeit noch niemals benutzt worden war. Auch Tammens Betrieb besaß solche Türen, auf denen die Bauämter bestanden. Beim Einbau der letzten in seinen neuen Stapelraum hatte ihm ein Handwerker ganz nebenbei und lachend gezeigt, wie man diese Türen mit einem Streifen dünnen und biegsamen Blechs ohne große Mühe von außen öffnen konnte.

Der Granatkönig ließ seinen Blick kurz durch die Dunkelheit schweifen und zog ein Stück Blech, das er mit einer großen Schere aus dem Deckel einer Konservendose geschnitten hatte, aus seiner Jackentasche.

Ganz so einfach, wie er es in Erinnerung hatte, war es dann doch nicht. Erst nach einer guten Viertelstunde, Tammen war kurz davor aufzugeben, gab der Notfallmechanismus der Tür mit einem leisen Klicken nach. Eine Alarmanlage besaß die Halle nicht, das hatte er am Nachmittag aus einem der Arbeiter des Betriebs herausgebracht. Nur das Licht durfte er nicht einschalten, denn das hätte man vom Wohnhaus des Gulfhofes aus sehen können. Also arbeitete er sich im fahlen Lichtkegel seiner Taschenlampe durch die Halle.

Lange brauchte er nicht zu suchen, denn die Krabbenpulmaschine nahm mehr als die Hälfte des Raumes ein. Sie war deutlich größer als seine dänischen und sah auf den ersten Blick auch ganz anders aus, moderner, technischer, stromlinienförmiger. Dass Hoogemann für die Luft- und Raumfahrt gearbeitet hatte, war nicht zu übersehen. Tammen brauchte eine Weile, bevor er überhaupt verstand, auf welcher Seite sich die Einfüllöffnung befand, und wo die Maschine die gepulten und eingeschweißten Krabben wieder ausspuckte. Die Funktion der Maschine blieb ihm jedoch ein völliges Rätsel, so sehr unterschied sie sich von den Modellen in seinem Betrieb.

In unmittelbarer Nähe des Förderbandes, das zur Einfüllöffnung führte, entdeckte er mehrere Kisten Granat, einige Kartons Pazifikshrimps, Flusskrebse und gleich zehn bereits gekochte Hummer mittlerer Größe, wahrscheinlich aus Kanada, wie man sie inzwischen in fast jedem Supermarkt kaufen konnte. Auf Eis gebettet, warteten die verschiedenen Krebstiere offenbar auf die morgige Vorführung.

Anfangs hatte Tammen vorgehabt, die Maschine mit ein paar kräftigen Schlägen eines Vorschlaghammers so zu beschädigen, dass eine Vorführung nicht mehr möglich war. Auch an ein kleines Feuer hatte er gedacht. Doch dann hatte er sich dafür entschieden, unauffällig vorzugehen und die Maschine lediglich zu sabotieren, damit sie bei der Vorführung versagte. Und für nicht funktionierende Maschinen, dessen war er sich sicher, würden die Münchner keine Patente vergeben. Auf diese Weise konnte er etwas Zeit gewinnen und gleichzeitig an Hoogemanns Erfinderruf kratzen. Nur Spuren hinterlassen oder erwischt werden durfte er nicht.

Der Granatkönig ließ den Lichtkegel über die Maschine gleiten und fand schließlich die Stromzufuhr. Alles war auf Null geschaltet, auch die Steckleisten für die Rechner, die auf einem langen Tisch neben der Maschine standen. Er holte einen Satz Inbusschlüssel und mehrere Schraubenzieher aus der Innentasche seiner Jacke und machte sich ans Werk. Obwohl er die Funktion der Maschine nach wie vor nicht nachvollziehen konnte, fand er nach kurzer Suche am vorderen Teil der Einfüllöffnung eine Schraube, die er vorsichtig um ein paar Umdrehungen löste. Nun konnte er einen langen Stahlbolzen, auf dem sich eine Skala befand, um einige der schwarzen Markierungsstriche aus seiner Fassung herausziehen. Skalen dienen dazu, die Arbeitsweise bestimmter Maschinenteile genau zu justieren, dachte Tammen. Der sicherste Sabotageakt ist also eine Änderung vorgenommener Einstellungen. Soweit die Maschine zugänglich war, suchte er sie nach weiteren Skalen und Justiereinrichtungen ab. Gleich fünfmal wurde er fündig. Bei der ersten, einem Einschub, der ihn an die Rechenschieber aus seiner Schulzeit erinnerte, löst er nur die Inbusschraube, bei einer Art Drehscheibe zog er einen der kleinen Stahlstifte heraus, deren Zweck ihm ebenso rätselhaft wie egal war, und steckte ihn in eines der vielen freien Löcher der Scheibe.

Fast eine Stunde lang kroch er um die Maschine herum und hier und da auch fast in sie hinein, dann war seine Arbeit getan. Äußerlich hatte sich nichts verändert, doch innerlich hatte er die Maschine in eine andere verwandelt. Zufrieden verstaute er sein Werkzeug und betrachtete sein unsichtbares Werk. Ihn ärgerte lediglich, dass er bei der Vorführung nicht anwesend sein konnte, um Hoogemanns Gesicht zu sehen, wenn es seiner Maschine nicht gelang, auch nur eine einzige Krabbe zu pulen. Er stellte sich vor, wie Hoogemann die Maschine abschritt und der Kommission aus München jedes Teil erklärte, um dann demonstrativ den Startschalter zu betätigen. Tammen hörte schon den Aufschrei der Maschine, die nicht mehr wusste, was sie tat, weil sie jegliches Maß verloren hatte.

Durch einen langsamen Schwenk mit der Taschenlampe vergewisserte er sich, keine Spuren hinterlassen zu haben, und wollte gerade die Halle verlassen, als ihm der Startschalter der Maschine wieder in den Sinn kam. Er war leicht zugänglich in der Nähe des Fließbandes angebracht. Der Boden der Halle war gefliest und nie wirklich trocken. Wie jeder Raum, in dem Fisch verarbeitet wurde. Tammen ging zur Maschine und nahm den Schalter unter die Lupe. Er konnte von der Rückseite des Blechs, in dem er eingelassen und verschraubt war, ausgebaut werden. Wenn auch mit einiger Mühe und nicht ohne Verrenkungen. Dafür eröffnete ihm der Schalter die Möglichkeit, die Überraschung für Hoogemann bis ins Tödliche hinein zu steigern.

Als sich der Granatkönig über die letzte Konsequenz seiner spontanen Idee klar wurde, fingen seine Finger ganz leicht zu zittern an. Er schloss seine Jacke und wollte die Halle so schnell wie möglich verlassen. Doch dann tauchte das Spiegelbild vor ihm auf, das er am Vormittag so lange und intensiv betrachtet hatte. Er sah Hoogemanns Aufstieg und seinen eigenen Sturz, sah sich als mittellosen Sozialhilfeempfänger, der früher als andere in der Seniorenresidenz *Regenbogen* landete, den keiner besuchte, weil die Insolvenz ihm die letzte Chance genommen hatte, doch noch eine Familie zu gründen, der nicht einmal mehr seine kleine Yacht besaß, um sich ab und zu auf die Nordsee zu flüchten. Tammen holte tief Luft und verscheuchte die Bilder. Seine Finger hatten das Zittern eingestellt und öffneten die Jacke, um das passende Werkzeug zu suchen.

„Bitte, meine Herren", sagte Hermann Hoogemann und führte die Kommission in die kleine Halle, die er vor zwei Jahren, nach einer längeren Auszeit, zu seinem Reich erklärt hatte. Statt seines sonst üblichen Arbeitskittels trug er einen schlichten blauen Anzug, der ihm eine Spur Eleganz verlieh, zugleich aber leger und praktisch genug war, dass sein Träger glaubwürdig mit den Krustentieren und der Maschine hantieren konnte. Er war extra nach Oldenburg gefahren, um diesen Anzug zu kaufen.

Vor ihm standen vier Männer unterschiedlichen Alters, praxisfern in teuren Stoff gekleidet, ausgestattet mit Aktenkoffern, Mappen und handlichen Digitalkameras. Die Pläne, die er ihnen überlassen und nochmals am Monitor erklärt hatte, hatten die Richter optimistisch gestimmt. Jetzt kam es darauf an, dass seine Krabbenpulmaschine so perfekt funktionierte wie in den letzten Tagen.

„Folgen Sie mir bitte. Ich werde ihnen vor der Inbetriebnahme noch einige Details zeigen. Sie hatten sich doch vorhin nach der genauen Position des Sensors erkundigt", begann Hoogemann seine kleine Führung rund um die Maschine. „Er befindet sich hier in der seitlichen Führungsschiene."

Zwar hatte er gelernt, in solchen Situationen den Souveränen zu mimen, doch fiel ihm diese einst gewohnte Leistung an diesem Vormittag sehr schwer. Trotz der niedrigen Temperatur in der Halle hatten sich ein paar Schweißperlen auf seiner Stirn gebildet, die er sich schnell und unauffällig mit einem Taschentuch von der Stirn wischte. Er fürchtete weniger den Sachverstand der Münchner als vielmehr Murphys Gesetz, das besonders bei Vorführungen jeder Art liebend gerne zuschlug.

Die Patentexperten schienen Murphy nicht zu kennen. Ihren Mienen konnte Hoogemann ansehen, dass die optimistische Stimmung anhielt. Notizen wurden gemacht, Fotos aufgenommen und in den Unterlagen geblättert. Mit frischen Schweißperlen auf seiner Stirn musste Hoogemann noch einige Fragen beantworten, dann trafen sie wieder beim Ausgangspunkt ein. Nun konnte die eigentliche Vorführung beginnen, die er in den vergangenen Tagen in allen möglichen Varianten durchexerziert hatte. Am Ende hatte er sich nicht für verschiedene Durchgänge mit verschiedenen Krabbenarten entschieden, sondern für das anspruchsvollste Programm. Gegen den Widerstand seines Magens hatte sich sein Kopf durchgesetzt, der Devise „Ganz oder gar nicht!" zu folgen.

„Ich will Sie nicht länger auf die Folter spannen", sagte der Erfinder, „und Ihnen gleich die ganze Leistungsfähigkeit meiner Krabbenpulmaschine demonstrieren. Ich bitte also um Ihre ungeteilte Aufmerksamkeit."

Hoogemann griff wahllos in die Kisten und warf eine Handvoll Krabben, verschiedene Shrimps und zwei Hummer auf das Fließband. Die vier Männer stellten sich daraufhin am anderen Ende der Maschine auf und machten freundliche Erwartungsgesichter. Hoogemann atmete tief durch, schloss kurz seine Augen und betätigte den Startschalter.

Die Maschine blieb stumm. Ein Schweißtropfen brannte in seinem Auge. Er versuchte zu lächeln und bearbeitete den Schalter. Nichts tat sich. Ein leichter Schlag mit der Faust. Endlich blinkten die kleinen Kontrollleuchten auf. Die Maschine begann zu arbeiteten. Das Fließband setzte sich in Bewegung. Doch schon nach wenigen Sekunden wusste er, dass etwas nicht stimmte. Statt des vertrauten Rasselns und Surrens war ein metallenes Krächzen zu hören. Gleich darauf vernahm er einen kurzen, schrillen Schrei. Er stammte von dem kleinsten der vier Männer. Die anderen starrten stumm und wie vom Schlag getroffen auf die Ausgabeöffnung.

Mit zwei großen Schritten war Hoogemann bei Ihnen. Vor ihren Augen gebar die Maschine unter fortwährendem Krächzen eine Art Kokon aus mehreren Lagen Kunststofffolie. Der menschliche Körper, der eingeschweißt und vakuumverpackt vor ihnen liegen blieb, war nackt. Auf dem Kopf und dem Rücken fehlten große Teile seiner Haut. Von dem leblosen Gesicht, über dem die Folie besonders straff gespannt war, waren nur die großen, hervorquellenden Augen und ein weit aufgerissener Mund zu erkennen.

Gertrud Bruns

Tödlicher Holunder in Hesel

Die Kommissarin stand allein unter einer großen Eiche am Ostfriesland-Wanderweg in Hesel. Tief sog sie den erdigen Geruch ein und genoss für einen Augenblick die Stille.

Der Ort erinnerte sie an Mario, ihren ersten Freund. Sie waren beide fünzehn damals. Er war auf den schlichten Namen Manfred getauft und kam aus Neuefehn, hatte aber pechschwarze Locken und dunkelbraune Augen und nannte sich ab der siebten Klasse Mario, was seine Popularität bei den Mädchen erheblich steigerte. Mario war cool mit seiner Zündapp und den selbstgedrehten Zigaretten. Zwanzig Jahre waren vergangen, seitdem sie sich mit Mario unter der Eiche am Wanderweg getroffen hatte, und von einer Freundin hörte sie kürzlich, Marios Locken seien jetzt eher spärlich und er fahre nach wie vor mit der Zündapp zur Arbeit auf dem Bau.

„Frau van Dieken, bitte kommen Sie." Der freundliche Polizist weckte Johanne aus ihrem Tagtraum, um sie zum Fundort der Leiche zu begleiten. „Im letzten Frühjahr bin ich beim Ossiloop mitgelaufen." Der Uniformierte war offensichtlich noch nicht oft am Ort eines Verbrechens gewesen und redete viel, um seine Unsicherheit zu überspielen. „Sie haben doch sicher schon vom Ossiloop gehört. Das ist immer ein Erlebnis, kann ich Ihnen sagen. Mehr als tausend Läufer. Immer entlang der ehemaligen Kleinbahntrasse von Leer bis an die Küste. Natürlich auch durch Hesel. Über siebzig Kilometer in sechs Etappen. Und wer da alles so mitläuft ..." Johanne schaltete ihre Ohren auf Durchzug und nickte nur dann und wann, während sie gemeinsam den Wanderweg zwischen Holtland und Hesel entlang gingen. Statt einer Asphaltstraße gab es hier Spursteine, gerade breit genug für Traktorreifen, dazwischen wuchsen Gras und Unkraut. Johanne war auf dem Land aufgewachsen; dennoch konnte sie außer Löwenzahn und Eichen weder Pflanzen noch Bäume benennen. Sie hatte sich nie dafür interessiert, und plötzlich tat es ihr leid.

Nach etwa fünfzig Metern beschrieb der Weg einen Bogen. Johanne konnte die Einsatzstelle ausmachen. Der Platz war weiträumig abgesperrt, obwohl es keine Schaulustigen gab, nur Gerd Peters von der Ostfriesen-Zeitung machte einen langen Hals und versuchte einen Blick auf die im Graben liegende Tote zu erhaschen. Das Team der Spurensicherung hatte seine Arbeit bereits beendet, hatte fotografiert, skizziert und gesammelt.

Johanne trat an den Graben und betrachtete die Tote. Sie ließ sich Zeit. Das Gute an diesem Teil ihrer Arbeit war, dass das „Objekt", wie es manchmal im Protokoll genannt wurde, nicht mehr weglaufen konnte, es sei denn, das Opfer wurde erst nach mehreren Tagen während einer Hitzewelle gefunden. Doch hier konnte sie es ruhig angehen lassen. Morgen würde es regnen.

Die Tote, es handelte sich um eine nicht mehr ganz junge Frau, lag mit dem Unterkörper im Graben, als habe sie ein Sitzbad nehmen wollen. Ihr bunter Rock und die bestrumpften Beine und Füße in flachen Schnürschuhen waren teilweise von grünlichem Wasser bedeckt. Der füllige Oberkörper ruhte an der Böschung, ein wenig zur Seite geneigt. Sie trug einen blutverschmierten hellen Strickpullover und hatte ein freundlich wirkendes, ebenmäßiges Gesicht. Das Haar war zu einem dicken Zopf gebunden, der von einer blauen Schleife gehalten wurde. Arme und Hände lagen seitlich. Die tief hängenden Zweige eines Strauches bildeten an dieser Stelle ein natürliches Dach.

Eine junge Frau in Motorradkluft kam geschäftig auf Johanne zu. Ihr Atem roch kräftig nach Knoblauch, als sie sich als Ärztin vorstellte und einen ersten Bericht gab. Das Opfer sei vermutlich durch einen Stich in die Halsschlagader verletzt worden und dann verblutet. Außerdem könne man von einem heftigen Schlag auf die Stirn ausgehen. „Der Tod ist vor cirka zwölf bis fünfzehn Stunden eingetreten ... Aber Sie wissen ja ...“ Die Ärztin machte eine entschuldigende Handbewegung, was bedeutete, dass ihre Schätzung eben nur eine Schätzung war und der Obduktionsbefund erst in zwei Tagen zu erwarten sei, obwohl man von der Kripo erwartete, dass der Mörder dann längst hinter Schloss und Riegel saß.

Johanne beugte sich weit über den Graben, um zu sehen, ob noch etwas von dem Blut in der schmutzigen Brühe zu erkennen war. Plötzlich schubste sie eine Hand von hinten, und fast hätte sie das Gleichgewicht verloren.

„Huch, das wäre beinahe schiefgegangen!“ Der Spaßvogel war Cord Neeland, ein aufstrebender junger Kriminalbeamter, immer zu dummen Späßen aufgelegt. „Nach dem Blut brauchst du dir nicht den Hals zu verrenken, liebe Kollegin. Fundort ist nicht gleich Tatort. Der Täter wollte, dass die Leiche möglichst lange unentdeckt bleibt, und hat sie deshalb hier im Graben abgelegt“, referierte er. „Das hier ist übrigens ein Holunderbusch, Frau Kommissarin.“ Während er sprach, rüttelte er an den Zweigen, zupfte einige schwarze Beeren ab und hielt sie Johanne unter die Nase: „Meine Mutter macht immer Gelee daraus. – Der Mörder hatte allerdings Pech“, fuhr Cord Neeland fort, „denn dieser Feldweg ist als ‚Hundekackweg‘ bekannt. Der erste Köter sollte schon um sieben Uhr in der Früh hier sein Geschäft verrichten und fand beim Herumschnüffeln die Leiche. Herrchen steht zur Verfügung, aber wir haben ihn schon ausführlich in die Mangel genommen. Der weiß nichts.“

In ihrem Büro des II. Kommissariats am Ende der Georgstraße in der Kreisstadt Leer wusch sich Johanne ausgiebig die Hände. Prüfend schaute sie in den Spiegel und war wieder einmal entsetzt über die Spuren, die ihr Beruf in ihrem Gesicht hinterlassen hatte. Das Grauen und der Schlafmangel hatten Falten um Mund und Augen gegraben, und in Sachen Schönheit waren Kaffee und Zigaretten schlechte Helfer.

Als Cord eintraf, ließ sich Johanne noch einmal über alle Fakten ins Bild setzen. Er hatte inzwischen einiges über die Tote herausgefunden. Sie war siebenundfünfzig Jahre alt, geschieden und lebte allein in einem kleinen Fehnhaus im Nachbarort. Man wusste wenig über sie in der Nachbarschaft, dafür gab es Gerüchte. Cord saß hemdsärmelig auf Johannes Schreibtisch und fasste die Notizen zusammen. „Also, Johanne, hör gut zu, was man über alleinstehende Frauen so alles sagt." Er zwinkerte ihr vertraulich zu. „Frau Juliane Brinkema lebte seit zwei Jahren in Meerhusen und war als Eigenbrötlerin verschrien, denn sie weigerte sich beharrlich, mit den Nachbarinnen Tee zu trinken. Sie wurde ‚Pudelmütze' genannt, weil sie auch im Winter täglich mit dem Fahrrad fuhr und dabei immer eine gestreifte Wollmütze trug. Manche hielten sie für eine Hexe, denn man konnte sie oft beim Sammeln von Kräutern und Beeren beobachten. Ihr Mann hat sie vor zehn Jahren verlassen, die beiden Töchter leben in Kanada. Sie war wohl eine recht eigensinnige Person. Ihren Lebensunterhalt verdiente sie bei einem Verlag für Sachbücher als Lektorin, und sie hat sich vor zwei Jahren beurlauben lassen, um bis zur Rente von Erspartem zu leben.

Aber nun kommt's, Johanne: Vor einem Jahr hat es einmal einen Mordsärger gegeben. Am Ostfriesland-Wanderweg, übrigens ganz in der Nähe vom Fundort, sollten drei Windkraftanlagen gebaut werden, du weißt schon, diese modernen Windmühlen. Der Bauer, dem das Land gehörte, war ganz schön scharf darauf, denn er hätte einen ordentlichen Batzen Geld bekommen, aber die Brinkema hat davon Wind bekommen – Achtung, Wortspiel", kicherte er, „– und das Ganze gestoppt. Die ist einfach zur Bezirksregierung in Oldenburg marschiert, hat dort Einspruch eingelegt, und das Genehmigungsverfahren wurde so lange hinausgezögert, bis der Investor abgesprungen ist. Und das alles nur, weil sie dort so gerne mit dem Fahrrad fuhr und einige Holunderbüsche den Windmühlen hätten weichen müssen."

„Aber ist denn Holunder schützenswert?", gab Johanne zu bedenken.

„Ach was", antwortete Cord. „Den gibt's an jeder Ecke. Aber bis die bei der Bezirksregierung das gemerkt haben, sind schon einige Monate vergangen. Du kennst das ja: Gutachten, Gegengutachten und so weiter. Das dauert."

Cord Neeland blickte in seine Notizen. „Am Fundort wurden jede Menge Zigarettenkippen gefunden. Es könnte sich um ein Versteck von Jugendlichen handeln, eine Art Höhle vielleicht."

„Keine Kondome?", hakte Johanne nach, die an Mario dachte und daran, wie es heute sein mochte, fünfzehn zu sein.

Cord schüttelte den Kopf.

Johanne dachte nach. Diese Juliane Brinkema war ihr auf Anhieb sympathisch. Sie hatte ihre eigenen Regeln aufgestellt und den Tag genutzt, um zu tun, was ihr gefiel. Diese Frau ignorierte das Gerede der Leute und kuschte nicht vor beschlipsten Männern in grauen Büros, wenn eine Umweltsünde verhindert werden konnte.

Sie legte den Bericht aus der Hand. „Drei Fragen, Cord. Erstens: Die Brinkema war höchstwahrscheinlich mit dem Fahrrad unterwegs, als sie angegriffen wurde. Wo ist das Fahrrad? Zweitens: Sie wurde durch einen Stich in den Hals getötet. Wo ist die Tatwaffe? Und drittens: Wenn Fundort nicht gleich Tatort ist – wo wurde Juliane Brinkema ermordet?"

Johanne sprang auf und war mit zwei Schritten an der Tür. „Wir knöpfen uns den Windmühlen-Bauern vor!"

Der landwirtschaftliche Betrieb der Familie Temmen lag etwa fünfhundert Meter vom Fundort der Leiche entfernt. Der Hof sah heruntergekommen aus. Sie stiegen vorsichtig aus, denn der Platz vor dem Wohnhaus starrte vor Dreck. Aus einem Misthaufen sickerte Gülle. Das ehemals grüne Scheunentor hätte dringend einen Anstrich nötig gehabt und der Fuhrpark glich einem Schrotthaufen. Maschinenteile, Treckerreifen und verrostete Fahrräder lagen neben der Scheune wahllos durcheinander. Halbwegs intakt sahen nur der Traktor und ein geschlossener Viehanhänger aus.

Johanne stakste in ihren Stiefeletten zur schmucklosen Eingangstür und wollte gerade läuten, als aus dem Stall ein junges Mädchen lugte.

„Was wollen Sie hier!" Es klang nicht wie eine Frage, sondern wie eine Aufforderung, schnellstmöglich zu verschwinden. Das Mädchen war mindestens 1,75 Meter groß und kräftig, aber nicht dick. Sie trug dunkle Hosen und eine grüne Stalljacke, und unter einer roten Schirmmütze lugten hellblonde Strähnen hervor. „Mit meinen Eltern können Sie nicht reden. Mein Vater schläft und meine Mutter ist krank. Ich muss zu den Tieren." Sie eilte an ihnen vorbei zur Weide neben dem Stall, wo über zwanzig Kühe grasten.

Johanne schaute ihr verdutzt hinterher. „Ganz schön abgebrüht, die Kleine. Die kann doch höchstens fünfzehn sein und fertigt uns ab, als wollten wir den *Wachtturm* an den Mann bringen." Sie ging ein paar Schritte in Richtung der umzäunten Weide, wo das Mädchen beruhigend auf das Vieh einredete und mit geübten Handgriffen die Melkmaschine bediente. „He, Mädchen, sag deinem Vater, wir kommen morgen zum Frühstück. Er soll dann bitte ausgeschlafen sein. Wie heißt du überhaupt?"

Das Mädchen drehte sich zu ihnen um. Es schien, als glitzerten Tränen auf ihrer Wange. „Ich heiße Scarlett."

Am nächsten Morgen regnete es, wie es nur in Ostfriesland regnen kann. Cord und seine Chefin befuhren den bei diesem Wetter trostlos anmutenden Wanderweg mit dem Dienstwagen. Sie wollten sich von der Rückseite dem Temmen-Hof nähern, den Überraschungseffekt nutzen und dabei noch einen Blick auf die Fundstelle werfen. Unterwegs klingelte Johannes Handy. Sie fischte es aus der Tasche ihrer neongelben Regenjacke und telefonierte, während der Scheibenwischer stetig die Fluten teilte.

Sie schaltete das Handy ab und warf es entnervt auf den Rücksitz. „Das war die Gerichtsmedizin, Cord. Vielleicht gibt es gar keinen Fall. Vielleicht jagen wir einem Phantom nach. Es ist gut möglich, ja sogar wahrscheinlich, dass die Brinkema mit dem Fahrrad gestürzt ist und sich dabei selbst mit einem Messer in den Hals gestochen hat. Das konnten die Pathologen am Einstichwinkel, an den Prellungen und den Hautabschürfungen erkennen. Der Schlag auf die Stirn rührt wahrscheinlich vom Sturz her. Aber warum in aller Welt macht sich jemand die Mühe, eine tote Frau unter einem Holunderbusch zu verstecken? Und das Messer? Und das Fahrrad? Cord, ich hoffe, dir fällt noch was ein."

Sie rieb sich mit beiden Händen das Gesicht und schüttelte dann heftig den Kopf, als könne sie so den Knoten entwirren. „Wir fahren jetzt trotzdem zum Temmen-Hof. Ich habe da so ein Gefühl."

Johanne wollte am Ende des Wirtschaftswegs auf die asphaltierte einspurige Straße einbiegen, als sie jäh bremste. Vor ihr im Regen stand eine widerkäuende Kuh und glotzte durch die Windschutzscheibe. Nun konnte sie eine ganze Herde Rindviecher ausmachen, die ohne jede Eile die Straße entlangtrotteten.

„Oh Gott, sind die ausgebrochen?“ Für Cord schien jedes Tier in freier Wildbahn eine unmittelbare Bedrohung darzustellen. Er atmete hörbar auf, als sich ihnen eine Gestalt in Gummistiefeln und Anorak näherte.

Es war Scarlett.

„Fahren Sie schon mal zum Hof!“, rief sie. „Ich muss noch die Kühe umweiden.“ Als die letzte Schwarzbunte vorbeigelaufen war, bückte sich das Mädchen und entfernte ein Seil, das vor dem Wanderweg gespannt war, um die Tiere am Ausreißen zu hindern. Dann wartete sie an das Holzgatter gelehnt darauf, dass die Herde sich auf die vorgesehene Weide bemühte.

„Los, Cord, wir steigen aus“, sagte Johanne. Unter Protest schälte sich ihr Kollege aus dem Beifahrersitz und trat in den Regen hinaus. Er schlug den Kragen seines Trenchcoats hoch, war aber trotzdem innerhalb von Sekunden durchnässt, seine Hosenbeine waren mit Schlamm bespritzt.

„Ich habe das Gefühl, wir müssen uns das hier mal aus der Nähe ansehen“, entschuldigte sich Johanne, als sie Cords vorwurfsvollen Blick sah. „Schau, hier verläuft die Straße vom Temmen-Hof zu der Weide.“ Tapfer versuchte sie den Regen zu ignorieren, der ihrer Fönfrisur soeben den Garaus machte. „Und von dort aus, wo der Wagen steht, muss die Brinkema mit dem Fahrrad gekommen sein. Vielleicht hatte sie einen Unfall? Es gibt eine Menge landwirtschaftliche Betriebe hier in der Gegend. Wurde sie von einem Traktor angefahren?“ Johanne dachte laut nach, lief vom Auto auf die Straße und zurück auf den Plattenweg.

Cord blieb in der Nähe des Wagens, machte ein wichtiges Gesicht und nestelte an dem dünnen Seil, das als Sperre dienen sollte. „Dass die Kühe sich von so etwas aufhalten lassen, wundert mich“, sagte er. „Haben die Bauern so wenig Geld, dass sie sich nicht einmal vernünftiges Flatterband leisten können? Wie dem auch sei, ich bin jetzt nass genug.“ Er wandte sich wieder dem Auto zu.

Johanne rutschte ebenfalls auf ihren Sitz und streifte ihre nasse Regenjacke ab. Plötzlich hielt sie inne und schlug sich mit der flachen Hand vor den Kopf. „Cord, wir sind Pappnasen!“, rief sie. „Uns wurde gestern die Lösung auf dem Präsentierteller angeboten, und wir – ja, gut, also ich – ich war blind vor lauter Ärger über dieses vorlaute Mädel.“

Cord versuchte vergeblich, ein intelligentes Gesicht zu machen.

„Ich erkläre es dir, Cord. Also, dieses Mädchen muss allein die Kühe umweiden. Die Mutter ist krank, wahrscheinlich gemütskrank, wenn man bedenkt, dass sie auf einer Müllhalde lebt und ihr Kind Scarlett nennt, und der Vater ist ein Trinker. Was meinst du, wie oft ich selbst als Kind sagen musste: Das geht jetzt nicht, Papa schläft.“ Johanne lachte gekünstelt. „Voll wie ein Eimer war der! Nun weiter. Das Mädchen macht auf dem Hof die Arbeit. Stell dir vor, mit fünfzehn Jahren bewirtschaftet die praktisch alleine den Hof. Sie muss morgens und abends die Küche umweiden.“

„Warum werden denn die Kühe jeden Tag hin und her gescheucht?“, warf Cord ein. „Ist das Jogging für Tiere, oder was?“

„Ach Cord, du hast keine Ahnung von Landwirtschaft. Wo lebst du, in New York? Morgens nach dem Melken kommen die Kühe auf eine Weide, auf der es frisches Gras gibt, und abends zum Melken werden die Tiere wieder zum Hof geholt. Dazu wird das Seil gespannt, das wir hier gerade gesehen haben, damit die Süßen nicht einfach abhauen. Und nun macht Scarlett einen Fehler. Vielleicht ist sie nicht bei der Sache oder sie ist müde, auf jeden Fall vergisst sie abends das Seil wegzunehmen. Und als sie später – alleine oder mit einem Freund – noch mal zu ihrem Versteck unter dem Holunderbusch am Wanderweg fahren will, sieht sie die Brinkema dort liegen. Die arme Frau ist mit dem Messer in der Hand den Wanderweg entlanggeradelt, um Holunderbeeren oder Wildkräuter zu sammeln, hat das Absperrseil zu spät gesehen, ist gestürzt und hat sich das Messer in den Hals gerammt. Peng, aus.

Nun musst du dich in Scarlett hineinversetzen: Sie weiß, dass sie den Unfall verschuldet hat, und sie erinnert sich an die Geschichte mit den Windmühlen, befürchtet, dass ihr Vater Ärger bekommen könnte und beschließt, die Frau zu verstecken. Sie holt sich den Viehanhänger, schleppt das Opfer hinein – kräftig genug ist sie ja – und bringt die Tote zu einem, wie sie weiß, sicheren Versteck. Und wir beide, mein lieber Cord, haben gestern praktisch neben dem Fahrrad gestanden und es nicht gesehen. Na, hast du's?"

Cord runzelte die Stirn, dann hellte sich seine Miene auf. „Du meinst den Schrotthaufen auf dem Hof? Na klar. Das Messer finden wir wahrscheinlich auch dort."

Im nächsten Augenblick stand Scarlett vor dem VW. Sie bot ein Bild des Jammers in ihrem verwaschenen Anorak und den dreckigen Stiefeln. Der Regen rann ihr über das hübsche Gesicht. Wortlos drehte sie sich um und stapfte zum Haus. Johanne und Cord folgten ihr im Schritttempo. Sie schwiegen jetzt, nur der Scheibenwischer surrte monoton.

Johanne war müde. Sie sehnte sich nach einem dunklen Bier im Bagbander Brauhaus. Ein paar alte Schulfreunde anrufen, einfach mal einen trinken gehen. Ein bisschen Spaß haben. Und vielleicht, vielleicht würde Mario am Stammtisch sitzen und sagen: „He, Johanne. Lange nicht gesehen."

Christiane Franke

Der Tod kommt nach Hooksiel

„Scheißwetter“, schimpfte Kriminaloberkommissarin Oda Wagner, als sie auf dem Parkplatz am Hooksieler Hafen anhielt. Es goss wie aus Kübeln an diesem Septembermorgen und der sonst idyllische Hafen wirkte trostlos. Nur ein Kutter, dessen Tauwerk im Wind schlenkerte, und ein paar kleine Segelboote lagen an der Kaimauer.

Oda zog sich die Kapuze ihrer Regenjacke über den Kopf. „Auf in den Kampf, Niesteit“, sagte sie zu ihrem Kollegen und öffnete die Tür. Am *Packhaus* vorbei liefen sie links in den schmalen Weg, der zum Deich führte. Rot-weiße Absperrbänder versperrten Unbefugten den Zutritt. Linker Hand schützte eine alte rote Flutmauer die dahinter liegenden Häuser vor neugierigen Blicken, und Unkraut hatte sich zu beiden Seiten des ausgetretenen Steinwegs breit gemacht.

Nieksteit konnte wie üblich nicht mit Oda Schritt halten, sondern lief wie ein treuer Hund hinterher. Mit seiner roten Mähne erinnerte er ein wenig an Pumuckl, nur dass ihm dessen Elan fehlte.

„Und ich will übermorgen nach Spiekeroog. Da wird es wohl nichts mit langen Spaziergängen.“ Oda schüttelte den Kopf.

„Na, erst mal müssen wir uns um die Leiche kümmern. Vielleicht fällt Spiekeroog für dich ja sowieso flach.“ Nieksteit grinste.

„Das hättest du wohl gern.“

Im Gang herrschte reges Treiben. Die Kollegen der Kriminaltechnik suchten in ihren weißen Schutzanzügen die Umgebung nach Spuren ab. Bei einem kleinen, runden Weißgekleideten blieb Oda stehen. „Na, Gerd, alles im Griff?“

„Klar. Dr. Krüger ist fast fertig, die Digitalfotos könnt ihr gleich mitnehmen, nur die photogrammetrische Untersuchung …“ Gerd Manssen, Chef der Kriminaltechnik, hob die behandschuhten Hände.

„Ich weiß. Die dauert noch.“ Oda nickte und zog sich ebenfalls Einweghandschuhe über. „Was hat der Doc gesagt?“

„Erdrosselt.“

„So. Dann geh ich am besten mal rüber.“ Oda stieg über einen Arbeitskoffer und drängte sich an zwei Kollegen vorbei. Die Leiche lag am Ende des Weges unter einer Kastanie inmitten von Brennnesseln.

„Und?“, fragte sie.

Der Arzt drehte sich um. An seinem haarlosen Kopf liefen Regenspuren hinunter, die knallrote Regenjacke wirkte fehl am Platz.

„Erstickt durch Abklemmung der Karotiden.“

„Also erdrosselt.“

„Genau. Der Mann wurde erdrosselt.“ Dr. Krüger kniete sich neben das Opfer und deutete auf dessen Hals. „Die Drosselmarke ist zwar nicht ganz so ausgeprägt, doch sehen Sie hier die Punktblutungen? Ich schätze, bei der Obduktion werden sich Blutungen in der Halsmuskulatur und Brüche des Kehlkopfskeletts zeigen. Die Lederkette, die er trägt, war auf keinen Fall das Tatwerkzeug, die hätte deutlichere Spuren hinterlassen.“

„Na klasse.“ An Details war Oda im Moment nicht interessiert. „Wie sieht's denn mit der Todeszeit aus?“

„Tja, anhand der *livores* und des *rigor mortis* …“

„… der Leichenflecke und der Totenstarre … Ich bin's nur, Dr. Krüger, ist sonst keiner da, den Sie beeindrucken müssen.“ Oda verlor langsam die Geduld. Dieser arrogante Schnösel. Zwei Mal schon hatte sie ihn an Tatorten getroffen und stets warf er mit seinem Fachchinesisch um sich, als ob die Beamten keine Ahnung hätten. Wichtigtuer. Oda nahm an, dass er sich die Glatze nur hatte rasieren lassen. Bei dem

Milchbubigesicht würde man ihn sonst glatt für einen Studenten halten.

Krüger lachte kurz auf. „Ja ja, ich weiß schon. Sehen Sie es mir nach, ich bin von jeder Leiche fasziniert."

Wirklich ein Arschloch, dachte Oda, jede Leiche war bis kurz vor deinem Erscheinen ein Mensch.

Doch sie fragte nur: „Also?"

„Also. Ich gehe davon aus, dass er zwischen vier und sieben Stunden tot ist. Die Starre der Beine hat noch nicht eingesetzt." Zum Beweis hob er den Fuß des Opfers an und ließ ihn unsanft wieder fallen. „Genaueres sage ich Ihnen nach der Obduktion." Er packte seine Sachen zusammen.

„Okay." Oda kniete sich neben den Toten, wobei sie auf dem Weg blieb, um keine Abdrücke zu hinterlassen. Der Mann lag knapp neben den ausgetretenen Steinen, direkt neben einem Hundehaufen zwischen Brennnesseln und Gras. Er musste Ende sechzig sein. Seine gesamte Erscheinung wirkte gepflegt, die Hände ließen vermuten, dass er nicht körperlich gearbeitet hatte. Schreibtischarbeit vielleicht. Oder Dozententätigkeit. Vielleicht Arzt? Oda verzog die Mundwinkel. Etwa Pathologe? Sie betrachtete die Lederkette, von der Krüger gesprochen hatte. An dem abgenutzten Band hing ein schweres, silbernes Kreuz mit einem roten Stein in der Mitte. Passte eigentlich überhaupt nicht ins Bild. Ohne sich umzuwenden, rief sie: „Hat schon jemand seine Personalien?"

Nieksteit stieg über die Hindernisse der Spurensicherung näher, seinen kleinen Schreibblock columbomäßig in der Hand, den Stift hinterm Ohr.

„Ja, er hatte sein Portemonnaie in der Gesäßtasche. Alexander Janßen, wohnhaft in Hooksiel, Alten Deich 7d. Ist, äh, war vierundsiebzig Jahre alt."

„Ist schon jemand zu seiner Wohnung unterwegs?"

„Ja."

„Wer hat ihn gefunden?"

„Ein Hundebesitzer. Der macht hier jeden Morgen um sechs die Runde. Viel hat er nicht zu berichten, nur, dass er bei seinem letzten Rundgang gestern Abend um halb elf noch über keine Leiche gestolpert ist. Er wohnt gleich hier." Nieksteit zeigte auf ein grau verputztes Haus direkt hinter der Hecke.

„Krüger hat etwas von einem Strangwerkzeug gesagt. Habt Ihr das schon gefunden?"

„Bisher nicht. Jede Menge Müll; du glaubst ja gar nicht, was die Leute so alles in die Botanik schmeißen, aber kein Seil, Tau oder sonst was. Die von der Spurensicherung werden noch einige Zeit zu tun haben, bevor sie was finden. Wenn sie etwas finden."

Wie auf Kommando trat Manssen auf sie zu. „Also, wenn es euch nichts ausmacht, wir hätten jetzt gern das Feld für uns. Ich melde mich über Handy, wenn wir hier fertig sind."

„Tja, dann wollen wir mal." Oda öffnete die schmiedeeiserne Pforte. Janßens Haus lag ein Stück zurück. Die grauen Kieselsteine knirschten, als sie zur Tür gingen. Dahlien und Herbstastern blühten, ein künstlicher Reiher spie Wasser in einen kleinen Teich. Nur wenige Sekunden, nachdem sie geklingelt hatten, wurde die Tür von einem Kollegen in Uniform geöffnet.

„Da sind Sie ja, Frau Wagner."

„Moin, Schmidt."

„Kommen Sie rein. Ich habe die Tochter informiert, Esther Janßen, sie ist rübergekommen und sitzt im Wohnzimmer. Eine Ehefrau gibt's nicht mehr."

Niekstein und Oda folgten dem Uniformierten durch eine kleine Diele in den Wohnraum, in dem eine Frau von Ende zwanzig in Jeans und rotem Strickpulli am Fenster stand. Schmidt übernahm die Vorstellung.

Nachdem sie sich gesetzt hatten, fragte Oda: „Frau Janßen, haben Sie eine Ahnung, wer Ihren Vater getötet haben könnte?"

„Nein." Offenkundig hatte sie noch nicht begriffen, was geschehen war. „Ich meine, warum soll jemand meinen Vater umbringen? Er hat seit dem Tod meiner Mutter zurückgezogen gelebt, da war nichts Besonderes. Sicher, er war ein Sturkopf, in altem Denken verhaftet, aber ist das ein Grund, ihn umzubringen? Nein, ich kann Ihnen nichts sagen. Vielleicht war er das Opfer eines Überfalls?"

„Unwahrscheinlich. Er hatte seine Papiere und auch sein Geld noch bei sich."

„Aber warum dann? Was hat jemand davon, meinen Vater zu … töten?“ Esther Janßen wischte sich mit dem Handrücken die Tränen ab, den Blick ins Leere gerichtet.

„Tja, das ist die Frage.“ Oda stand auf. „Vielleicht fällt Ihnen ja noch etwas ein. Ich lasse Ihnen meine Karte hier, Sie können mich jederzeit anrufen.“

„Komische Tante, die Tochter“, sagte Niesteit, als sie im Besprechungszimmer der Polizeiinspektion Wilhelmshaven saßen. Außer Oda und Niesteit waren der Leiter der Polizeiinspektion, Hauptkommissar Siebelt, und Gerd Manssen anwesend.

„Tja, viel hat sie uns wirklich nicht sagen können.“ Oda malte Männchen auf ihren Notizblock. „Ist vielleicht noch der Schock.“ Sie wandte sich an Manssen: „Habt ihr schon mehr? Verwertbare Spuren? Das Tatwerkzeug?“

Manssen schüttelte den Kopf. „Wir haben alles eingesammelt, was rumlag, außer der Hundescheiße, aber einen klaren Hinweis haben wir noch nicht.“

„Fingerabdrücke?“

„Keine. Die Sachen des Opfers werden gerade untersucht, vielleicht werden wir da ja fündig. Faseranhaftungen oder Ähnliches. Unter den Fingernägeln des Toten haben wir aber etwas gefunden. Wird gerade ausgewertet.“

„Steht der Termin für die Obduktion schon fest?“ Der korpulente Siebelt sah Oda über seine randlose Brille hinweg an.

„Heute Nachmittag. Krüger rief gerade an und meinte, er könnte die Sache vorziehen.“

„Gut. Wer von euch ist dabei?“

„Niesteit. Ich war das letzte Mal dran. Um eine Obduktion reiße ich mich nicht gerade.“

„Na ja.“ Siebelt hievte sich von seinem Stuhl. „Ich muss dann jetzt, habe noch einen Termin außer Haus.“ Oda blickte ihm hinterher. Ständig hatte er außer Haus Termine, sie wunderte sich, wie er es dennoch schaffte, nicht nur alles zu koordinieren, sondern auch stets informiert zu sein.

Oda Wagner lag gemütlich auf der Couch, ein Gläschen Rotwein und ein Brot mit Käse vor sich, als ihr das Kreuz wieder einfiel, das der Tote um den Hals getragen hatte. Passte eindeutig nicht ins Bild. Mist, warum hatte sie nicht daran gedacht, Esther Janßen zu fragen. Sie griff zum Telefon.

„Janßen“, hörte sie die verschniefte Stimme am anderen Ende.

„Wagner. Frau Janßen, ich hab da noch mal eine Frage. Besaß Ihr Vater ein silbernes Kreuz mit rotem Stein in der Mitte?“

„Ja. Es hängt in seinem Schlafzimmer.“

„Er hat es nicht getragen?“

„Nein, nie.“

„Merkwürdig. Als er gefunden wurde, trug er es. Wissen Sie, wo er es her hat? Es scheint so gar nicht zu ihm zu passen.“

„Keine Ahnung. Es hängt da, seit ich denken kann. Und getragen hat er es wirklich nie. Aber ich habe ihn auch nie danach gefragt.“ Esther Janßen stockte einen Moment. Als sie weitersprach, weinte sie. „Wissen Sie, Frau Wagner, man meint immer, man hätte alle Zeit der Welt. Nichts könnte passieren und alles würde immer so weiter laufen. Schließlich war mein Vater ja erst Anfang siebzig. Wer rechnet da mit dem Tod? Wir haben uns in letzter Zeit öfter mal gestritten. Wegen der Kinder. Er meinte, ich ginge nicht hart genug mit ihnen um. Und er hätte bei seinem Zwillingsbruder gesehen, wohin das führt. Den habe ich aber nie kennen gelernt, er ist schon lange vor meiner Geburt gestorben. 1972 oder so. Ich habe meinem Vater immer wieder gesagt, dass es heute anders ist mit den Kindern, aber er wollte nicht verstehen. Hätte ich ihn doch einfach nur reden lassen.“ Das Weinen wurde heftiger. „Unser letztes Treffen endete nicht sehr harmonisch. Und nun kann ich ihm nicht mehr sagen, wie lieb ich ihn habe.“

„Frau Janßen.“ Oda griff zu ihrem Weinglas, trank einen Schluck und ließ Esther noch einen Augenblick weinen. „Können Sie morgen um halb neun in der Wohnung Ihres Vaters sein? Ich möchte gern noch einmal hinein.“

Als Oda den Hörer auflegte, dachte sie erneut an das Kreuz. Warum hatte Janßen es ausgerechnet am Mordabend umgehabt? Sie nahm ihr Glas, schenkte es noch einmal voll und ging an ihren PC.

„Ja, und dann habe ich die halbe Nacht im Internet recherchiert“, sagte Oda am nächsten Morgen zu Niekteit und Siebelt, als sie bei Kaffee und Keksen im nüchtern gehaltenen Besprechungsraum zusammensaßen. „Herausgekommen ist Folgendes: Es gab in den Sechzigern eine kleine Sekte, die ‚Kinder Gottes', deren Anhänger ein silbernes Kreuz mit rotem Stein trugen. Der Anführer nannte sich Daniel, was soviel heißt wie ‚Gott richtet'. Anfang der Siebziger löste sich die Sekte auf, weil Daniel überraschend verschwand.“

„Du meinst, hier könnte das Motiv liegen?“, fragte Siebelt.

Oda nickte. „Ich bin sicher. Die Tochter sagte, Janßen hätte das Kreuz nie getragen. Und doch hatte er ein Kreuz um. Aber es war nicht das, von dem Esther Janßen sprach. Das hing ordentlich dort, wo es immer hing. Beide sehen völlig gleich aus. Also haben wir hier einen klaren Hinweis. Und nebenbei“, triumphierte Oda, „gab es im Safe ein altes Tagebuch. Geführt von Daniel. Ich habe es den Kollegen der Kriminaltechnik gegeben, damit alle Zweifel ausgeräumt werden. Also?“

„Na ja“, meinte Siebelt, „zumindest hätten wir die Vergangenheit des Herrn Janßen geklärt. Aber ob nach so vielen Jahren dort noch das Motiv zu finden ist?“

„Genau das werden wir jetzt herausfinden, Chef. Die bisherigen Ergebnisse der Kriminaltechnik hab ich in der Tasche. Janßen hatte Partikel schwarzen Leders unter seinen Fingernägeln. Er hat sich gewehrt, also wird es irgendwo eine Lederjacke oder Ähnliches geben, an der Abwehrspuren zu finden sind. Wenn ich die ‚Kinder Gottes' ins Zentrum der Tat stelle, dann wird der Mörder kein Hooksieler sein, sondern ein Kurzzeitgast, der nur für diesen Mord an die Küste gekommen ist. Mit den Hooksieler Hotels hat Niekteit schon telefoniert, dort gibt es nur eine Person, die in Frage käme. Und die knöpfen wir uns jetzt mal vor.“

„Na, dann wollen wir mal hoffen, dass du wirklich den richtigen Riecher hast. Sonst fangen wir wieder ganz von vorne an.“ Niekteit warf ihr vom Beifahrersitz aus einen schrägen Blick zu.

„Klar, positiv denken.“ Oda verließ die Bundesstraße und

musste die Geschwindigkeit drosseln, denn im Hooksieler Ortskern war Tempo 30 vorgeschrieben. Wieder parkten sie am alten Hafen, der heute ein angenehmeres Bild bot. Der Himmel war zwar bewölkt, aber bestimmt würde es nicht lange dauern, bis die Sonne zum Vorschein kam. Oda lächelte, als sie an den bevorstehenden Spiekeroog-Aufenthalt dachte. Es versprach bestes Inselwetter zu werden. Nicht zu warm, nicht zu kalt, ein wenig Sonne, genau richtig für lange Spaziergänge an der Wasserkante.

Sie liefen durch das Sieltor auf die Hauptstraße, bogen links ab und sahen an der kleinen Kreuzung gegenüber das Hotel *Alte Schneiderei*. Rötliches Weinlaub rankte vom Boden bis an den Giebel. Durch die dunkle Holztür betraten sie das Innere, zückten ihre Dienstausweise und stellten sich vor.

„Wir haben telefoniert“, sagte Oda, „es geht um die einzelne Person, die seit drei Tagen hier wohnt. Die Frau ist doch noch nicht wieder abgereist?“

„Nein“, sagte die junge Rezeptionistin, „doch vorhin bat mich Frau Hugendorf, ihre Rechnung fertig zu machen.“

„Na, dann kommen wir ja gerade richtig“, meinte Niksteit.

„Welche Zimmernummer?“, fragte Oda.

„Einhundertdreizehn. Erster Stock.“

„Kripo Wilhelmshaven“, sagte Oda, als sich die Zimmertür auf ihr Klopfen hin öffnete.

Vor ihnen stand eine große dunkelhaarige Frau, deren Kurzhaarschnitt männlich gewirkt hätte, wären nicht der grellrote Lippenstift und das schwarz-weiße Tweedkostüm gewesen. Oda musste ein wenig zu der Frau aufblicken, obwohl sie mit ihren ein Meter siebzig auch nicht gerade klein war.

„Frau Hugendorf?“

„Ja?“ Mit verärgerter Miene trat die Frau zurück. Oda und Niksteit folgten. Auf dem ungemachten Hotelbett lag ein halb geschlossener Koffer, ein schwarzer Ledermantel war achtlos danebengeworfen.

Bingo, dachte Oda. „Sie wollen Hooksiel schon verlassen?“

„Ja, ich habe meine Angelegenheiten hier erledigt.“

„Die Angelegenheit Janßen?“ Oda steckte die Hände gelassen in ihre Jackentasche. Aus den Augenwinkeln nahm sie Nieksteits Nicken wahr.

„Was …? Wie ..?“ Frau Hugendorfs Hände spielten mit einem weißen Seidenschal.

„Frau Hugendorf, ich nehme Sie fest unter dem dringenden Verdacht, vorletzte Nacht Alexander Janßen ermordet zu haben.“

„Wie bitte?“ Der Ärger gewann wieder die Oberhand, der Schal wurde auf den Koffer geworfen.

„Frau Hugendorf, jegliches Leugnen ist zwecklos.“ Oda ging zum Bett, nahm den Mantel und hielt der Frau die Ärmel entgegen, auf denen deutliche Kratzspuren zu sehen waren. „Die kleinen Partikel, die hier fehlen, haben wir unter den Fingernägeln des Toten gefunden. Es wird eine Kleinigkeit sein, diese Spuren Ihrem Mantel zuzuordnen. Und dies …“, Oda ließ den Mantel aufs Bett zurückfallen und deutete auf den Seidenschal, „… dies wird wohl das Tatwerkzeug sein. Warum musste Alexander Janßen sterben, Frau Hugendorf?“

Im Gesicht der Dunkelhaarigen arbeitete es. Dann verschränkte sie die Arme vor der Brust und trat zum Fenster. Genau in dem Moment, als Eva Hugendorf sich zu Oda und Nieksteit umdrehte, kam die Sonne durch die Wolkendecke und ließ die Gestalt am Fenster erglühen wie auf einem alten Gemälde.

Ihre Stimme war voller Zorn, als sie anfing zu sprechen. „Alexander Janßen? Ich habe keinen Alexander Janßen umgebracht. Ich habe Daniel getötet. Den Sektenführer Daniel, der meiner Mutter und mir alles genommen hat. Lange hat es gedauert, ihn aufzuspüren, aber nun habe ich es geschafft.“

Ihre Gestalt straffte sich. „Ich war noch ganz klein, als mein Vater Daniel über den Weg lief. Dieser hinterhältige Pseudopriester! Mein Vater hatte kurz zuvor geerbt, nicht unerheblich geerbt. Er war jung und unerfahren und ließ sich schnell von Daniel einwickeln. Meine Mutter war beunruhigt, doch Daniel gewann immer mehr Einfluss auf meinen Vater. Meine Eltern entfremdeten sich immer mehr, letztlich tat und sagte mein Vater nur noch, was Daniel ihm eingetrichtert hatte. Er überschrieb Daniel alles, was er besaß – und kam kurze Zeit später unter ungeklärten Umständen ums Leben. Ich weiß, dass Daniel dahinter steckte.“

Sie atmete tief durch. „Unser Leben änderte sich drastisch. Jeden Abend drückte mir meine Mutter das Silberkreuz, das mein Vater von Daniel bekommen hatte und das er seitdem immer trug, in die Hand. Und statt eines Schlafliedes bekam ich zu hören: ‚Das alles hat Daniel uns angetan. Daniel ist schuld, dass wir so leben müssen.' Zwei Jahre lang. Dann hat meine Mutter sich aufgehängt. Verstehen Sie?"

Die Frau schrie nun. „Daniel hat mir nicht nur den Vater genommen, nicht nur eine gesicherte Existenz, er nahm mir auch noch die Mutter!" Dann verstummte sie kurz, um etwas ruhiger fortzufahren: „Der einzige Gedanke, der mich seit meiner Kindheit beherrschte, war Rache. Rache an Daniel. Irgendwann habe ich angefangen, ihn zu suchen. Es hat lange gedauert, er hatte seine Spuren gut verwischt. Doch ich habe ihn gefunden."

„Und dann haben Sie …"

„Der Rest war nicht schwer. Ich bat ihn telefonisch um ein Gespräch, doch er weigerte sich. Ich würde mich irren, sagte er. Da stand mein Entschluss fest. Ich habe mich hier einquartiert und ihn zwei Tage lang beobachtet. Jeden Abend um elf machte er einen Spaziergang. Ging immer den gleichen Weg. Es war ganz leicht. Ich habe mich ihm in den Weg gestellt und ihn angesprochen. Wieder hat er gesagt, es handle sich um einen Irrtum. Als ich jedoch das Kreuz herauszog, sagte er nichts mehr. Da habe ich meinen Schal genommen und, nun ja, den Rest kennen Sie." Nicht eine Spur des Bedauerns lag in ihrer Stimme.

Als sie mit Eva Hugendorf auf dem Rücksitz Richtung Wilhelmshaven fuhren, klingelte Odas Handy. Manssen war am Apparat.

„Oda, wir haben das Tagebuch und die Kreuzkette aus Janßens Haus untersucht. Das Tagebuch stammt eindeutig nicht aus seiner Feder, wohl aber wird Alexander beiläufig erwähnt. Sektenführer Daniel war Alexander Janßens Zwillingsbruder."

Kai Engelke

Endstation Labyrinth Idafehn

„In Gegenden, wo die Künste geblüht haben, sind auch die schönsten Menschen gezeugt worden.“
(Joachim Winckelmann)

Rein äußerlich hätte Meino der verschollene Stiefbruder Albert Einsteins sein können. Seine wirren weißen Haare schienen ständig unter Strom zu stehen, sie zeigten in alle erdenkliche Richtungen, das genaue Gegenteil dessen, was ein anständiger Bürger unter einer korrekten Frisur versteht. Unter Meinos Nase hing schon seit ewigen Zeiten dieser wuschlige Schnauzbart, borstig und im Grunde völlig nutzlos, wie Schnauzbärte nun einmal sind. Meinos Augen waren denen eines Wildschweins nicht unähnlich: klein, wach und ungeheuer flink. Ein Netzwerk tiefer Falten durchzog das gesamte Gesicht, deutlich sichtbare Spuren eines mittlerweile sechs Jahrzehnte währenden Erdendaseins. Unüberhörbar waren Meinos knarzende Stimme und, jede normale Geräuschkulisse dominierend, sein Lachen.

Als müsse er sich immer wieder seiner eigenen Gegenwart und der seiner jeweiligen Gesprächspartner vergewissern, redete und lachte Meino ununterbrochen, so dass die Funktion des Gesprächspartners eigentlich mit der Tätigkeit eines Monologempfängers treffender bezeichnet wäre.

Am liebsten und häufigsten redete Meino über seine Frau Marie. Immer sprach er mit größter Hochachtung von ihr, lobte überschwänglich ihre künstlerischen Fähigkeiten – sie betätigte sich als Malerin – und äußerte sich auch schon einmal besorgt über ihren angegriffenen Gesundheitszustand, um bei der nächsten Gelegenheit freudestrahlend von ihren gesundheitlichen Fortschritten zu berichten. Seine Frau Marie schien der absolute Mittelpunkt seiner Welt zu sein. Dabei führte auch er ein interessantes Leben, war Direktor einer ländlichen Volkshochschule im Ostfriesischen und Verfasser mehrerer ornithologischer Fachbücher, die bei Vogelkundlern im ganzen Land auf großes Interesse und ungeteiltes Wohlwollen gestoßen waren. Man erzählte, er habe in seinen frühen Jahren in einem großen Verlag eine der ersten Bertolt-Brecht-Biografien herausgegeben. Meino war vor knapp zwei Jahren aus Leer nach Idafehn zugezogen.

Doch von sich und seinen Interessen gab Meino so gut wie nie etwas preis, beantwortete nur hin und wieder unwillig und knapp entsprechende Fragen, die er als unangebrachte Neugier empfand, um die Aufmerksamkeit sogleich wieder von seiner Person weg und auf die seiner Frau zu lenken. Meino war im Grunde ein geselliger Zeitgenosse, der gern unter Menschen ging, ganze Gesellschaften blendend unterhalten konnte und keinerlei Schwierigkeiten hatte, auf Fremde zuzugehen, um neue Kontakte zu knüpfen.

Der Einzige, den er näher an sich heran ließ, war Helmut Rettich, der aus dem Ruhrgebiet zugezogene Aktions- und Lebenskünstler. Rettich hatte einige Ähnlichkeit mit dem berühmten Kunstprofessor Joseph Beuys, mit dem er sogar befreundet gewesen sein soll und zu dessen Ehren er vor Jahren in seinem Garten ein Labyrinth aus Berberitzenhecken angelegt hatte. Da saßen die beiden Seelenverwandten, Helmut und Meino, manchmal auf einer kleinen Holzbank am Teich in Rettichs verwildertem Garten und plauderten über Gott und die Welt. In dieser Umgebung gelang es Meino sogar, seinen Hang zum Monologisieren zu zügeln. „Teichgespräche“ nannten sie diese von den übrigen Dorfbewohnern eher misstrauisch beäugten Zusammenkünfte. Wer wusste schon, was die dort zu bereden hatten?

***

Der schmächtige Fahrschullehrer Jan Schmölders war der Erste, der, eine der seltenen Redepausen Meinos geschickt ausnutzend, eines Tages in Jansens Gaststätte offen aussprach, worüber andere sich schon seit längerer Zeit hinter vorgehaltener Hand gewundert und ausgetauscht hatten.

„Sach mal, Meino, du erzählst uns immer so viel von deiner Frau. Weshalb bringst du sie dann nie mit?"

Meino ließ seine Wildschweinäuglein aufblitzen, sein Schnurrbart zitterte leicht, für einen kurzen Moment schien er so verwirrt zu sein wie seine wild vom Kopf abstehenden Haare. Doch fasste er sich schnell und antwortete prompt: „Na, ihr wisst doch, sie kann keinen Tabaksqualm vertragen. Da reagiert sie ganz allergisch. Und außerdem ist Marie zurzeit stark erkältet." Das sollte für den Augenblick genügen.

Schon nach ein paar weiteren Worten, die gesundheitliche Labilität seiner Frau betreffend, schlug Meino den inhaltlichen Bogen seiner Ausführungen hin zu einer bevorstehenden, ungeheuer bedeutenden Ausstellung mit Bildern seiner Frau und den damit verbundenen Anstrengungen. Selbstverständlich trug Meino die Hauptlast der Verhandlungen, des Einpackens der Bilder, des Transports und sogar der Anordnung beim Hängen in der berühmten Hamburger Galerie. Lediglich die Auswahl der auszustellenden Bilder hatte Marie sich zugetraut.

Es war eine fremde Welt, die Meino seinen Zuhörern schilderte. Dennoch ließen sie ihn reden und hörten ihm aufmerksam zu.

„Aber bei so 'ner Ausstellungseröffnung – wo heit dat noch? – da wird doch auch geschmökt, oder nich?", gab Hannes Ostendörp, der Dorfschmied, zu bedenken.

War da so etwas wie Ungehaltenheit in Meinos Blick zu erkennen? „Du meinst eine Vernissage. Ja, normalerweise rauchen die Leute dort schon, das ist richtig. Aber lange nicht mehr so viel wie früher. Ich bitte die Gäste dann, aus Rücksicht auf Marie nicht zu rauchen, und dann verzichten die auch drauf. Das sind ja gebildete Leute, das ist in der Regel kein Problem."

Und schon im nächsten Satz dozierte Meino wieder über die künstlerisch anspruchsvollen Techniken und Themen der Bilder seiner Frau Marie.

***

Hannes Ostendörp, groß und massig, und der spillerige, kleine Jan Schmölders verließen Jansens Gasthof, um gemeinsam den Heimweg anzutreten. Ein Fußmarsch durch die kühle Luft würde ihnen gut tun. Ein Paar wie Asterix und Obelix. Von der anderen Seite der Hauptstraße her leuchteten ihnen grellblau die Lichter der Aral-Tankstelle entgegen. Hinter ihnen stand dunkel die Mühle vorm abendlichen Himmel. Sie überquerten die viel befahrene Straße und gingen in Richtung Idafehn-Nord.

„Sach ma, Hannes, hast du dem Meino seine Frau eigentlich schon mal gesehen?“, fragte Jan Schmölders seinen Weggefährten. Hannes Ostendörp ließ seine Augen rollen, um sein angestrengtes Nachdenken auch äußerlich zu unterstreichen, dann sagte er: „Nee, Jan, noch nie! Aber Bilder hab ich schon von ihr gesehen. So neumodisches Zeugs, auf dem man nix erkennen kann.“

Es folgte eine längere Pause, in der die beiden Männer schweigend nebeneinander her trotteten.

„Und du?“, fragte Hannes Ostendörp irgendwann zurück, „bist du ihr denn schon mal begegnet?“

„Nee, ick ok nich!“, sagte Jan Schmölders.

„Weißt du, was ich manchmal denke?“, fragte Jan seinen Kumpel nach einer Weile.

Der klappte fröstelnd seinen Jackenkragen hoch. „Nee, was denn?“

„Ich denke manchmal, dass der Meino überhaupt gar keine Frau hat. Ich hab da so ’n komisches Gefühl. Irgendwas stimmt da nicht.“

Ruckartig drehte Hannes seinen Kopf in Jans Richtung und musterte ihn tadelnd.

„Sach mal, spinnst du? Wie kommst du denn auf so ’n Blödsinn? Der Meino ist mit der Marie verheiratet, das weiß doch jeder!“ Hannes schien regelrecht empört zu sein, doch Jan ließ sich nicht beirren.

„Ja, das sagt er. Aber bist du der Marie schon mal in echt begegnet, ich meine so richtig persönlich?“

Hannes dachte einen Moment lang nach. „Nee, sach ich doch, dass ich sie noch nie gesehen hab. Die ist Künstlerin. Die arbeitet an ihren Bildern. Du weißt doch, Künstler sind irgendwie anders. Bisschen komisch sind die. Manchmal auch sehr menschenscheu."

„Da ist der Helmut Rettich doch ganz anders", widersprach Jan, „der kommt auch schon mal in 'n Krug und redet mit den Leuten und trinkt 'n Bier mit."

„Na ja, irgendwie komisch ist der aber auch. Immer mit sei'm schwarzen Hut, seiner abgewetzten Lederweste und dann dieses verrückte Labyrinth, was der da vor 'n paar Jahren angelegt hat. Und all diese klappernden Metallfiguren in sei'm Garten. Aber soll doch jeder nach seiner Fasson selig werden."

„Was? Was meinst du?"

„Egal, schon gut!"

„Ach, die ha'm sowieso alle ein PKS, diese Künstler und der Helmut Rettich ganz bestimmt!"

„Was soll das denn nun schon wieder heißen?"

„PKS! Kennst du nicht?", trumpfte Jan auf. „Das ist eine teuflische Krankheit vieler Berufskünstler. Psychokeramisches Syndrom, zu deutsch: Sprung in der Schüssel."

Hannes winkte unwillig ab: „Ach hör doch auf mit dei'm Quatsch!"

Die beiden spätabendlichen Fußgänger hatten auf der schnurgeraden Straße Richtung Ida-See schon ein gutes Stück zurückgelegt. Rechts und links der Straße lagen geduckt die Wohnhäuser, alle ziemlich dicht aneinander gedrängt, als wollten sie sich in der bedrohlichen Weite der Landschaft gegenseitig Schutz gewähren. Eine Gegend, so schön, da möchte man tot überm Zaun hängen, hatte Helmut Rettich mal gelästert. Hinter den erleuchteten Fensterscheiben erhaschten Hannes und Jan im Vorübergehen die eine oder andere Momentaufnahme dörflichen Familienlebens: Man saß am Küchentisch und trank, ein Farbfernsehgerät flimmerte bläulich, jemand verriegelte eine Tür, Vorhänge wurden zugezogen, Rollläden rasselnd heruntergelassen. Die Fehntjer bereiteten sich auf die Nacht vor.

Hannes Ostendörp verspürte eigentlich keinerlei Lust mehr, mit seinem Kumpan noch länger über seltsame Künstler und skurrile Volkshochschulleiter zu diskutieren. Doch andererseits hatte Jan einen Zweifel geäußert, den nun auch Hannes nicht mehr aus seinem Kopf zu vertreiben vermochte. Was hatte es mit Marie, Meinos Frau, auf sich? Wieso begegneten sie Meino fast täglich, niemals jedoch seiner Frau, die doch ganz offensichtlich eine so dominante Rolle in seinem Leben spielte? Gab es ein Geheimnis, von dem sie alle in Idafehn nichts ahnten?

„Woll'n wir noch 'ne Runde um den See dreh'n?“, fragte Hannes.

„Warum nicht?“, sagte Jan, und schon bogen sie ein auf das kurze Stück Richtung Ida-See.

„Was hältst du davon, wenn wir Meino einfach mal besuchen?“

„Wieso?“, fragte Jan.

„Na, um uns zu vergewissern, was mit seiner Frau los ist!“

„Du meinst, wir gehen einfach zu Meino, klingeln an der Haustür und fragen, ob wir seine Frau mal sehen dürfen?“

Etwas unwirsch schüttelte Hannes den Kopf, sein Gesichtsausdruck signalisierte Ungeduld. „Natürlich nicht so platt! Wir lassen uns was einfallen. Wir fragen zum Beispiel nach dem Volkshochschulprogramm oder noch besser sagen wir, dass einer von uns mit dem Malen anfangen will und ob Marie uns ein paar Tipps geben könnte.“

„Geniale Idee!“, lobte Jan, „so könnte es funktionieren.“

„Scheiße!“, schrie Hannes plötzlich und Jan zuckte vor Schreck zusammen.

„Mein Gott, so brüll doch nicht so. Du erschreckst mich ja zu Tode! Was ist denn los?“

„Was los ist? Guck dir meine Schuhe an, alles voller Hundekacke!“

„Scheiße“, sagte Jan.

„Sag ich doch“, murmelte Hannes, während er sich verzweifelt bemühte, im Schein einer Laterne seine Schuhe im feuchten Gras halbwegs vom stinkenden Hundekot zu befreien.

„Und ich dachte, die hätten von der Gemeinde extra einen Wachdienst eingestellt, damit diese ewige Hundekackerei hier am See endlich ein Ende hat“, schimpfte Hannes.

***

So, wie Hannes Ostendörp und Jan Schmölders es geplant hatten, setzten sie es auch in die Tat um. Schon am nächsten

Nachmittag standen sie bei Meino vor der Tür und baten um ein kurzes Gespräch.

„Herein in die gute Stube", sagte Meino gut gelaunt und wischte sich schwungvoll eine Haarsträhne aus dem Gesicht.

An den Wänden hingen großformatige Gemälde, wohl von Marie gemalt, es roch nach Ölfarben und Terpentin.

„Was führt euch zu mir? Wollt ihr mir den Kirchenboten vorbeibringen oder mir vielleicht ein Abo andrehen oder sammelt ihr gar Spenden für die Stiftung angeschossener Jäger?" Meino lachte blechern.

Der schwere Hannes Ostendörp ließ sich keuchend in einen der Sessel fallen, Jan Schmölders hingegen hockte sich auf die vorderste Kante eines zierlichen Biedermeierstuhls, der mit seiner äußerer Erscheinung vortrefflich harmonierte.

Meino war am Durchgang zur Küche stehen geblieben. „Was kann ich für euch tun, Männer? Wollt ihr etwas trinken? Bier, Wasser, Kaffee?"

„Nee, lass man, Meino. Eigentlich wollten wir nur mal eben deine Frau was fragen. Weißt du", sagte Jan, „ich habe nämlich vor kurzem mit dem Malen angefangen, und da dachte ich …"

„Was? Du?" Wieder ließ Meino sein meckerndes Lachen ertönen, was Jan keineswegs beunruhigte, da er tatsächlich weit von jeglicher künstlerischen Tätigkeit entfernt war und auch nicht im Traum vorhatte, diesen Zustand in absehbarer Zeit zu verändern.

„Marie, komm doch mal eben runter!", rief Meino glucksend, „der Jan will dir was Interessantes erzählen!"

Für einen Moment kreuzten sich die Blicke der beiden ungebetenen Besucher, was Meino jedoch verborgen blieb.

„Marie, wir haben Besuch! Komm doch mal kurz!"

Oben rührte sich nichts, alles blieb still.

„Marie? MARIE!"

Schweigend schauten sich Jan und Hannes an. Meino durchquerte den Wohnraum, an dessen anderem Ende sich eine Holztreppe befand, die ins obere Stockwerk führte. Zwei Stufen auf einmal nehmend, stürmte Meino die Treppe hinauf, recht schwungvoll für sein fortgeschrittenes Alter.

„Marie, bist du im Bad?" Man hörte, wie Meino verschiedene Türen öffnete und wieder schloss. Zwischendurch rief er immer wieder Maries Namen. Endlich erschien er oben auf der Balustrade, zog bedauernd die Schultern hoch und sagte: „Komisch, gerade war sie noch da. Vielleicht ist sie mal kurz an die frische Luft gegangen oder macht eine kleine Besorgung. Keine Ahnung."

Wieder sahen Hannes und Jan sich vielsagend an, erhoben sich und gingen zur Haustür.

„Wir kommen dann vielleicht später noch mal wieder", sagte Hannes, und schon standen beide wieder auf der Straße.

„Am besten, ihr schaut morgen wieder rein!", rief Meino ihnen aus einem der Fenster im oberen Stockwerk hinterher.

„Na, was sagst du jetzt?", meinte Jan, nachdem sie ein paar Schritte gegangen waren. „Glaubst du noch immer, dass bei dem alles mit rechten Dingen zugeht?"

„Ich weiß nicht. Komisch ist das irgendwie schon", murmelte Hannes. „Aber was ist mit den Bildern? Ich habe doch Maries Bilder gesehen." Und nach einer kleinen Pause: „Vielleicht ist sie ihm weggelaufen."

„Oder er hat ihr was angetan."

***

Am nächsten Tag klopften die beiden wieder an Meinos Haustür, schräg gegenüber der kleinen Grundschule.

„Moin, Meino! Ist deine Frau zu sprechen?"

Meino strahlte übers ganze Gesicht und machte eine einladende Handbewegung. „Na klar! Kommt rein. Marie! Hannes und Jan sind da! Kommst du mal eben?"

Oben auf der Balustrade erschien eine hübsche, dunkelhaarige Frau mit großen schwarzen Augen, sehr zierlich gebaut, wesentlich jünger als Meino. In der Hand hielt sie ein paar Pinsel. Ihr viel zu großer Kittel war mit Farbe bekleckert.

„Marie, das sind Hannes und Jan. Jan, Hannes – meine Frau Marie!"

„Hallo", flötete sie, „so lernt man sich also auch einmal kennen. Meino hat mir ja schon viel von euch erzählt. Was kann ich für euch tun?"

Die beiden Besucher standen mit heruntergeklappter Kinnlade im Wohnzimmer und brachten kein vernünftiges Wort hervor.

„Mein Kumpel, der Jan, der wollte eigentlich ...“

„Ach, im Grunde hat es sich schon erledigt, wir dachten nur ... Wir wollen auch nicht weiter stören, wir gehen dann mal wieder.“

Meino stand dabei und lächelte selbstzufrieden.

***

„Jan, ich kann mir nicht helfen: Ich hab die Frau schon mal gesehen.“ Nachdenklich kratzte Hannes sich am stoppeligen Kinn, während sie in Richtung Hauptstraße schlenderten.

„Mir kommt sie auch irgendwie bekannt vor“, überlegte Jan, „aber zusammen mit Meino habe ich sie bestimmt noch nicht gesehen, das hätte ich im Gedächtnis behalten. Und dieser Akzent ... Hast du gehört, wie sie spricht?“

„Klar habe ich das gehört, bin ja nicht taub! Lass uns bei Jansen ’n Bier trinken, vielleicht fällt uns dabei was Entscheidendes ein, wäre ja nicht das erste Mal.“

Unglücklicherweise betraten sie den Schankraum fast zur gleichen Zeit wie Harro de Buhr, den niemand im Dorf so recht leiden mochte. Er war ein griesgrämiger alter Stinkstiefel, der immer etwas zu meckern hatte, ständig hinter dem Rücken anderer Leute nicht gerade freundlich tratschte und große Freude dabei empfand, seinen Mitmenschen etwas am Zeuge zu flicken. Da Hannes und Jan die einzigen Gäste waren, setzte sich Harro de Buhr ausgerechnet an ihren Tisch. Sie bestellten drei Bier und warteten schweigend, bis der Wirt die vollen Gläser auf den Tisch stellte und sein übliches „Wohlsein!“ wünschte.

„Wir haben gerade Meinos Frau gesehen“, sagte Jan und verzog sein Gesicht augenblicklich vor Schmerz, da Hannes ihm unter dem Tisch einen kräftigen Tritt gegen das Schienbein versetzt hatte.

„So so, Meinos Frau habt ihr gesehen. Wie sieht sie denn aus, Meinos Frau?“, fragte Harro de Buhr lauernd.

Um einen weiteren Tritt zu vermeiden, schwieg Jan, wobei er seinem Gesicht einen beleidigten Ausdruck verlieh.

„Sie sieht wirklich gut aus!“, sagte Hannes, wohl um Harro de Buhr keinen Grund zum Lästern zu geben. „Zierlich, schöne schwarze Augen, dunkle Haare und mindestens fünfundzwanzig Jahre jünger als Meino. Außerdem hat sie einen niedlichen Akzent, stimmt 's, Jan?"

Jan entschloss sich, seinen Freund durch weiteres Schweigen zu bestrafen. Harro de Buhr hingegen stieß ein hämisches Lachen aus und schlug mit der Faust auf den Tisch, dass die Biergläser tanzten.

„Mann, seid ihr blöd!", sagte er so laut, dass der Wirt misstrauisch zu ihnen herübersah. „Wisst ihr, wen ihr in Wirklichkeit gesehen habt? Das war nicht Meinos Frau, das war Elena Kubicki. Die macht bei Meino einmal die Woche sauber, und wer weiß, für was der sie sonst noch bezahlt, der alte Bock! Und von wegen niedlicher Akzent – Polin ist die! Wohnt in Ostrhauderfehn. Meinos Frau! Ich lach mich tot! Prost!" Er trank sein Bierglas leer und wischte sich den Schaum vom Mund.

Hannes und Jan sagten vorerst gar nichts mehr. In ihren Köpfen schossen die Gedanken hin und her und sie fühlten sich zunehmend unwohl in der Gesellschaft des alten Lästerers.

„Willi, bring mir noch 'n Bier!", rief Harro dem Wirt zu. Und, zu Hannes und Jan gewandt: „Jetzt will *ich* euch aber mal was erzählen, was ihr bestimmt noch nicht wisst. Bei dem alten Spinner, ihr wisst schon, beim Rettich in seinem Garten, da haben sie heute Vormittag eine Frauenleiche gefunden, die da wohl schon ziemlich lange vor sich hin gammelt. So, und nun kommt ihr. Mir kann keiner was vormachen! Meino ist doch genau so 'n Anarchist wie der Rettich. Solche sind zu allem fähig. Strauchdiebe! Da müsste man mal mit 'nem eisernen Besen auskehren! Wer weiß, was die mit der armen Frau gemacht haben?!"

Jan spürte, wie ihm speiübel wurde, und auch Hannes begann würgend zu schlucken. Das lag jedoch weniger an der sensationellen Nachricht vom Leichenfund in Rettichs Garten, als vielmehr an der unangenehmen Art des Harro de Buhr.

„Hannes, ich geh dann mal nach Hause", sagte Jan, stand auf, ging zur Theke und zahlte die beiden Biere für sich und seinen Freund. Gemeinsam verließen sie die Gaststätte, froh, dem Bannkreis des bösartigen Grantlers entronnen zu sein.

„Hast du das mitgekriegt, was der blöde Hund gesagt hat? Das war überhaupt nicht Meinos Frau!", sagte Jan.

„Und die … und die Frauenleiche?“, stammelte Hannes, „ich hab da einen ganz entsetzlichen Verdacht!“

***

Nachdem Meino plötzlichen Besuch von einem nicht mehr ganz jungen, recht fülligen Kriminalhauptkommissar aus Leer bekommen hatte, an dessen Namen er sich nicht mehr erinnern konnte, der ihm ein paar merkwürdige Fragen gestellt hatte, beschloss er, seinen Freund Helmut aufzusuchen, um ihm etwas längst Überfälliges zu beichten.

„Ach, mein Guter“, sagte Helmut im Anschluss an Meinos Geständnis, „denkst du denn wirklich, dass ich das nicht schon längst wusste? Natürlich war mir klar, dass die Bilder von dir waren. Es haben auch schon männliche Autoren unter weiblichem Namen veröffentlicht, nachdem sie jahrelang mit ihrem richtigen Namen erfolglos geblieben waren. Und die Geschichte mit deiner fiktiven Frau? Ich habe sie dir gegönnt. Ich weiß, wie es ist, alleine zu leben.“

„Das hast du die ganze Zeit gewusst und nichts gesagt?“, fragte Meino ungläubig.

„Hätte es etwas zwischen uns geändert?“, fragte Helmut zurück. „Übrigens, dieser Kommissar aus Leer, wie war noch sein Name, Mahnke oder so, der war auch schon bei mir. Aber die Sache hat sich erledigt. Wir haben ziemlich gelacht.“

„Helmut, mir ist überhaupt nicht zum Lachen zumute. Weißt du, was die Leute im Dorf reden? Sie verdächtigen mich, meine Frau umgebracht zu haben!“

„Ja, ich weiß. Und dann hast du sie bei mir im Teich versenkt. Erzählt jedenfalls Harro de Buhr überall herum. Dem würde ich ’ne Beleidigungsklage anhängen. Guck doch mal in den Teich, dann weißt du Bescheid.“

„Das ist nicht wahr!“ rief Meino. „Sag, dass das nicht wahr ist!“

„Und ob das wahr ist! Irgendwann, bei einer unserer letzten Veranstaltungen hier, muss der idiotische de Buhr meinen steinernen Totenschädel im Teich gesehen haben oder es hat ihm jemand davon erzählt. Und dann hat er angefangen, eine seiner üblichen Verleumdungsgeschichten zusammenzuspinnen.“

„Lass uns ins Labyrinth gehen, das wirkt immer so beruhigend auf mich“, bat Meino.

Hintereinander, Helmut vorneweg, wanderten sie durch die engen Gänge des Labyrinths, immer darauf bedacht, nicht von den Dornen der Berberitzenhecken gestochen zu werden. Auf dem kleinen Platz in der Mitte des Labyrinths angekommen, hockten sie sich auf den Rand der hölzernen Bühne und ließen die Ruhe der Natur auf sich wirken.

„Hast du eigentlich Angst vor dem Tod?“, fragte Helmut in die Stille hinein.

„Weißt du, ich sehe das so“, sagte Meino, „unsere Körperzellen bestehen aus Atomen, die schon ewig da gewesen sind und die auch ewig bleiben werden. Und diese Atome, aus denen du gebaut bist oder auch ich, die waren in früheren Zeiten vielleicht schon einmal Teil einer Blume oder eines Baumes oder vielleicht sogar auch Teil eines Menschen. Und sie werden womöglich nach unserem Ableben wieder Teil einer Blume sein oder eines Baumes oder gar Teil eines Menschen.“

„Nichts geht verloren in dieser Welt. Alles kehrt in veränderter Gestalt zurück, immer wieder und immer von Neuem“, sagte Helmut.

Von weit her hörten sie Hundegebell und die Stimmen vieler aufgeregter Menschen, die offensichtlich etwas suchten oder jagten. Aber das war ihnen egal.

Maj Sjöwall/Jürgen Alberts

Hangover in Jever

Dies ist eine Geschichte für Bo Skog, meinen treuen Begleiter über fünfzehn Jahre, der so tragisch aus dem Leben verschwand. Kurz bevor er sein größtes Ziel erreicht hatte.

Bo war Fotograf. Er sprach nicht viel. Aber wenn, dann meistens in Reimen. Diesen Zweizeiler bekam ich in jedem Sommer zu hören, mindestens dreimal am Tag:

Immer wenn die Sonne lacht
Scharf gestellt und Blende 8.

Ach, ich habe mich ja noch gar nicht vorgestellt, ich heiße Rebecca Eng, Journalistin bei einer Zeitung, dessen Namen Sie gleich wieder vergessen sollten. Es ist die einzige Zeitung in Lycksele.

Was, Sie kennen Lycksele nicht? Da kommen doch jedes Jahr mehr Deutsche hin. Wegen des Goldes. Ja, tatsächlich, in Lycksele soll es mal eine Goldader gegeben haben. Die Einwohner haben Angst, dass ihnen die deutschen Touristen das Gold wegschnappen und eine eigene Company gründen. Und dann haben wir noch einen Tierpark, aber das nur nebenbei.

Lycksele nennt man auch Stockholm in Lappland, wirklich, das müssen Sie mir glauben, wir sind eine Großstadt. Hier oben im Norden, meine ich. 15 000 Einwohner. Mindestens. Die Ungeborenen schon mitgezählt.

Ist die Stadt auch noch so klein
Will sie doch bedeutend sein.

Wieder so ein Vers von Bo. Der konnte gut reimen. Wirklich. Und er fotografierte gerne die Luft. Nur die Luft. Manchmal war ein winziger Vogel auf dem Foto. Sonst nur Luft. Besonders gerne unsere saubere lappländische Luft. Aber Bo Skog musste jeden Tag Fotos machen, die ihm überhaupt nicht gefielen. *Storgatan* von unten, *Storgatan* von oben. *Storgatan* ist unsere Haupteinkaufsstraße, müssen Sie wissen. Fußgängerzone. Siebzig Meter lang. Wie gesagt, Stockholm in Lappland.

Lycksele bedeutet soviel wie *Lichtung, die sich zum ruhigen Wasser öffnet*. Und Wasser, kann ich Ihnen sagen, Wasser haben wir hier genug. Und Bäume. Tannen. Tannen. Tannen, soviel Sie tragen können. Dann gibt es noch Tiere: Elche, klar, jede Menge Wild, rotes, schwarzes, gelbes, und blaugelbes, aber das nur bei IKEA. Und Luchse. Letztes Jahr hat Bo mal einen Luchs fotografiert. War auf der Seite 1 unserer Hauptstadtzeitung abgebildet. Ganz toll. Und wie stolz Bo war.

Am besten du die Zeitung liest
am Ort, wo du die Leitung ziehst.

Der Vers wurde natürlich nicht abgedruckt. War ja nicht anders zu erwarten. Weil in Lycksele so wenig passiert – haben Sie schon gemerkt, was? – steht in der Zeitung immer das Gleiche.

Das hatten Bo und ich satt. Wir wollten ins echte Stockholm, zu *Dagens nyheter,* das ist eine richtige Zeitung. Und beinahe hätten wir es ja auch zusammen geschafft. Wenn er nicht plötzlich verschwunden wäre.

Jedes Jahr gibt es bei uns einen Wettbewerb. Wenn der Fluss, die *ume älv,* zugefroren ist, wird ein besonders großer Felsbrocken aufs Eis geschafft und jeder darf raten, wann er ins Wasser plumpst. Aber genau, bitte. Monat. Tag. Stunde. Minute. Einmal war ich ganz nahe dran. Ich hab gesagt: 1. April um 11 Uhr 11 – und wann krachte der blöde Fels ins Wasser? Genau zwei Tage später. Im April und Mai stehen die Lyckseler Stunde um Stunde an der *ume älv* und warten, dass was passiert. Manche haben dabei den Mund offen.

Versinkt im Fluss der schwere Stein
wirst du reicher als ein Schwein.

Als ersten Preis gibt es einen Flug nach Stockholm für zwei Personen, als zweiten Preis ein *happy meal* bei *Frasses Burger* an der Tankstelle von Lycksele. Mancher Gewinner hat sich den Felsbrocken aus dem Fluss bergen lassen und ihn im Vorgarten aufgestellt. Mit eingemeißelter Jahreszahl. Ganz schön teuer, so ein Preis.

Jedes Jahr müssen wir die Bürger befragen, was sie wetten würden. Für die Zeitung, versteht sich. Was meinen Sie, wann bricht der Stein durch die Eisdecke? Und Bo muss die dummen Gesichter fotografieren. Ja, ich weiß nicht, mal sehen, vielleicht, könnte ja dieses Jahr anders als sonst, oh, das weiß ich doch nicht undsoweiter, undsoweiter.

Wie gesagt, wir hatten das satt.

Die Goldgeschichte gab ja auch nichts her. Was wollen Sie in der Zeitung bringen, wenn niemand auch nur ein Körnchen findet? Und für so ein Foto muss das Körnchen Gold schon größer als ein Streichholzkopf sein.

Hat er nur vom Gold genug
wird so mancher Dummkopf klug.

Wie sollten wir es schaffen, zu *Dagens nyheter* nach Stockholm zu kommen? Wir brauchten einen Einfall, einen Coup, und zwar einen ganz großen. Nur weil im Frühjahr ein dicker Stein ins Wasser plumpst, gelangt niemand auf den Mond, oder?

Und dann kam die Geschichte mit der *Silver Bar*. Das war unsere große Chance. Bo hat das gleich gewusst. Der hat so einen Riecher, wie ein Trüffelschwein, sagen manche in der Branche. Nur dass in Lycksele keine Trüffel gefunden werden.

Die *Silver Bar* ist nur für Frauen. Tatsächlich, so was gibt es in Lycksele. Und warum? Weil die Männer unterwegs sind. Sobald im Februar der Schnee fest genug ist, steigen sie auf ihre Schneeskooter und wusch, sind sie weg. Mancher am Montag, mancher am Dienstag, mancher montags bis freitags. Einfach mit dem Schneeskooter – wusch! – durch die Wälder brausen. So wie die einsamen Wölfe sind unsere Männer. Nur eben motorisiert. Und was machen die Frauen so lange? Sie gehen in die *Silver Bar*.

Bo, hab ich gesagt, da musst du draußen bleiben.

Och, hat er geantwortet. Und es fiel ihm nicht mal ein Zweizeiler dazu ein.

Ich ging häufiger mal hin. Was sich die Frauen dort für Geschichten erzählten? Unglaublich. *Utroligt*. An der Wand sah ich eine Reklame. *Drick och bli smal. Get thin while drinking.* Vom Biertrinken abnehmen, das hatte ich noch nie gehört. Man muss sich ja nur die Bäuche der Kerle ansehen. Die passten ja manchmal nur schwer unter die alte Winterjacke oder auf so einen flotten Schneeskooter. Als ich Bo von der dieser Reklame erzählte, sagte er folgenden Satz.

Bier macht dünn
Werbung macht dünner.

Ich musste eine Zeitlang überlegen, was er damit gemeint haben könnte, denn der Satz lappte ja ins Philosophische hinüber. Jedenfalls in Lycksele.

Zurück zu den Frauen in der *Silver Bar*. Die logen, das sich die Balken bogen.

Ich wusste gar nicht, dass Frauen überhaupt lügen können. Oder, meine Damen?

Männer lügen hier in der Gegend ständig. Da wird aus jedem Fisch ein Elefant, nur um uns Mädels rumzukriegen. Mit jedem Glas Bier wird der Elefant größer, bis nur noch der Rüssel zu sehen ist.

Aber warum logen die Frauen? Eine erzählte, dass sie letzte Woche über die Berge zum Nordpol geflogen sei. Eine andere sagte, sie hätte in flüssigem Gold gebadet. Eine dritte prahlte, sie sei in einem Heuhafen eingeschlafen und habe mit Bruce Willis Sex gehabt. Starkes Stück, was?

Die anderen Frauen waren gar nicht misstrauisch. Die glaubten jeden Scheiß. Wenn ich Bo am nächsten Morgen traf und ihm erzählte, was ich schon wieder für Storys in der *Silver Bar* gehört hätte, sagte er nur:

Den kleinen Joint am Nachmittag
auch die lappländ'sche Hausfrau mag.

Das hätte mich auf die Spur bringen können, aber ich war weit davon entfernt zu ahnen, was sich hinter der weiblichen Prahlerei verbarg. Und was das Schlimmste war, auch Bo glaubte mir kein Wort. Also steckte ich ihn in Frauenkleider und schmuggelte ihn ein.

Da machte mein Bo aber Ohren. Eine Frau erzählte, sie habe am Wochenende einem Bären seinen Pelzmantel geklaut. Eine andere gab an, sie habe mit dem Eiffelturm getanzt. Und eine dritte meinte, der Premierminister hätte letzte Nacht um ihre Hand angehalten. Igitt.

Bo sagte mit verstellter Stimme: „Das kommt vom Bier, Rebecca. Bestimmt, das kommt vom Bier. Kann gar nicht anders sein. Die saufen sich die Hucke voll mit diesem neuen Zeugs und dann heben sie ab. Was ist das nur für ein Bier?"

Wie gesprächig mein kleiner Bo plötzlich geworden war!

Ich befragte am nächsten Abend die beiden Lesben, denen die *Silver Bar* gehörte.

„Tja", sagte die ältere von beiden, die einen Ledergürtel trug, der so breit war wie Brunhildes Schwert, „wir haben eine Lieferung aus Deutschland bekommen. Jever. Liegt irgendwo an der Küste. Ist jedenfalls ein Leuchtturm auf der Werbung drauf. War ganz günstig, die Lieferung. Und seitdem ist hier die Hölle los. Na ja, auf jeden Fall haben wir schon nachbestellt. Das Bier findet unglaublichen Zuspruch."

Gemeinsam mit Bo schaute ich auf die Landkarte. Ganz schön weit weg, dieses Jever. Irgendeine Großstadt in Norddeutschland. So ganz an der Küste schien es uns jedoch nicht zu liegen.

Aber, Spürnasen, die wir beide sind, haben wir uns gleich nach Deutschland aufgemacht. Das Rätsel mit dem Lügen-Bier müsste zu lösen sein. Das wäre mal eine tolle Geschichte.

Schläft der Journalist am Morgen
macht sich der Verleger Sorgen.

Bo, ach Bo, wenn Du doch nur noch an meiner Seite wärst. Ich vermisse doch so, mein Bo.

Wir fuhren mit dem Zug nach Malmö, setzten mit der Fähre über. Ziemlich viele betrunkene Landsleute, aber die hatten das ganz normale Jever in der Birne und lallten vor sich hin. Das machte sie auch nicht gerade attraktiver.

Bo entdeckte die Werbung für einen dänischen Kondom-Service. *You call we come.* Rufen Sie an, wir kommen. Na, da muss jemand etwas missverstanden haben. Mehr ist über Dänemark nicht zu erzählen.

Endlich erreichten wir die deutsche Grenze. Die Zöllner fragten uns, ob wir getrunken hätten.

Wieso, sagte Bo, darf man keinen Alkohol mehr über die Grenze schmuggeln?

Nicht mehr als einen Liter, sagte der Zöllner.

Dann sind wir nicht betrunken, Herr Oberhauptwachtmeister.

In Deutschland war Wahlkampf. Gut so. Irgendwann musste man das Volk ja auch mal fragen, was es außer Bier noch gerne hätte und wie die Zukunft aussehen sollte.

Seht mal, wie die Sonne lacht
das hat die SPD gemacht.

Man hätte Bo die Wahlkampfverse schreiben lassen sollen, dann hätten die Deutschen wenigstens was zu lachen.

Aber am besten gefiel mir dieser:

Auch für Du
C D U.

Diese Deutschen sollen ja eine Rechtschreibreform nach der anderen gemacht haben. Bei den Preußen hast du ein Komma falsch gesetzt und bist von der Schule geflogen. Jetzt ist ja wohl alles möglich. Vom Wirtschaftswunder zum Rechtschreibwunder.

Zurück zum Bier. Tage später erreichten wir Jever. Und fühlten uns sofort zu Hause. Was für eine nette Stadt, die schönen Plätzchen und der kleine Fluss, sogar ein Schloss, lauschig. Die Leute so was von freundlich, die geben ja sogar Antwort, wenn man sie fragt. Das kann einem in Lycksele nicht passieren. Und alle können Englisch, so dass wir sogar was fragen konnten.

Wir gingen ins Hotel *Zur Post*, mit Blick auf die Brauerei. Denn dahin sollte ja unser erster Weg führen.

Kaum hatten wir eingecheckt, gab es eine saftige Überraschung, *a real surprise,* wie Agatha Christie immer sagte.

```
Treffen heute nach Sonnenuntergang am ers-
ten Kanaldeckel in der Fußgängerzone. Ich
spreche Sie an.
Gezeichnet M.
```

Ich schaute Bo an. Er schaute mich an. Wir schauten den Mann an der Rezeption an. Wir schauten zu dritt nach draußen. Nichts zu sehen. Wer wusste, dass wir hier waren? Oder was wir wollten? War das Geheimnis um das schlankmachende Bier, das seine Konsumenten wilde Abenteuer erleben ließ, derart wichtig?

Bo hat mich noch gewarnt: „Wir gehen da nicht hin, Rebecca." Wusste er schon, was ihm blühte? Bo konnte manchmal ganz vorausschauend sein.

Wenn du nicht mehr weiter weißt
Am besten du nach Lappland reist.

Leider wurde sein Werbespruch, der in Deutschland an allen Plakatwänden hängen sollte, abgelehnt. Damit wäre Bo berühmt geworden und hätte nicht jedes Jahr die dummen Gesichter in Lycksele fotografieren müssen.

Wir gingen hin. Zum ersten Kanaldeckel.

Kaum war die Sonne weg, kam der Mann. Wie Johnny Walker. Ganz in Schwarz. Nicht mal Sehschlitze hatte sein Umhang. Er hob den Gullydeckel an und ließ uns hinuntersteigen.

Pah, das *müssen* Sie sehen. Ganz Jever ist unterkellert. Ein Gang nach dem anderen. Kreuz und quer. Hin und her. Ein riesiges Netzwerk von Gängen und Höhlen.

Bo sagte leise, damit es der schwarze Mann nicht hören konnte: „Meinst du, die haben hier auch so eine Wette: *Wann bricht die Stadt durch den Erdboden*? Das ist sicher schwer vorherzusagen."

Ich schüttelte nur den Kopf.

Nach einer halben Stunde strammen Marschierens hielten wir an. Der schwarze Mann war in der Dunkelheit verschwunden. Bo reimte, diesmal vor lauter Schiss.

Keine Angst vorm schwarzen Mann
so lang man ihn noch sehen kann.

In einer gut beleuchteten Höhle saß ein Grüppchen von Männern, gekleidet in weiße Umhänge, mit lustigen Kappen auf dem Kopf, jede in einer anderen Farbe.

„Ich heiße Andreas“, er stand auf und schaute in die Runde, „und ich habe letzte Woche München leuchten sehen. Es strahlte ganz hell über unser Land. Einfach wunderbar. Und später leuchteten auch noch Stuttgart und Frankfurt. Es war zauberhaft. Deutschland soll wieder leuchten.“

Das muss ein Politiker sein, dachte ich. Aber sagte erst mal nix.

„Kennst du die Sekte?“ fragte Bo leise, um uns nicht zu verraten. Aber niemand schien uns zu bemerken.

Dann stand der Nächste auf.

„Ich heiße Joachim. Ich habe nach unserem letzten Treffen mit Julia Roberts, der *pretty woman,* geschlafen. Das ist ein Weib! Ich kann Euch sagen, bei der müsst Ihr auch mal anklingeln.“

Ich schaute zu Bo hin. Merkte der gar nichts? Aber Bo war irgendwie in einer anderen Welt

Rebecca, sagte ich mir, kümmere dich um deinen Fotografen, der hebt gleich ab. Jedoch war ich so fasziniert von diesen Männergeschichten, dass ich immer nur weiter zuhören wollte.

„Ich heiße Karl-Uwe und ich habe letzte Woche nichts erlebt.“

Oh, schade, nein, wie dumm, tut uns wirklich leid für dich, Karl-Uwe, aber heute wirst du bestimmt wieder was erleben.

„Ich heiße Fritz und das ist kein Witz.“

Alle lachten, obwohl sie den Satz bestimmt schon tausend Mal gehört hatten. Fritz fuhr fort: „Ich habe einen Flug zur Venus unternommen und ich muss euch sagen, Sie ist rot geworden, sogar röter als der Mars, als sie mich gesehen hat. Was ein echter Jeveraner ist ..." Mehr sagte Fritz nicht.

Wo waren wir da nur hineingeraten?

Plötzlich war Bo verschwunden. Ich stand wie angewurzelt an meinem Platz.

„Bo", rief ich erst leise. „Bo", dann etwas lauter. „Bo", schrie ich. Keiner der Männer drehte sich um. „Bo!"

Nichts. Keine Reaktion.

Bo war weg.

Ich hätte sofort zur Polizei gehen sollen. Ich hätte eine Anzeige erstatten sollen. Ich hätte mich kümmern müssen.

Aber was tat ich, ich dumme Pute?

Ich wollte den großen Coup. Denn eines war doch felsenfest klar. Die Männer in Jever prahlten genauso wie die Frauen in Lycksele. Da musste doch ein Zusammenhang bestehen. Nur: Diese Männer unter Jever tranken kein Bier, obwohl es über ihren Köpfen millionenhektoliterweise lagerte.

Ich weiß nicht, wie ich in dieser Nacht ins Hotel zurückgefunden habe. Keine Ahnung. Vielleicht ein guter Geist aus Jever. Ein freundlicher Mensch, der meine schwedische Verwirrung nicht ausgenutzt hat. Nachts sind alle Schweden blau, das kennen Sie doch, oder? Oder blau-gelb, aber das nur bei IKEA.

Am nächsten Morgen ging ich zur PR-Abteilung der Brauerei. Immerhin hatte ich einen Presseausweis. Vielleicht konnten die mir helfen, Bo wiederzufinden.

Ich wurde überaus freundlich empfangen. Junge Männer in Hülle und Fülle, noch jüngere Mädchen, ganz wunderbar anzuschauen. Der Chef empfing mich sofort.

Als er hörte, woher ich kam, wurde er ganz still.

„Lycksele", sagte er, „so, so." Und dann fügte er noch ein „Aha!" an.

Die Geschichten von den Frauen faszinierten ihn, besonders die mit dem Heu und Bruce Willis. Ob er wohl mal selbst gern mit dem ein Techtelmechtel angefangen hätte?

„Wir wollen gar nicht drum rum reden, Frau Eng", sagte er nach einer Weile. „ich will Ihnen reines Bier einschenken, formulieren wir es mal so. Sie haben Recht, wir arbeiten an einem Bier nur für Frauen."

Nun war ich daran, so so und aha zu sagen. Und das tat ich dann auch.

„Sehen Sie, Frauen würden auch gerne Bier trinken. Aber Bier, so behaupten einige, mache dick. Und das möchten die Frauen natürlich nicht. Und da kam jemand auf die Idee, hier in meiner Abteilung, darf ich stolz hinzufügen, *get thin while drinking* als Parole zu formulieren. Wir haben einen Ort gesucht, wo wir ausprobieren können, wie das Interesse an so einem Bier wäre. Lycksele, *Silver Bar*, nur für Frauen, genau der richtige Ort, fernab von allen Konkurrenten. Da kommt uns niemand auf die Schliche." Jetzt stand er auf. „Es wird ein Erfolg. Ein weltweiter Erfolg. Das erste Bier nur für Frauen. Das wird reißenden Absatz finden."

Rebecca, sagte ich zu mir, Rebecca, nun musst du vorsichtig sein. Die haben Millionen in die Entwicklung und die PR für dieses Bier gesteckt, da kannst du nicht kommen und das ganze Kartenhaus zum Einsturz bringen. Aber dann siegte die investigative Journalistin doch in mir. Ich bin eben ein Kind von Watergate und Nixon.

„Haben Sie dem Bier etwas beigemischt?", fragte ich so vorsichtig, dass sich eine Maus dahinter verstecken konnte.

„Nein", entrüstete sich der PR-Chef, „nein, dagegen spricht das deutsche Reinheitsgebot." Und er fügte etwas leiser hinzu: „Nur so einen klitzekleinen Schlankmacher."

„Und davon delirieren sich die Frauen in Lycksele zu Boden!", setzte ich nach.

„Bestimmt nicht. In der wissenschaftlichen Forschung hat man noch nie von halluzinogenen Schlankmachern gehört."

Zack, damit war ich am Ende meines Schwedischs. Sollte ich ihm wirklich sagen, was ich letzte Nacht unter der Erde Jevers erlebt hatte? Oder war das alles nur die Folge unseres bescheidenen Umtrunks auf der Zugfahrt von Dänemark nach Jever gewesen? Vielleicht lag Bo im Hotel und erholte sich von seinem Hangover. Dachte ich jedenfalls. Aber es konnte auch ganz anders sein: Der schwarze Mann hatte sich Bo geholt, weil man Fotografen für gefährlicher als Schreiberlinge hält.

„Frau Eng, ich mache Ihnen ein Angebot", sagte der PR-Chef.

In diesem Moment trugen zwei in strahlende, silberne Hüllen gewandete karibische Schönheiten ein Tablett herein, auf dem sich ein Dutzend Probeflaschen des neuen Frauenbiers befanden. „Wir trinken jetzt zusammen ein paar Ründchen und wenn Sie dann auch anfangen zu flunkern, sagen wir es mal so, dann dürfen Sie Ihre Geschichte veröffentlichen."

Das war mal ein Angebot. Wäre mir in Lycksele nicht passiert, nicht mal mit dem Besitzer des Tierparks, über den ich regelmäßig Geschichten ins Blatt heben musste. So eitel war der.

Mit jedem Schluck wurde mir leichter. Fraulicher und irgendwie auch schlanker.

Aber nichts geschah. Kein Bad in flüssigem Gold, kein Flug zum Nordpol, und auch kein Sex mit Bruce Willis. Was dann doch ein bisschen schade war.

„Sehen Sie, Frau Eng", sagte der freundliche PR-Chef, der auch nach fünf Flaschen Frauenbier noch akzentfrei meinen Namen aussprechen konnte. „Da flunkert nichts. Es ist unser gutes Jever friesisch herb in einer klitzekleinen Variation."

Ich musste ihm Recht geben und stand nun mit leeren Händen da. Die weite Reise von Lycksele nach Jever, der Verlust meines Partners, ich konnte ja schlecht zur Polizei gehen und sagen, Bo hat sich davongekifft, und auch kein Scoop. Warum sollte ich veröffentlichen, dass die Brauerei demnächst ein Bier nur für Frauen herausbringen würde? Das würden sie schon selbst tun.

Der PR-Chef spürte mein Dilemma.

Nun lallte er doch ein bisschen.

„Frau Eng, Frau Eng, was machen wir nur mit Ihnen." Er überlegte und überlegte und dann kam etwas dabei heraus, was mich weltberühmt gemacht hat. Bo hätte es fotografieren können und wir wären beide weltberühmt geworden.

„Um das neue Bier auf die Schiene zu setzen, werden wir am Wochenende ins Guinness-Buch der Rekorde aufgenommen." Schon war ich ganz Ohr, besonders das Linke.

„Wir bauen in Jever einen Leuchtturm."

Den aus der Werbung, ging ich sachkundig dazwischen.

„Den aus der Werbung. Jeden Tag kehren enttäuschte Bürger unserer schönen Stadt den Rücken, weil sie den Leuchtturm nicht gefunden haben."

Ach, sagte ich, gibt's den gar nicht?

Er überging meine Ahnungslosigkeit. „Wir werden in vierundzwanzig Stunden den Leuchtturm errichten lassen ... Und Sie, Frau Eng, dürfen darüber exklusiv berichten. Sie sind doch von *Dagens nyheter*, oder?"

Ich hatte ein bisschen geflunkert, wie er so schön sagte, und mich bei ihm als Korrespondentin von der Stockholmer Zeitung ausgegeben. Aber als Korrespondentin in Lycksele. Hätte ja fast gestimmt.

„Eine so attraktive Journalistin wie Sie und dann auch noch aus dem Ausland. Sie kriegen die Geschichte schon am Freitag, dann kann sie über den Ticker laufen, mit Ihrem Namen, und am Sonntag schon wird ihn jeder in der Welt der Medien kennen."

Er schlug mit der Faust ein Luftloch. „Gut gemacht, Herbert!", lobte er sich.

Ich war natürlich einverstanden.

Wir arbeiteten Hand in Hand, die PR-Abteilung und ich.

So was hatte ich noch nie gesehen. Wie schnell das ging. Kaum hatte ich am Freitag die Geschichte ins System gegeben, tauchte sie Sekunden später auf den Online-Tickern der führenden Zeitungen auf. In allen Sprachen, in denen der Papst Amen sagen konnte.

Hängt das Gold in langen Streifen
musst du nur noch danach greifen.

An diesen Zweizeiler von Bo musste ich denken. Es klingelte auf meinem Konto derart heftig, weil jeder Abdruck meiner Story Bares brachte, dass ich sogleich an Steuerflucht dachte. Luxemburg, Liechtenstein, *luxury*.

Wie die es geschafft haben, den Leuchtturm in vierundzwanzig Stunden hochzuziehen? Ganz einfach, es war ein Test einer amerikanischen Baufirma, die ins Irakgeschäft kommen wollte. Vorgefertigte Teile werden mit einem Kran aufeinander getürmt. Das geht ganz fix.

Ich konnte den Turm wachsen sehen.

Und ich muss zu meiner Schande gestehen, dass ich nicht an Bo, sondern an Bruce Willis dabei dachte.

Immer wenn die Sonne lacht
hüpft mein Herz – selbst in der Nacht.

Ich wusste sofort, der Zweizeiler konnte nur von Bo sein. Spürnase, die ich bin, hab ich in drei Tagen herausgefunden, was mit ihm ist und ihn persönlich ans Telefon bekommen. Er ist Mitglied jener Sekte geworden, die in den unterirdischen Gängen von Jever einmal die Woche tagt. Und sich diesen wunderbaren Sud einverleibt, der ihre Mitglieder fliegen und vögeln und in Gold schwimmen lässt. Die genaue Zusammensetzung des wunderbaren Suds ist natürlich geheim, wie beim Bier auch, aber er hat was, ganz bestimmt, er hat was! Die Sekte brauchte einen Fotografen, der all ihre Höhenflüge im Bild fest hält. Und Bo liebte es ja, die Luft zu fotografieren. Die gute, saubere ostfriesische Luft.

„Da ist wohl damals ein kleines Malheur passiert“, sagte mir Bo glücklich am Telefon, „irgendwas von diesem Sud ist in das neue Frauen-Jever geraten, das die Brauerei probeweise nach Lycksele geschickt hatte. Ein kleiner Streich vielleicht, wer weiß.“

Und ich dachte schon, der klitzekleine Schuss im Bier wäre Absicht gewesen.

Leider hab ich Bo nie wiedergesehen.

Ob er noch unter Jever sitzt und in die weiten Sphären des Alls hinausfliegt?

Lilo Ulja Heimann

Shoppen, Schlemmen und Morden in Leer

Nein, Patricia hatte nicht damit gerechnet, dass an diesem Wochenende ganz Leer auf den Beinen sein würde. Auch ihr Mann, Doktor Wohlgemuth, konnte sich nicht erklären, warum diese tausendköpfige Menge durch die Mühlenstraße wogte. Erst als eine Lautsprecherstimme plärrte: „Das Motto heute: Schlemmen und Shoppen in Leer", fiel beiden ein, dass sie von dieser Aktion zur Belebung der Innenstadt in der Zeitung gelesen hatten. Aber nun war es zu spät, um umzukehren. Sie würden trotz der unerwarteten Situation ihre Last von der Praxis nach Hause schleppen.

Mitunter wurde das Menschengewoge langsamer. Die Leute schienen auf spektakuläre Ereignisse zu warten, aber es geschah wenig. Ein gelber Luftballon machte sich selbstständig und verfing sich in den Zweigen eines der Bäume, welche die Ladenbesitzer lieber heute als morgen abgeholzt hätten. Wegen des freieren Blicks auf ihre Geschäfte.

Hier und da vergnügten sich Kinder auf einem Karussell. Vom Buchenholzgrill des Steak- und Bratwurststands stiegen Wölkchen hinauf zum preußischen Adler, der missmutig auf dem Kanonenrohr seiner Säule auf dem Denkmalsplatz hockte. Nach der einladenden Ansage zum Genießen kulinarischer Köstlichkeiten und einem schrillen Juchhu setzte Musik ein, ein Schock für empfindliche Trommelfelle. Patricia Wohlgemuth sehnte sich nach Ohropax, denn vom Ledaufer her, wo die Tourismuszentrale emporwuchs, knatterte jetzt eine Horde Motorradfahrer heran und in der Hüpfburg tobten die Kinder.

Aber Patricia, seit wenigen Tagen die Frau von Doktor Wohlgemuth, hatte nur die rechte Hand frei und hätte sich damit nur eins ihrer Ohren zuhalten können. Mit der linken Hand trug sie am Kopfende eine mannslange Gestalt, deren Beine ihr Mann energisch gefasst hatte.

Das Corpus delicti war in eine Decke mit Schottenmuster gehüllt, rot-grün-kariert, von der einige Fransen herabhingen. Vorn guckte eine Baskenmütze aus dem Futteral, hinten ragten Füße heraus. Kaum jemand nahm Notiz davon. Dieses starre Etwas war für die drängende Menge nichts als ein Störfaktor.

„Mama, guck mal, eine Leiche. Wie im Fernsehen."

Ein Kind legte seine Hand auf die Decke und zog sie wieder zurück.

„Quatsch. Kommkomm!"

Es war keine gute Idee gewesen, fand Björn Wohlgemuth, das Ding an diesem Wochenende durch Leer zu schleppen. Warum mussten gerade an diesem ersten Sonntag nach seiner Hochzeit Massen von Leuten die Straßen zum Schlemmen verstopfen? Und doch schien es ihm, dass es nicht der Hunger war, der die Spaziergänger in die Fußgängerzone getrieben hatte. Es war eher ein kollektiver Wille zum Dabeisein. Und es war diese trügerische Aprilsonne, die den Mädchen die Jacken auszog und ihre Tätowierungen zur Schau stellte. Ein falscher Hochsommer war eingefallen, dachte Björn, ein passionierter Leser, in keiner Situation um Zitate verlegen.

Die unerwartete Hitze hatte die Leeraner vor allem durstig gemacht. Dem Doktor aber, der daran dachte, dass der Papst gerade jetzt gemeinsam mit Harald Juhnke in die Wohnung Gottes eingegangen war und keine Magensonde mehr brauchte, dem knurrte der Magen. Er entdeckte in diesem Moment die Indianerfigur, die vor der *Texas River Ranch* im sogenannten Schlemmergarten Wache hielt. Und ihm schien, diese Rothaut sei der geeignete Partner für ein *blind date* mit der Schönen in seiner Hand.

„Stopp! Lass mal los!"

Der Doktor fasste das in die Karodecke Gehüllte um die Taille und lehnte es gegen Winnetou. Er merkte, dass der

Indianer bei dieser Berührung keinesfalls den Verstand verlor. Aber seine Frau sah es anders.

„Ein fast so schönes Paar wie wir", donnerte Patricia, damit es Björn in dem Spektakel auch verstehen konnte.

„Halt Stallwache", schrie er zurück, „ich hol uns was Nahrhaftes für zwischen die Kiemen."

Er verschwand in einem der Pagodenzelte und kam mit etwas Essbarem wieder heraus.

„Jetzt wird dein Schlemmerherz höher schlagen, mein Schatz."

„Woher weißt du das?"

„Formulierung aus der Zeitung."

Auf zwei freien Plätzen in Indianer-Nähe konnten sie sich Teriaki-Chicken in den Rachen schieben und zugleich ihren „Leichnam" im Auge behalten. Der Doktor betrachtete ihn mit Wohlgefallen. So, Schulter an Schulter mit dem roten Mann, sagte er sich, könnte er sie Pocahontas nennen.

Wrumm, wrumm! Wieder jauchzten die Motorräder.

Patricia verstand nicht.

„Pocahontas!"

„Nein", brüllte Patricia, „sie ist doch keine Indianerin."

„Sind wir etwa Texaner?"

Alle diese Leute, die stumm und ohne heitere Mienen an ihnen vorüberzogen, hatten für Wohlgemuth den Blick von Menschen, die weder eine Yacht noch ein Privatflugzeug besitzen. Sie hatten wahrscheinlich auch nicht gelesen, dass hier Amüsement für jedermann geboten wurde. Die meisten hätten auch bei einer Beerdigung so gucken können.

Unter mehreren Sonnenschirmen kletterten indessen Patienten hervor und sprühten Gratulationen auf Björns Ranchtisch.

Dr. Wohlgemuth bedankte sich für die Wünsche. „Ja", erwiderte er, „wir werden das Leben jetzt mit all seinen Wechselfällen gemeinsam ..."

Immer wieder neues Händeschütteln.

„Avanti, popolo", knurrte er dann gesättigt und befreite die Rothaut von seiner Pocahontas, die keine war. Sie fassten sie wieder am Kopf und am Fuß und mussten mit der freien Hand weitere Mitfreudenausbrüche entgegennehmen.

„Ganz in Weiß“, erläuterte Patricia, „in Liebe zueinander gefunden, gewiss ein Leben lang zueinander stehen“, so wie jetzt vor dem Schmuckgeschäft Kroemer, verbunden durch etwas, das sie gemeinsam trugen, wobei die Gratulanten auf die karierte Decke starrten, etwas, das sie gemeinsam tragen mussten, bis dass der Tod sie scheide. Die einen nickten wissend, irritiert die anderen.

Aus dem Goldschmiedegeschäft kam Kriminaloberkommissar Holger Rehbock. Hinter ihm trottete sein Dobermann Greg. Der Doktor wusste, welchem Krimi dieser Hundename entnommen war. Aber er war sicher, dass der Kommissar diesen Greg nicht mit Bourbon verwöhnte. Dem zufriedenen Blick Rehbocks entnahm der Doktor, dass sein Lieblingsbulle hier wirklich geschlemmt hatte. Der Kerl hatte doch immer den richtigen Riecher. Die Rehböckin saugte noch beseligt an ihrer Bowle.

„Hauchdünne Crêpes mit Krabben à la *Waage*“, erklärte sie. Hinter ihr sah Dr. Wohlgemuth den *Waage*-Chef ein weiteres Crêpe füllen.

„Was für ein Spielchen haben Sie denn da erfunden? Leichentransport, wie?“, flachste der Kommissar. „Da hab ich Sie doch im hellsten Sonnenlicht *in flagranti* erwischt. Was Sie da rumschleppen, ist mindestens seit fünf Stunden tot.“

„Länger. Stinkt aber nicht“, konterte der Doktor.

Rehbock schüttelte dem Paar die Hand. „Zum Schweinsteufel noch mal!“

Greg wedelte mit seinem nicht kupierten Schweif. Er kannte den Ausruf vom Herrchen seines Vorbilds.

„Ein perfekter Mord und ein lange gefasster Vorsatz in die Tat umgesetzt, was?“, witzelte Rehbock.

Komische Formulierung, dachte der Doktor beunruhigt und merkte, dass ihm vom Hals her Röte ins Gesicht zog.

„In der Tat“, sagte er, „die Hochzeit war seit langem geplant.“

Greg begann zu bellen, aber Wohlgemuth achtete nicht darauf. Greg war ein Zivilhund, er hatte kein Polizei-Examen bestanden. Rehbock zerrte die Decke vom Kopf der Figur und erkannte Patricias Gesicht, exakt in Gips nachgeformt.

„Ordentliche Arbeit“, sagte er. „Und Sie schleppen das durch die Mühlenstraße, damit alle denken: *Oh, was für eine schöne Leiche*“.

„Die doch nicht", sagte Patricia mit einem neidischen Blick auf die Bowle der Rehböckin.

Was soll das heißen, dachte Rehbock. Der Satz musste gar keinen Hintersinn haben, konnte bedeuten: diese Figur ist doch keine Leiche. Wenn es aber die nicht war, gab es vielleicht eine andere? Und warum hatte Dr. Wohlgemuth so merkwürdig reagiert, als er gesagt hatte, sie hätten wohl einen lange gefassten Vorsatz in die Tat umgesetzt? Hatten die beiden an etwas anderes als das Heiraten gedacht, etwas, das für sie nur noch eine Frage der Zeit war? War dem Arzt nicht plötzliche Röte über den Hals gezogen, ganz unwillkürlich, bis hoch zu den Ohren?

Die Röte, die bei dem Doktor zu viel war, fehlte nach der Bowle auf Rena Rehbocks Mund. Als sie sich möglichst versteckt die Lippen nachzog, stellte sie fest, dass sie schleunigst einen neuen Lippenstift brauchte. Möglichst wieder Magnolia. Diese Farbe hatte sie schon in ihrer Jugend geliebt.

„Eine tolle Figur", sagte der Kommissar, der unverwandt die Gipsfrau begutachtete. „Hat sie Ehla gemacht?"

„Ja, meine Schwester", sagte Patricia. „Falls Sie mehr als tausend Euro übrig haben, haut sie Sie auch in Gips. Sie hat ein neues Atelier in der Königstraße."

Die Rehbocks ließen sich vom Menschenstrom weiterreißen.

„Wie hieß diese Patricia doch vorher?"

„Kubin", sagte Rena Rehbock. „Wahrscheinlich hält er sie für eine Enkelin dieses skurrilen Malers."

Der Kommissar grübelte. „Erinnerst du dich an die Anzeige in der OZ? Abschiednehmen von unserer geliebten Großmutter Harmine. Patricia und Ehla Kubin?"

Rena erinnerte sich nur vage, sie hatte die Zeitungen in den gelben Sack gestopft.

Vor Rossmann stoppte die Menschenmenge, die Frauen wühlten in den 1-Euro-Körben. Ein Griff und Rena hielt einen Magnolia-Lippenstift in der Hand. Eigentlich wäre sie diesen Nachmittag ja lieber zum Frühlingsfest in den Emspark gefahren, wo ein nagelneuer knallroter Mazda mit ABS und vielen Extras verlost wurde. Aber jetzt dachte sie sich, besser einen roten Lippenstift in der Hand als ein Auto auf dem Dach.

Die Sache mit Harmine, sagte der Kommissar zu seiner Frau, gefiel ihm ganz und gar nicht. Morgen würde er sich die Anzeige raussuchen lassen.

*

Zum Schweinsteufel noch mal, dachte Rehbock, als er die Zeitungsseite gelesen hatte, dieser Spruch von der Gelassenheit und dem Mut, Dinge hinzunehmen und Dinge zu ändern, der kam ja immer mal wieder in Todesanzeigen vor, aber hier schien es ihm, als läge mehr in den Worten: Gott gebe mir den Mut, Dinge zu ändern, die ich ändern kann.

Der Kommissar lief mit Vollgas durch die belebte Mühlenstraße in die Altstadt. Greg, obwohl er nicht im Dienst war, sprang ihm voraus. Es war immer noch schönstes Aprilwetter. In einem Restaurant am Denkmalsplatz entdeckte er zwei Frauen, die offenkundig ihren Eiskaffee genossen. Sie waren Mitte achtzig, so alt wie Patricias Großmutter gewesen war. Rehbock meinte sich zu erinnern, dass er die drei alten Damen früher manchmal miteinander als Spaziergängerinnen an der Leda gesehen hatte. Er blieb stehen, schwatzte mit den beiden über das schöne Wetter, brachte das Gespräch dann auf Harmine. Nein, krank sei sie eigentlich nicht gewesen, Patricias Großmutter, sagten die beiden, nur altersschwach und ein bisschen dement. Die Beine hätten einfach versagt, sie habe schon seit zwei Jahren nicht mehr laufen können.

Wie sich die Demenz denn gezeigt habe, wollte der Kommissar wissen.

Verwirrt war sie, redete unzusammenhängendes Zeug, sprach in Reimen, sang Fetzen von Kinderliedern, lachte und weinte plötzlich und grundlos, schrie auch manchmal. Eine rechte Plage also für Patricia, die sie seit dem Tod ihrer Mutter, Harmines Tochter, in der Familienvilla gepflegt habe.

Ob sie glaubten, dass Dr. Wohlgemuth und Patricia Harmines Tod gewünscht hätten, um heiraten und gemeinsam in der Villa wohnen zu können? Ohne die störende Großmutter? Schon möglich, sagte die eine, sehr wahrscheinlich, die andere. Nein, nein, schränkte die erste ein, wahrscheinlich eher nicht, Dr. Wohlgemuth hätte ihr doch etwas geben können, er als Arzt, wenn beide ... Nein, da sei schon alles mit rechten Dingen zugegangen. Allerdings habe Patricia mehrmals gesagt, sie wolle die Großmutter bis zum Ende pflegen und erst dann heiraten, ein neues Leben beginnen ohne den täglichen Pflegestress. Ob er, Rehbock, sie denn hier, wo sie in Frieden am Denkmalsplatz ihren Eiskaffee trinken wollten, dienstlich in Sachen Mordkommission befragen wolle. Rehbock winkte ab, ein ganz privates Gespräch, beruhigte er sie. Sie streichelten beide den Dobermann.

Rehbock klingelte an Ehlas Atelier in der Königstraße. Die Werkstatt erinnerte ihn ein bisschen an den Wirkungsbereich eines heimischen Künstlers, der vor einigen Jahren gestorben war und der auch realistische Statuen von Menschen und Fabelwesen geschaffen hatte, die nun die Stadt und die umliegenden Orte bevölkerten. Die Bildhauerin arbeitete an der Gipskopie eines Mädchens im Kindergartenalter, die sich die Großeltern gewünscht hatten.

Der Oberkommissar kannte die Kleine und bewunderte die Ähnlichkeit. Als er aber von Kunst sprach, lachte Ehla und sagte, sie habe diese Marktlücke gefunden und könne gut von diesen lebensgroßen Gipsdoppelgängern ihrer Kunden leben, so verdiene sie eben ihre Brötchen, in der übrigen Zeit könne sie sich ihren abstrakten Arbeiten widmen. Ob er käme, um seiner Frau eine Gipskopie von sich anfertigen zu lassen, weil er ja häufig nach Dienstschluss noch auf Mörderjagd und nicht am Abendbrottisch sei?

Ja und nein, sagte Rehbock, er habe gedacht, vielleicht … Aber eigentlich … Gestern habe er die Figur ihrer Schwester gesehen. Die habe das neuvermählte Paar durch die Mühlenstraße geschleppt.

Ehla lachte, sie war nicht überrascht.

„Mein Schwager ist ein Spaßvogel. Patricia arbeitet ja jetzt in der Praxis mit, da kann er sie jederzeit sehen und braucht sie nicht mehr in Gips. Die Kopie soll nun auf dem Balkon der Villa stehen. Vielleicht als Vogelscheuche gegen die Krähen. Die Patienten hatten immer was zum Staunen oder zum Lachen."

Die Idee mit den Gipsfiguren sei ihr gekommen, erzählte Ehla, während sie weiterarbeitete, als sie in einer Zeitschrift gelesen habe, dass sich eine Münchner Unternehmerfrau in

Gips ins Büro ihres Mannes stellen ließ. Aber die sei nackt gewesen, während sie, Ehla, nie Nackte hergestellt habe. Nicht hier in Ostfriesland. Und überhaupt nicht Leute, die man kenne. Mehr als hundert solcher Skulpturen habe sie produziert.

„Und keiner von ihnen ist gestorben?", fragte der Kommissar.

„Jedenfalls nicht in meinem Atelier."

Der Dobermann Greg lag in einer Ecke und schnarchte.

„Hat Ihr Schwager Ihnen manchmal bei der Arbeit zugeguckt?"

„Sicher."

„Hätte er auch solche Figuren herstellen können?"

„Klar, Rehbock", sagte Ehla. „Da kannste Gift drauf nehmen. Er hat geschickte Hände, der hat mir manchmal geholfen. Wir sind ja geradezu Kollegen im Umgang mit Binden. Denken Sie, der hätte noch nie ein Knie oder einen Arm eingegipst?"

„Zum Schweinsteufel", brummte Rehbock. „Wieso Gift? Darf ich mal zusehen, wenn jemand eingewickelt wird?"

Aber sicher, er könne gleich dableiben, in einigen Minuten komme ein junger Mann, heute mache sie nur seinen Körper, den Kopf bearbeite sie später separat. Das mache sie immer so.

Der Mann kam bald und schlüpfte in abgetragene Kleidungsstücke, denn Jacke und Hose und alles Übrige waren ja nötig, um sich in gipsweiß Skulpturales zu verwandeln, Ehla drapierte die Textilien an ihm in ansprechende Falten und gipste alles von Kragen bis Schuhsohle ein, schnitt dann die halbtrockene Masse am Rücken auf und ließ ihren Klienten aus der hohlen Form aussteigen.

„So", sagte sie, „dieses war der erste Streich, die nächsten folgen morgen."

Rehbock sagte, für ihn sei eigentlich der Kopf das Interessantere, er werde dazu wiederkommen. Und bevor er ging, fragte er, wo denn eigentlich die Skulptur von Harmine sei. Denn er hatte schon die ganze Zeit die vage Idee gehabt, die Bildhauerin habe auch ihre Großmutter modelliert. Ehla wies auf einen Rumpf zwischen halbfertigen Figuren.

„Und der Kopf?"

„Es gibt keinen Kopf. Sie ist gestorben, nachdem ich den Körper gegipst hatte."

*

Die Rehböckin hatte sich das Bowlenrezept vom Schlemmersonntag geben lassen und servierte mit ihrem Magnoliamund das fruchtige Getränk auf dem Balkon. Sie hörte sich den Bericht ihres Mannes an und sagte: „Du hättest fragen müssen, ob jemand einen Schlüssel zum Atelier hat. Patricia oder der Doktor? Ob dort jemand den Kopf modelliert hat?"

Rehbock war das inzwischen auch eingefallen.

In seinem Büro in der Georgstraße bearbeitete der Kommissar am nächsten Morgen die anliegenden Akten. Aber immer wieder dachte er an Patricias Großmutter, die gar kein Fall war, den er zu lösen hatte.

Harmine, das hatte er inzwischen herausgefunden, war als Kapitänswitwe auf eigenen Wunsch seebestattet worden. Dr. Wohlgemuth hatte den natürlichen Tod beurkundet. Die Einäscherung war in einem holländischen Krematorium erfolgt. Die Asche der Großmutter war in einer Urne mit seemännischer Würde von der *Jens Albrecht III* aus dem Meer übergeben worden.

Glücklicherweise war es eine friedliche Woche, und so konnte Rehbock am Nachmittag zusehen, wie Ehla den Kopf des jungen Mannes eingipste. Er war schon lange nicht mehr einer Handlung mit so angehaltenem Atem gefolgt, er sah, wie die Bildhauerin das Gesicht mit Creme beschmierte, eine Folie über die Haare legte und die feuchten Gipsbinden auftrug, wobei sie Augen, Mund und Nasenlöcher frei ließ. Die Züge des jungen Mannes verwandelten sich in der Vorstellung des Kommissars in die der Großmutter, Dr. Wohlgemuth und seine Assistentin Patricia legten die feuchten Gipsbinden auf, ließen aber Augen, Mund und Nasenlöcher nicht frei. Die Großmutter konnte nicht sehen, nicht schreien, nicht atmen. Vielleicht hatte ihr Dr. Wohlgemuth vorher ein Beruhigungsmittel gegeben, das in der Leiche nicht nachweisbar war oder das so üblich war, dass es als nicht todbringend eingestuft wurde.

Der junge Mann bewegte friedlich die Augen, atmete ruhig.

„Was würde geschehen, wenn man Mund und Nasenlöcher auch zugipste?“, fragte der Kommissar.

„Na, was woll, Baby?“

Rehbock runzelte nachdenklich die Stirn. Harmine war seebestattet worden, Exmarierung gab es nicht.

„Vergiss den Fall, Rehbock“, sagte Rena am Abend und servierte ihm mit leuchtendem Magnoliamund hauchdünne Crêpes mit Krabben. Greg wedelte mit dem Schweif. Rehbock ahnte, dass der Dobermann schon die ganze Zeit gewusst hatte, dass der Fall Harmine eine Nuss war, die nicht zu knacken war.

„Zum Schweinsteufel noch mal“, sagte er und warf seinem Hund einen fleischigen Kau-Snack zu.

Im Geäst des Baums in der Mühlenstraße flatterte noch immer der gelbe Luftballon. Der Schlemmertag hatte wirklich nur Sommer vorgetäuscht. In der Nacht spielte ein Aprilschauer mit gelben Fetzen.

Regine Kölpin

Jene Nacht in Neustadtgödens

Celine trug einen dicken Wollpullover. Ihr war kalt. Sie lief ziellos durchs Dorf, sah das Leben und schlug die Richtung zum Friedhof ein. Hier fragte niemand. Hier wollte jeder für sich sein, allein mit seinen Gedanken und Erinnerungen.

Es war endgültig vorbei.

Wenn Celine sich nur an den Atem erinnerte, der ihr so oft in den Nacken geblasen worden war, wenn sie nur an die kräftigen Hände dachte, die nie aufhört hatten, sie zu betatschen!

Die Hände von Jan Janssen.

Celine und Jan hatten in Neustadtgödens im „Verein zur Erhaltung und Gestaltung des Dorflebens“ einige Aufgaben übernommen. Einmal wöchentlich traf der Verein sich in der *Waage*. Für Celine war es eine Flucht, mal wegkommen von den Pflichten zu Hause, einfach ein bisschen abschalten. Und sie konnte beweisen, dass sie eine Neustädterin war, auch, wenn viele ihr das immer wieder absprachen, weil sie bei ihrem Vater in Frankfurt aufgewachsen und erst jetzt wegen ihrer Mutter, die Hilfe brauchte, hierher zurückgekommen war.

Jan diente der Verein zur puren Selbstdarstellung. Jan war wer im Ort. Jan, der im Charly-Trinken jede Wette gewann, der seine regelmäßigen Besuche im Fitnessstudio zur Schau stellte, indem er, wo immer es ging, ein Muskelshirt trug und dann mit jeder Bewegung sein Phönixtattoo in Bewegung brachte. Celine mochte keine Tatoos, sie widerten sie an, nur Möchtegern-Männer hatten so etwas. Jan begriff es nicht.

Wenn er sprach, ruderte er mit den Armen, dabei war er laut und auffällig, unterstrich jede seiner Thesen mit einem Hieb auf den Tisch. Beides zusammen erinnerte an das Drehen der Mühlenflügel mit dem damit verbundenen Klappern des Rüttelschuhs, wenn die Oberahmer Mühle bei günstigem Wind in Gang gebracht wurde.

Kampf gegen eine Windmühle – und ich bin Don Quijote, dachte Celine, denn es war völlig zwecklos, etwas gegen seine plumpe Anmache zu unternehmen.

Natürlich hätte sie ihre Aufgaben im Verein niederlegen können, aber es war Celine zu wichtig, sie war eben nicht nur ihrem Namen nach fremd. Und so nahm sie Jan in Kauf.

Doch nun war es vorbei. Keine auf- und niedergleitenden Finger mehr. Keine vielsagenden, ausziehenden Blicke und kein versehentliches Reiben der Knie aneinander.

Und vielleicht würde sie auch endlich nicht mehr frieren. Es hatte nicht mehr aufgehört seit diesem Freitag im Juli auf der Festwiese.

Eigentlich hatte sie sich auf das Volksfest gefreut, vor allem auf den Freitag, da war Disco. Celine hatte sich ihren kurzen Rock aus dem Schrank geholt, dazu ein Top, über das sie ein dünnes rotes Shirt zog. Ihre schwarzen Haare hingen offen, ein paar riesengroße Creolen blitzten silbern auf, wenn sie ihre Mähne schüttelte.

Das Zelt war brechend voll. Das Volksfest war das wichtigste Ereignis in Neustadtgödens, das ganze Jahr plante man darauf hin. Nur wenige wagten es, diesem Fest fernzubleiben. Jeder Neustädter, der das tat, war dazu verdammt, wichtigen Klatsch zu verpassen, denn irgendetwas passierte immer.

Das Dorf war geschmückt, jeder Vorgarten penibel von Unkraut befreit, denn keiner wollte sich Schlamperei oder gar Ignoranz vorwerfen lassen, wenn der Festumzug am Samstag und Sonntag mit dem Horster Spielmannszug durch Neustadtgödens zog. Die bunten Fähnchen flatterten, es gab kein Haus, in dem kein Anteil genommen wurde.

Der Abend begann ganz normal. Die ersten Betrunkenen umlagerten schon am frühen Abend die Bierstände vor dem Zelt und die ersten Tipps zur Proklamation des Königshauses machten die Runde. Celine gesellte sich mal hierhin, mal dorthin. Als Jan auf sie zusteuerte, natürlich das Charly-Glas in der Hand, ging Celine ins Festzelt und verschwand blitzschnell im Getümmel der Tanzenden. Es war heiß und stickig. Bombenstimmung.

Westernhagens „Willenlos" ließ alle abgehen, Wolle Petrys „Hölle" ebenso. Celine begann zu schwitzen und zog ihr rotes Shirt aus. Sie warf es über eine Stuhllehne und wirbelte weiter über die Tanzfläche.

Jetzt war sie mittendrin. Immer wieder wurde sie angetanzt und genoss es. Es gab genug Männer hier, die gern mehr gehabt hätten. Natürlich sah sie die giftigen Blicke der anderen Frauen, aber an diesem Abend lachte sie darüber. Wer sich abhebt, hat Neider. Ein Mauerblümchendasein hätte ihr auch nicht mehr Anerkennung eingebracht.

Dieser Abend gehörte ihr. Jan tanzte nur einmal mit ihr, aber da sie ihn kaum beachtete, verschwand er danach beleidigt.

Und dann kam Jörg. Celine kannte ihn nicht. Aber Jörg gefiel ihr. Sie tanzten ein paarmal zusammen, tranken ein Pils. Jörg war groß und kräftig, hatte kein Tattoo. Er lachte, als Celine ihn danach fragte und meinte, er sei doch kein Möchtegern-Mann, er habe das nicht nötig. Dann tanzten sie weiter im Gleichtakt. Keine Disharmonie, jeder erahnte die Bewegung des anderen. Jörg zog Celine näher an sich heran und ihr Körper schmiegte sich nahtlos an seinen. Das nächste Bier tranken sie aus demselben Glas. Am Ende waren beide ziemlich betrunken.

Als Jörg sich einmal kurz in Richtung Toilettenwagen verdrückte, stand plötzlich wieder Jan vor Celine. Er zerrte sie auf die Tanzfläche und drückte sie immer wieder eng an sich, griff ihr an den Rücken, ließ seine Finger mit ihrem Haar spielen. Alles an ihm widerte sie an. Celine drückte ihn weg, sagte ihm, er solle sie in Ruhe lassen, es würde doch nie etwas werden mit ihnen, aber Jan flüsterte ihr ins Ohr: „Sehen wir uns gleich noch? Draußen?"

Celine stieß Jan in die tanzende Menge, von der er rasch verschluckt wurde.

Am Tresen stand Jörg und wartete. Sie gingen hinaus, wollten fort von dem Trubel, vor allem wollte Celine fort von

Jan. An der Bierbude bestellten sie Jever, aber dieses Mal ein Glas für jeden. Jörg wollte Celine was sagen, er wollte ehrlich sein, Beschiss läge ihm nicht, sagte er. Dass er verheiratet sei, eine Familie in Wilhelmshaven habe, eigentlich nur zufällig hier in Neustadtgödens auf dem Fest gelandet sei. Aber trotzdem, er wollte alles heute Nacht. Mit Celine.

„Ich möchte keinen One-Night-Stand. Und ich will auch keine Familie zerstören“, sagte Celine. Obwohl sie sich dafür hasste, schickte sie ihn weg.

Er wolle sich melden, nicht aufgeben, sagte er, aber Celine schüttelte den Kopf. So eine war sie nicht, auch wenn viele das dachten. Jörg ging und Celine trank ihr Bier allein aus, während sich auf seinem der Schaum verlor.

Celine atmete tief durch. Es war gut, dass er sich nie mehr gemeldet hatte. Es wäre so oder so nichts mehr gelaufen, nicht mehr danach. Aber manchmal vermisste sie ihn. Sein Lachen, die kleinen Grübchen, die sich rechts und links des Mundes bildeten, und die Hände, die so viel versprochen hatten. Sie hätte es mit Jörg wagen sollen. Einmal über ihren Schatten springen, die Moral vergessen, den Dorftratsch ignorieren und leben sollen. Dann wäre sie jetzt nur traurig, dann wäre ihr nicht auch noch kalt.

Am liebsten wäre Celine danach gleich nach Hause in ihre Wohnung in der Brückstraße gegangen, hätte sich verkrochen, aber ihr Shirt lag noch im Zelt. Es war schon merklich leerer geworden, laut waren noch einige betrunkene Jugendliche, die einander quer durch das Zelt gegen die Wände schubsten. Celine ignorierte es, man wusste eh nie, wann es ernst wurde. Als sie ihr Shirt gefunden hatte, zusammengeknüllt und schmutzig unter einem der Biertische, stand Jan wieder vor ihr.

„Lass mich gefälligst in Ruhe!“, sagte Celine. „Ich will dich nicht, kapier es doch endlich!“ Jan sah Celine nur an und stürzte aus dem Zelt.

Celine überkreuzte die Arme und rieb sich die Schultern. Nicht weiterdenken, nichts mehr hochkommen lassen. Es war vorbei. Sie musste diesem Mann nie mehr in die Augen sehen, nie mehr seinen Atem riechen, den sie so abstoßend fand. Vor allem an jenem Abend.

Celine hatte Jans Ankündigung, er würde später warten, nicht ernst genommen, gedacht, er rede nur. Jan redete gern. Mit Händen und Füßen. Vier Flügel, wie eine Windmühle.

Celine hatte an der Theke noch ein kleines Pils getrunken, sie war froh, mit Jan endlich einmal Tacheles geredet zu haben. Vielleicht hatte er es ja nun endlich kapiert. Sie war traurig, wegen Jörg. Es hätte klappen können mit ihnen. Bestimmt. Aber er hatte eine Frau. Sie hätte gerne gewusst, wie sie war.

Als sie das Zelt verließ, krochen Nebelschwaden über den Boden und ließen den Kindergarten und die Turnhalle nur schemenhaft erkennen. Celine ging hinter den Buden entlang. Sie war so müde, dass ihr jeder Schritt schwer fiel, vielleicht, weil sie heute mit Jörg schon fast einen Schritt zu weit gegangen war. Als sie gerade das Pflaster an der Turnhalle betrat, meinte sie vom Spielgerüst Laute zu vernehmen. Wahrscheinlich ein Liebespaar, das nicht tun durfte, was es wollte, weil es nicht zusammengehörte. So wie sie und Jörg.

Es war eher eine Ahnung, die ihre Schritte plötzlich schneller werden ließ. Als sich dann von hinten eine Hand über ihren Mund legte, sie hinter die Büsche zwang, wurde ihr kalt. Der Mann stieß sie auf die Knie, riss ihren Rock hoch, zerfetzte den Slip. Er trug schwarze Handschuhe über kräftigen Fingern. Sonst sah sie nichts von ihm. Nach dem ersten tiefen Schmerz spürte sie kaum noch etwas. Nur eines drang zu ihr durch: Der Atem, der stoßweise kam. Diesen Atem würde sie nie vergessen. Bier und Erbrochenes. Das bleibt, auch wenn es nicht mehr da ist.

Er brauchte eine Weile, stöhnte nur leise. Dann schubste er sie mit dem Gesicht in den Dreck und verschwand.

An das Danach hatte Celine kaum Erinnerung. Zu Hause war sie duschen gegangen, heiß, bis die Haut krebsrot war. Aber ihr war kalt geblieben.

Ihr Fehlen bei den Umzügen an den nächsten beiden Tagen fiel kaum auf und ihre Mutter fragte nie nach ihrem Befinden, wenn sie kam, um ihr bei den täglichen Verrichtungen zu helfen.

Celine stand auf. Ihre Schritte knirschten auf dem Weg. Es wurde dämmrig und sie lief ein bisschen schneller, bis sie schließlich merkte, dass sie rannte. Es war noch nicht vorbei. Es würde nie vorbei sein. Aber er konnte es nie wieder tun.

Celine hatte damals mit dem Bau eines Walles begonnen, eine endgültige Trennung, eine Absage an das Hier und Jetzt. Sie war nur noch einmal zur Versammlung in die *Waage* gegangen. Als Jan ins Zimmer kam, grinste er sie an, so als sei nie etwas vorgefallen.

Sie hätte damals zur Polizei gehen sollen, sofort, aber was hätte das gebracht? Keiner hätte ihr geglaubt. Jan war wer. Und sie war nur Celine, die ohne Mann, die Neue, die es bestimmt darauf angelegt hatte …

Dann blieb ihre Regel aus. Ein Kind, ein Kind von Jan.

Celine hatte sich immer Kinder gewünscht. Aber nicht so und nicht von ihm. Sie ging zum Arzt, erzählte etwas von einer psychischen Notlage. Dann war es weg, das Kind jener Nacht.

Celine verkroch sich nach der Arbeit in ihrer Wohnung, ging nur vor die Tür, um ihre Mutter in der Kirchstraße zu besuchen oder einzukaufen. Einmal rief jemand vom Verein an, fragte, ob sie nicht mehr käme, aber Celine war so abweisend, dass das Gespräch schnell zu Ende war.

Ein paar Wochen später hatte Jan eine Freundin. Celine fühlte sich besser, sicherer. Aber er rief ständig an, besuchte sie sogar.

„Du hast eine Freundin“, sagte sie und machte die Tür hinter ihm zu. Jan trennte sich von der Frau.

Celine war zu Hause angekommen. Die Heizung lief auf vollen Touren, aber sie merkte es nicht. Sie knipste überall Licht an, Dunkelheit konnte sie immer noch nicht ertragen. Dann duschte sie heiß. Als sie aus der Dusche heraustrat, sah sie ihr Spiegelbild. Sie war dünn geworden, fast mager. Die Hüftknochen standen wie Speere in die Luft, ihre Augen lagen in tiefen Höhlen.

Aber nun war Jan weg, es würde gut werden. Celine schüttelte den Kopf. Nein, Jan war weg, aber es war nicht vorbei. Nicht die Kälte, nicht das mit dem Kind, gar nichts. Es war nie vorbei, was auch immer sie tat. Celine trocknete sich ab und aß einen Apfel. Das war alles, was sie sich zugestand. Er schmeckte fad. Eisberge haben keine Geschmacksnerven.

Draußen ertönte ein Martinshorn. Hatten sie Jan jetzt endlich gefunden?

Nach seinem Rausschmiss war Celine klar geworden, dass etwas passieren müsse, wenn sie hier überleben wollte. Aber noch duldete Celine nicht, dem einen Gedankenfaden zu folgen, noch verlor er sich in einem Knoten, den sie nicht entwirren konnte.

Gern hätte sie Neustadtgödens verlassen, doch sie konnte hier nicht weg. Wer hätte sich um ihre Mutter kümmern sollen, mit ihr einkaufen gehen, die Wohnung sauber halten? Niemals wäre ihre Mutter aus dem Ort weggegangen und außer Celine war niemand da. So musste sie durchhalten, da weitermachen, wo sie aufgehört hatte. Dort anknüpfen, wo sich vielleicht ein paar Geflechte von Freundschaft angebahnt hatten. Geflechte, die noch lose im Raum hingen, angefangen und ohne Halt.

Und dann hatte sie irgendwann den Gedanken doch zu Ende gedacht.

Als Jan das nächste Mal bei ihr anrief, sagte Celine zu. Er wollte kochen. Für sie beide bei sich zu Hause. In seinem neuen Haus Am schwarzen Brack.

„Ich will nur reden. Du bist so anders geworden."

Er hatte es also doch gemerkt. Es war jetzt ein Jahr und drei Monate her. Das Kind würde schon kleine Laute ausstoßen. Sein Kind. Es war tot, hatte keine Chance gehabt.

Celine machte sich sorgfältig zurecht für den Abend. Besondere Kleidung für besondere Anlässe. Das Shirt war hochgeschlossen, die Hose weit, aber geschmackvoll. Mit großer Sorgfalt steckte sie die Haare zusammen und schminkte sich. Die Augen betonte Celine mit einem zarten Violett, den Mund hob sie mit kräftigem Gloss hervor. Äußerlich war sie wieder da.

Jan wohnte genau so, wie Celine es erwartet hatte. Möbel wie aus dem Katalog, Poster an der Wand, mit Stecknadeln festgepinnt.

„Hallo Celine, schön, dass du heute Zeit hast." Jans Stimme war dumpf, tief, als spräche er aus dem Keller. Er servierte einen Nudelauflauf.

„Selbstkomponiert", lachte er. Dazu gab es Chianti.

„Ich trinke ja eigentlich so etwas nicht, aber hierzu passt Wein", sagte er. Jan nahm einen kleinen Schluck und holte dann doch die Cola und den Weinbrand.

Celine stocherte im Essen, nippte ein bisschen am Chianti. Sie beobachtete, wie Jan seinen Charly mixte, und tauchte dann ihren Blick in die rubinrote Farbe des Weines, der im Schein der Kerze schimmerte.

Schließlich legte Jan seine Finger auf ihre Hand. Celine spürte einen Schlag, ließ sie aber liegen und zwang sich zu lächeln.

Jan roch nach Rasierwasser. *Elements Aqua*. Heute besonders intensiv. Ein letztes Aufbäumen seiner Zellen, Geruchsmarke für die Ewigkeit.

Celine stand auf. Es war erst einen Abend her. Sein Rasierwasser klebte ihr noch immer in der Nase, penetrant, nicht auszulöschen. Die Polizei würde es riechen, sie damit entlarven. Wahrscheinlich würde sie ohnehin schnell herausfinden, wer es gewesen war. Celine war kein Profi, hatte sicher Fehler gemacht. Sie spürte, wie Panik sie überfiel. Sie würden kommen, sie holen. Bald. Das hatte sie vorher nicht bedacht. Dass es kein Danach gäbe. Nach so etwas. Nicht hier.

Aber Jan hatte es verdient.

Er hatte dann noch Kaffee aufgesetzt. Und als er aus der Küche kam, pustete er ihr seinen Atem in den Nacken, strich mit den Fingern ihre Wirbelsäule hinauf. Celine hielt still. Sie hatte keine Angst. Angst kann nur der haben, der verletzt werden, der etwas verlieren kann. Celine hatte nichts mehr zu verlieren. Und Jan stand im Leben. Dort gehörte er nicht mehr hin.

Im Hintergrund war das Glucksen der Kaffeemaschine zu hören.

„Hört sich an wie Kotzen", dachte Celine und nahm den immer stärker werdenden Duft in sich auf. Kaffee und *Elements Aqua*. Das war einzigartig, brannte sich ein.

Jan setzte sich neben sie, rückte mit dem linken Knie nah an ihr rechtes. „Celine“, sagte er noch, ehe er verstummte.

Es war ein klassischer Mord, nicht besonders spektakulär. Aber der spitze bronzene Brieföffner auf dem Couchtisch war in Reichweite, ersetzte das Messer in ihrer Tasche.

Celine wusch noch ab, brachte den Müll hinaus und wischte mit einem Tuch überall herum, wo ihre Fingerabdrücke sein könnten. Den Kaffee trank sie nicht, er war gerade mit einem letzten Rülpser durchgelaufen.

Nach einer Stunde war sie fertig und verließ das Haus.

Celine fror noch immer und wickelte sich in eine Decke ein. Vor allem, als noch mehr Martinshörner zu ihr hoch drangen. Das bessere Gefühl war nur ein Trugschluss, nur für den Moment gewesen.

Jans Beerdigung war eine Woche später. Die evangelische Kirche war bis zum letzten Platz besetzt. Celine hatte gerade noch einen Stuhl auf dem Gang ergattert.

„Hallo Celine.“ Die Frau. Jans Freundin. „Ich habe ihn so geliebt. Und er wollte immer nur dich.“

Nach der Trauerfeier, als der Sarg auf seinem Wagen quer durch Neustadtgödens zum Friedhof geleitet wurde, heftete sich die Frau wieder an Celine.

„Jan wäre bei mir geblieben, wenn es dich nicht gegeben hätte“, sagte die Frau. „Wir hatten so viel gemeinsam. Es waren nur Kleinigkeiten: Wir mochten beide kein Bier, lieber Charly. Und alles andere hätten wir hinbekommen. Auch, dass er keine Kinder zeugen konnte. Es hätte andere Wege gegeben.“

Die Frau schluchzte leise auf, drückte sich ein Taschentuch vor den Mund und verschwand.

Celine ging nicht mehr mit auf den Friedhof. Sie zitterte, sah den winzigen Knoten, der sich entwirrte. Der Knoten, der sie über ein Jahr lang abgehalten hatte, den Gedanken zu Ende zu denken.

Reiner M. Sowa

Nie wieder Norddeich

Bücher haben schon immer eine Faszination auf sie ausgeübt. Auch jetzt, an diesem verlängerten Wochenende, das sie in Ostfriesland verbringt. Während sie in der gut sortierten Buchhandlung vor einem Regal steht, hebt und senkt sich ihr lockiger, kurzer Haarschopf, dessen Farbe an einen alten Bordeaux-Wein erinnert, als wolle sie sich einen Überblick verschaffen über das reichhaltige Angebot ostfriesischer Literatur.

Sie zieht einen Kurzkrimiband aus dem Regal, blättert darin wahllos, entdeckt eine Story mit dem Titel *Nie wieder Norddeich* und beginnt zu lesen:

„Wo führst du mich hin?", fragte Sabine.

„Überraschung!", antwortete Thomas, legte den Arm um ihre Hüften und half ihr über die Holzstufen zum alten Bootsschuppen. Er öffnete die unverschlossene Tür. Das Quietschen der Scharniere gab der Situation etwas Mystisches. Sie standen in einem dunklen Raum, vor ihnen ein großes Ruderboot, an den Wänden Fischernetze. Thomas nahm sein Feuerzeug und zündete eine Petroleumlampe an, die an der Wand hing.

„Komm ins Boot!", forderte er sie auf. Sie setzten sich auf eine Planke, wobei das Boot leicht schwankte. Er strich Sabine durchs Haar und küsste sie zärtlich.

Sie wollte gerade den Kuss erwidern, als die Tür erneut quietschte.

„Überraschung!", hallte ihnen eine raue Männerstimme entgegen, die zu einem großen und stämmigen Mann gehörte …

Sie klappt das Buch zu, hält es mit einer Hand an ihre Brust gepresst und hastet an die Kasse, als ob sie es plötzlich sehr eilig hätte.

„Das nehme ich mit", informiert sie den Buchhändler.

„Eine gute Wahl", lobt er und tippt den Kaufpreis ein. „Kurzkrimis aus Ostfriesland sind der Renner."

„Ich lese eher aus beruflichem Interesse." Sie legt einen Zwanzig-Euro-Schein auf den Tresen.

„Arbeiten Sie für einen Verlag?"

„Nein, ich produziere Filme, und hier ist eine Geschichte", sie nimmt das Buch in die Hand und blättert eine Weile, bis sie sie findet, „die man sicherlich am Hafen von Norddeich drehen könnte. Kennen Sie den Autor?"

Der Buchhändler nickt. „Wilfried Klaaßen. Es ist seine erste Veröffentlichung und die brutalste Story in diesem Band."

„Wissen Sie, wie man ihn erreichen kann?"

„Der wohnt hier in Norden. Wenn Sie wollen, rufe ich ihn an." Der Buchhändler hebt den Telefonhörer ab. „Mensch, was wird der sich freuen, wenn er hört, dass seine Geschichte verfilmt werden soll."

***

Das Hotel *Zur Post* liegt im Zentrum von Norden und ist ein familiär geführtes Haus mit einem gemütlichen Café im Erdgeschoss. Die Filmproduzentin sitzt an einem kleinen runden Tisch vor dem Fenster mit Blick auf die Straße und den dahinter liegenden Park.

Wilfried Klaaßen kommt pünktlich in Jeans und hellem T-Shirt. Sie winkt ihm zu, als er die Tür öffnet.

„Hallo, Sie müssen Herr Klaaßen sein."

„Ja, richtig. Guten Tag." Er reicht ihr die Hand, und sie begrüßt ihn mit einer gewissen Aufgeregtheit, beinahe so, als müsste sie sich einer mündlichen Prüfung stellen. Sie zeigt auf den Stuhl ihr gegenüber und mustert seine körperliche Fülle, die trotz seiner Größe nicht zu verbergen ist.

„Mein Name ist Dechling. Der Buchhändler hatte Ihnen gesagt, warum ich Sie treffen wollte, nicht wahr?"

„Sie möchten meine Kurzgeschichte verfilmen. Mehr hat er nicht gesagt." Klaaßen legt unbeholfen seine Hände auf die Oberschenkel.

„Mir gehört eine Filmgesellschaft, und ich finde, dass man aus *Nie wieder Norddeich* einen packenden Fernsehfilm produzieren könnte."

„Klingt gut", sagt Wilfried Klaaßen etwas verlegen. „Ich hab zum ersten Mal veröffentlicht."

„Das merkt man an einigen Stellen." Sie zeigt ihm ein freundliches Lächeln. „Aber das ist nicht tragisch, denn wir würden die Geschichte sowieso überarbeiten, damit sie filmreif wird."

„Müsste viel geändert werden?"

„Das ein oder andere." Sie betrachtet sein Gesicht mit den Bartstoppeln, die ungleichmäßig aus der talgigen Haut sprießen. „Wenn Sie wollen, gehen wir die Geschichte durch und ich sage Ihnen, wie ich mir den Ablauf vorstelle."

Klaaßen nickt unsicher, worauf sie das Buch aufschlägt und mit einer Stimme, die nicht über den Tisch hinausschallt, vorliest:

„Überraschung!", hallte ihnen eine raue Stimme entgegen, die zu einem großen und stämmigen Mann gehörte, dessen lange Haare am Hinterkopf mit einem Gummi zusammengehalten wurden. Ihm folgte ein zweiter Kerl, mindestens zwei Kopf kleiner. Er hatte einen Igelhaarschnitt und hielt eine Bierflasche in der Hand.

Mit großen Schritten kamen sie ins Boot und setzten sich auf die gegenüberliegende Ducht. Der Langhaarige streckte den Arm aus und fasste an Sabines Busen.

„Lassen Sie das!", sagte sie ängstlich und schob seine Hand weg.

Der Eindringling lachte auf, als hätte Sabine einen guten Witz gemacht, und wandte sich an seinen Kumpel. „Die Kleine ist was für dich, Arno."

„Nach dir, Jan", antwortete Arno.

Jan versuchte nochmals, Sabines Brust zu berühren, aber das Mädchen zuckte zurück. Seine Hand rutschte ab und blieb auf ihrem Knie liegen.

Sabine sah ihren Freund an, der nicht reagierte.

Die Filmproduzentin unterbricht ihre Vorlesung. „Mir gefällt nicht, dass das Mädchen die Männer nur so halbherzig abweist. Was haben Sie sich dabei gedacht?"

Unsicher weicht Klaaßen dem Blick seines Gegenübers aus und schluckt einen Kloß hinunter. Es scheint ihm unangenehm zu sein, über den Text zu sprechen. „Ich denke, dass Sabine eingeschüchtert ist. Zwei fremde Männer, die sie in dem dunklen Schuppen überfallen, das schockt eine Frau."

„Trotzdem, an dieser Stelle müsste die Reaktion der Frau stärker herausgearbeitet werden", beharrt die Produzentin. „Keine Frau lässt sich ohne Weiteres an die Brust fassen."

Der Autor nickt.

„Und warum bleibt Sabines Freund so ruhig?"

Klaaßen reckt seinen Oberkörper, sein massiger Brustkorb zeichnet sich unter dem T-Shirt deutlich ab. „Thomas ist so ein Brillenträger, ein Intellektueller, der Jan und Arno körperlich nicht gewachsen ist. Der hat einfach nur Angst."

In Klaaßens Blick liegt etwas, das die Filmeproduzentin als Schadenfreude interpretiert. Sie ballt ihre Hände unter dem Tisch und liest angestrengt weiter:

Arno setzte die Bierflasche an den Mund, nahm einen großen Schluck, dann hielt er sie Sabine hin. „Willst du auch?"

Das Mädchen schüttelte den Kopf.

„Wenn du was trinkst, lassen wir euch laufen."

Sabine zögerte. „Was meinst du, Thomas?", fragte sie ängstlich.

Thomas nickte.

Sie beugte sich nach vorn. Dabei spürte sie den Mundgeruch des stämmigen Jan. Vorsichtig ergriff sie die Flasche. Jan langte überraschend in den Ausschnitt ihres Kleides. Seine Fingerspitzen ertasteten die weiche Haut des Busens und die Brustwarze. Sie schnellte zurück, holte aus, um die Flasche gegen den Eindringling zu schmettern.

„Sehen Sie, hier ist endlich eine Reaktion, die aber noch stärker sein könnte. Am Anfang ist mir alles zu träge. Auch wenn das Opfer eingeschüchtert ist, in ihm brodelt es, und das muss herausgestellt werden."

Der Autor starrt nachdenklich auf das glatte weiße Tischtuch.

Mit der linken Hand gelang es dem Langen, die Flasche zu ergreifen. Mit der Rechten schlug er ihr ins Gesicht, und zwar so hart er konnte. Ein angenehmes Brennen auf seiner Handfläche verriet ihm, dass er gut getroffen hatte. Sie schrie auf. Am Rande seines Blickfeldes sah Jan, dass Thomas aufsprang. Das war genau das, womit er gerechnet hatte. Er stieß das Mädchen zurück, so dass sie mit einem dumpfen Aufprall auf den Schiffsboden stürzte.

„Lasst Sabine in Ruhe. Seht ihr denn nicht, dass sie das nicht will?" Wutentbrannt holte Thomas zu einem Faustschlag aus. Geschickt wich Jan der Attacke aus. Das Boot schwankte, dann versetzte er Thomas mit seinem Ellenbogen einen Hieb in die Magengrube. Thomas krümmte sich vornüber, was der Langhaarige zu einem Kniestoß gegen sein Gesicht nutzte. Das empfand er zwar nicht als so schön, wie Sabine zu traktieren, es machte ihm aber trotzdem Spaß. Thomas' Nase blutete.

Jetzt wurde Arno, der Kleine, aktiv. Er nahm ein Fischernetz von der Wand und warf es geschickt über Thomas. Wenige Augenblicke später war Sabines Freund gefesselt.

Jan packte den Träger von Sabines Kleid. Der Stoff war weich und dünn. Ein kräftiger Ruck genügte und das Kleid riss bis zum Bauchnabel. Sabine schrie und versuchte, ihre Brüste mit den Händen zu bedecken.

Der Langhaarige schluckte. Ihre Schüchternheit erregte ihn aufs Höchste.

Frau Dechling legt das Buch aufgeschlagen auf den Tisch.

„Sie wechseln ständig die Perspektive, mal erzählen Sie aus der Sicht der Opfer, mal aus der der Täter."

„Ich wollte, dass der Leser die Gefühle beider Seiten erfährt", erklärt Klaaßen.

Die Filmproduzentin schüttelt den Kopf. „Das geht so nicht, vor allem nicht im Film. Es wird ein brutaler Überfall gezeigt und der Zuschauer fühlt mit dem Opfer. Die Gefühle der Täter sind ihm völlig egal. Können Sie das nachvollziehen?"

Klaaßen zuckt mit den Schultern. „So wollte ich die Geschichte aber nicht erzählen."

Frau Dechling winkt ab. „Das Opfer wird in meinem Film im Vordergrund stehen. Weiter im Text."

„Steh auf und trink!", forderte Jan Sabine auf. „Aber mach keinen Scheiß!"

Ihre Knie zitterten, als sie wieder vor ihm stand und die Bierflasche an sich nahm.

Die fremden Männer taxierten ihre Brüste. Sabine schämte sich, und das nahm Jan mit Wohlwollen zur Kenntnis. Er packte ihr Kleid und riss es ihr komplett vom Leib. Mit einer schnellen Bewegung hob sie die Flasche und ließ sie auf ihn herunterfahren. Jan wich jedoch aus und ergriff ihr Handgelenk. Die Flasche landete auf dem Bootsboden und zersprang in kleine Stücke. Das Bier verteilte sich auf den Holzplanken, es erfüllte den Raum mit seinem typischen Geruch. Jan legte Sabine über seine Knie und riss wild schnaubend ihren Slip herunter. Seine Hand schlug kräftig auf ihr Gesäß, bis ein helles Rot die beiden Hügel überflammte. Sie schluchzte. Der Langhaarige richtete sie auf, um sie zu betrachten. Sie hatte hübsche Schultern, auf denen sich ein Sonnenbrand abzeichnete, eine schmale Taille und volle Hüften. Er zog sie auf seinen Schoß und umfasste von hinten für einen Moment ihre Brüste, um dann eine Hand über ihren Bauch zwischen die Schenkel gleiten zu lassen. Grob drangen seine Finger in sie ein. Sabine weinte.

Jan setzte sie auf die gegenüberliegende Bank. Er erhob sich, öffnete seinen Gürtel und zog die Hose herunter. Er hatte das Gefühl, noch nie in seinem Leben so erregt gewesen zu sein. Sabines entsetzter Blick auf seine Männlichkeit stachelte ihn noch mehr an. Nichts in der Welt konnte ihn jetzt noch zurückhalten.

„Lasst sie in Ruhe! Das ist jetzt genug! Sie will das doch gar nicht!", schrie Thomas und zerrte an dem Netz. Die Eindringlinge lachten höhnisch.

„Guck mal lieber zu. Dann siehst du, was eine richtige Nummer ist!", rief Arno Sabines Freund zu.

Jan zwang Sabine auf die Knie. Eine Scherbe drückte sich in ihren Unterschenkel. Sie wehrte sich.

Wieder legt die Filmproduzentin das Buch auf den Tisch.

„So nimmt Ihnen die Story niemand ab."

„Der Verlag hat es getan“, entgegnet der Autor.

„Wir sprechen jetzt über einen Film.“ Eine Lockensträhne fällt der Produzentin in die Augen. Sie streicht sie mit einer hastigen Bewegung aus dem Gesicht. „Warum rief Sabine nicht um Hilfe, oder ihr Freund?“

„In dem Bootsschuppen hätte sie keiner gehört. Und sie wussten, dass Arno und Jan jeden Schrei mit ihrer Brutalität unterdrückt hätten.“

„Trotzdem. Versetzen Sie sich in Sabine! Die Schnittverletzung am Unterschenkel ist purer Schmerz, und Sie schreiben nur, dass sie sich wehrt.“ Dechlings Tonfall zeigt keinen Zweifel, dass sie über den Ablauf der Geschichte nicht mit sich reden lässt. „Das Mädchen hat geschrien und wie eine Furie um sich geschlagen. Sie hatte eine Todesangst, die sie nicht lähmte, sondern anstachelte. Alles, was sie wollte, war so schnell wie möglich aus diesem beschissenen, nach Fisch stinkenden Schuppen herauszukommen.“

Der Schriftsteller blickt mit blassem Gesicht auf die Filmemacherin und sagt kein Wort.

Sie zieht das Buch wieder heran und trägt mit geübter Stimme vor:

Jan warf sich auf sie, sein Gewicht erschwerte ihr das Atmen. Er versuchte, in sie einzudringen, was ihm nicht gelang. Er fluchte, griff in ihr Haar und schlug sie mit der Stirn auf den Schiffsboden. Sabine schrie auf.

Plötzlich hatte der Langhaarige eine Idee.

„Leg ihrem Freund ein Seil um die Gurgel“, sagte er zu seinem Kumpan.

Arno grinste, legte eine Netzschlinge um Thomas’ Hals und zog sie zu.

Thomas röchelte.

Sabine hörte mit dem Schluchzen auf. „Lasst ihn in Ruhe. Ihr erwürgt ihn noch.“

„Dann halt du still!“, forderte Jan.

Sabine starrte ihn entsetzt an, wusste, dass sie keine Wahl hatte. Sie zögerte.

Die beiden Männer ergötzten sich an ihrer Angst. Arno zog die Schlinge enger. Thomas’ Augen traten hervor.

„Aufhören!“, schrie sie. „Ich tu’s!“

Frau Dechling hält kurz inne.

„Das ist feige“, sagt sie dann. „Sabine liebt Thomas. Sie würde alles tun, um ihm zu helfen. Und das soll der Zuschauer im Film deutlich spüren.“

Mit leiser Stimme fährt sie fort:

Der Langhaarige brachte sie wieder auf die Knie und drückte ihren Oberkörper herunter. Sabine schrie auf vor Schmerz, als er eindrang, was seine Lust noch vergrößerte. Sie verkrampfte sich, leistete aber keinen Widerstand mehr. Sie schloss die Augen. Obwohl ihr Körper nach dem vorausgegangenen Kampf schweißüberströmt war, zitterte sie.

„Nach mir bist du dran!“, rief Jan.

Arno glotzte lüstern.

Die Filmemacherin senkt ihre Hände in den Schoß und schiebt sie fest ineinander. „Die Erregung der Männer kommt gut raus. Das haben Sie erzählt, als ob Sie es selbst erlebt hätten.“ Sie sieht verstohlen zu Wilfried Klaaßen.

Er schwitzt.

Die Produzentin nimmt das wohlwollend zur Kenntnis und führt ihre Kritik an Klaaßens Geschichte fort, als sitze er auf der Anklagebank.

„Und das Ende der Story will ich gar nicht vorlesen. Es ist grottenschlecht. Der Leser hat den Eindruck, dass diese Vergewaltiger ungeschoren davonkommen. Verstehen Sie? Sabine und Thomas haben die Hölle in diesem Bootsschuppen durchgemacht. Beim Leser hat sich eine enorme Wut aufgebaut, er will jetzt Gerechtigkeit. Aber Sie klären diesen abscheulichen Fall gar nicht auf. Man bekommt den Eindruck, Sie solidarisieren sich als Autor mit den Tätern. Das ist kein gutes Debüt, das Sie da hinlegen.“

Wilfried Klaaßen klopft auf die Gesäßtasche seiner Jeans und zieht eine Zigarettenpackung heraus. Er will nach einer Zigarette greifen, aber die Schachtel ist leer.

„Nein, so können wir Ihre Geschichte nicht drehen“, sagt Frau Dechling nach einem Moment der Stille. „Deshalb werden wir sie anders enden lassen.“

Sie blickte aus dem Fenster, als sei in den Straßen von Norden der Ausgang der Geschichte zu lesen.

„Versetzen wir uns in den Leser, Herr Klaaßen, der auf mehreren Seiten eine brutale Vergewaltigung verdauen musste. Er fragt sich, was machen Sabine und Thomas nach diesem Schock und wie verhalten sich Jan und Arno, die beiden Bestien. Letztere haben natürlich ein Problem. Sie haben eine Frau vergewaltigt, ihnen wird klar, dass sie in den Knast gehen, wenn das rauskommt. Und Sabines Freund, der im Fischernetz gefangen alles mit ansehen musste, ist Zeuge des Verbrechens. Er muss weg. Deshalb fesseln die Männer Sabine in dem Schuppen, schleifen Thomas aus dem Bootshaus und ertränken ihn in der Nordsee. Jan und Arno geraten in Streit, was sie mit Sabine machen sollen, entscheiden sich schließlich, sie laufen zu lassen."

Die dunklen Augen der Filmemacherin starren Klaasen direkt an. Der wendet sich ab, weshalb sie nach einem Moment der Stille fortfährt: „Sabine legt sich notdürftig ihr zerrissenes Kleid um den Körper und geht zu Fuß den weiten Weg von Norddeich nach Norden, immer im Schatten der Häuser, damit sie niemand sieht. Sie wohnt hier in diesem Hotel, Zimmer 113. Sie duscht und wäscht sich ihr Schreckenserlebnis vom Körper. Durch den Abfluss laufen aber auch die Haar- und Spermaspuren der Täter. Sabine ist neunzehn Jahre alt und hat keine Ahnung, dass sie die einzigen Beweismittel weggeduscht hat. Bilder wirbeln durch ihre Kopf, es ist, als ob sie sich innerhalb von zehn Sekunden durch dreißig Fernsehkanäle zappt. Der Bootsschuppen, Thomas gefesselt im Fischernetz, der Langhaarige, der ihr an die Brust grapscht, sein Kompagnon, der sich daran aufgeilt, die zerbrochene Bierflasche, ihre Schnittwunde am Unterschenkel, die Bilder wiederholen sich in rasender Geschwindigkeit. Sie kann nicht einschlafen und entschließt sich am nächsten Morgen, zur Polizei zu gehen."

Die Filmemacherin versucht, Wilfried Klaaßen in die Augen zu sehen, und wenn Blicke Messerstiche wären, hätte er heftigst zu bluten begonnen. Der Autor aber stiert nur vor sich auf den Tisch.

„Die Polizei fragte genau nach, wollte jede Kleinigkeit wissen. Sie fuhren mit Sabine zu diesem Bootshaus. Es war aufgeräumt und sauber, kein Glassplitter war zu entdecken. Die

Vergewaltiger mussten noch in der Nacht den Tatort sorgsamst gereinigt haben. Sabine fühlte sich wie eine Lügnerin. Und wo war Thomas? Sie wusste nicht, dass Jan und Arno ihn ertränkt hatten. Sie wollte bei der Polizei eine Vermisstenanzeige erstatten, wollte, dass die Polizei ihren geliebten Freund sucht. Pustekuchen. Die Bullen machten nichts. Sabine war verzweifelt, fuhr schließlich allein zurück nach Bochum, wo sie Film- und Theaterwissenschaften studierte."

Wilfried Klaaßen sieht erschrocken auf die Filmemacherin, die ungerührt ihre Schilderung fortsetzt.

„Ein paar Tage später wurde Thomas tot aus dem Wasser gefischt. Wieder musste Sabine zur Polizei und erzählte ihre schrecklichen Erlebnisse. Es schien, als würde man ihr jetzt glauben, denn die Gerichtsmediziner hatten festgestellt, dass Thomas eine Strangulationsspur am Hals hatte. Doch da Sabine nicht in der Lage war, eine vernünftige Personenbeschreibung abzugeben, blieben die Täter unerkannt. Trotzdem konnte sie die Tat nicht vergessen. Es gab nicht nur seelische Narben. Auch zwölf Jahre nach der Vergewaltigung juckt die Narbe am Unterschenkel immer noch, da nützt auch das beste Narbenpflegemittel nichts."

Die Filmemacherin streckt ihr Bein seitlich aus und schiebt die Jeans bis zum Knie. Eine fünf Zentimeter lange Narbe leuchtet rot, als ob die Hautpartien erst kürzlich zusammengewachsen wären.

Klaaßen setzt sich aufrecht hin und verschränkt die Arme vor der Brust. „Sie können mir nichts beweisen", sagt er leise.

„Ich weiß", antwortet Sabine Dechling. „Aber sagen Sie mir bitte, warum? Warum haben Sie ein junges Liebespaar in dem Bootsschuppen überfallen?"

Wilfried Klaaßen ist unfähig, seiner Gesprächspartnerin in die Augen zu sehen. Sein Mund hat einen trotzig-mürrischen Zug, und er zögert einen Moment, bevor er antwortet: „Auch wir waren damals jung und zu jedem Spaß aufgelegt. Anfangs wollten wir das Pärchen, das Hand in Hand in den Schuppen schlich, nur ärgern. Und dann kam eins zum anderen. Wir hatten uns gegenseitig hochgeschaukelt, es gab kein Zurück mehr."

Klaaßen schweigt, mit seinen Gedanken irgendwo in der Vergangenheit. Sie will ihm gerade einen neuen Anstoß geben, als er von selbst zu sprechen fortfährt.

„Sie müssen mir glauben, dass wir am Ende vor uns selbst erschrocken waren, als wir ein Menschenleben auf dem Gewissen hatten."

Sabine Dechling steigen Tränen in die Augen, aber sie unterdrückt sie.

„Das klingt wie eine billige Entschuldigung", sagt sie mit fester Stimme und richtet ihren Blick auf Klaaßen. „Wissen Sie, was mich seit dem Verbrechen angetrieben hat?" Sie gibt die Antwort, bevor Klaaßen reagieren kann. „Dass Sie und Henning, den Sie in der Kurzgeschichte Arno genannt haben, vor Gericht stehen und verurteilt werden."

„Wie gesagt, Sie können mir nichts beweisen." Wilfried Klaaßen reibt sich selbstbewusst seinen Stoppelbart.

„Und Henning? Was macht er jetzt?"

„Henning war Fischer. Er ist vor einigen Jahren bei Sturm vom Fischfang nicht zurückgekommen."

Sabine Dechling nickt mit zufriedenem Gesichtausdruck. In ihr breitet sich ein Gefühl aus, als orientiere sich das Schicksal an der Gerechtigkeit.

„Ich habe Sie nicht angelogen, als ich Ihnen gesagt habe, dass ich Filmemacherin bin. Meine Spezialität sind Dokumentarfilme über Frauenschicksale."

„Meine Kurzgeschichte kriegen Sie aber nicht", entgegnet Wilfried Klaaßen entschieden. Er macht Anstalten aufzustehen.

„Brauche ich auch nicht", sagt sie ruhig und pflückt den Blumenstrauß auseinander, der auf dem Tisch steht. Ein Sendemikrofon kommt zum Vorschein.

„Und da", Sabine Dechling zeigt auf die Küchentür, die einen Spalt geöffnet ist, „steht mein Kameramann."

Monika Buttler

Wiedersehen in Papenburg

Nein, er hatte mich nicht erkannt. Ich war ganz sicher. Sein Blick glitt ab, als sei ich ich gar nicht da. Mehr als zwanzig Jahre lag das alles jetzt zurück.

Meine Gesichtskonturen waren inzwischen auf Abwärtskurs, das Blau der Augen versteckte sich in tiefen Höhlen. Mein Naturblond leuchtete zwar noch makellos, konnte mich aber auch nicht mehr retten. Ich war zweiundsechzig.

Mit *ihm* und vierunddreißig anderen Teilnehmern saß ich im WC-bestückten Komfortbus von Hamburg nach Papenburg.

Papenburg? Ganz richtig. Kennen Sie doch. Aus dem Fernsehen. Papenburg mit der Meyer-Werft. Fröhliche Menschenmassen drängen sich an der Ems und klatschen euphorisch, wenn sich der neueste Luxusliner langsam, langsam durch das zu flache Gewässer schiebt.

Wir alle im Bus waren Gewinner. Und wer es, im Dämmerschlaf des allzu frühen Herbstmorgens, noch nicht begriffen hatte, erfuhr es jetzt in schmerzender Lautstärke. „Meine Damen und Herren!“, rief der Reiseleiter begeistert. „Sie haben gewonnen! Bei unserem Preisausschreiben *Wie heißt Deutschlands berühmteste Fußcreme mit sechs Buchstaben.* Freuen Sie sich auf eine Tagestour in die uralte Moor-Stadt Papenburg!“

Die Dösenden, überwiegend grauköpfige Gestalten in Senioren-Beige, applaudierten apathisch.

Schräg gegenüber von mir lehnte *sein* Rücken im Gestühl: Karlheinz Grotekamp. Sonnenbankbräune über gemeißelten

Magenfalten, schwarz gefärbtes Resthaar, noch immer der schlanke, federnde Typ, doch nun ein abgelebter Beau von zweiundfünfzig. Neben ihm klirrte schweres Gold, die Hand einer fülligen, hochblondierten Matrone strich zärtlich über den Männerarm. Der Arm schüttelte die Hand ab, beiläufig, wie ein störendes Insekt. Eine Noch-Geliebte? Oder die noch amtierende Ehefrau?

„Carlo!", spitzte sich der Mund der Dame, dann schloss er sich beleidigt.

Wieder ein weibliches Leben, in das *er* Wunden schlug. Auch mir hatte er Wunden geschlagen, ins Fleisch und in die Seele. Ja, es ist das Hinkebein. Ärztepfusch?, höre ich Sie fragen. Ein Arzt von eigenen Gnaden, würde ich sagen, Karlheinz Grotekamp ist Heilpraktiker. Ich kam wegen meines Heuschnupfens, und er spritzte mir Eigenblut. Verzögert und verunreinigt – plötzlich war ich rechts gelähmt. Er tauchte unter, man munkelte sogar von Selbstmord, und nun saß er hier in all seiner selbstherrlichen Lebendigkeit im Bus. Mein hässliches Souvenir sagt es mir mit jedem Schritt: Er hat mir Gesundheit und Schönheit genommen – er nahm mir das Leben. Dafür werde ich ihm das seine nehmen.

„Papenburg!", schrie der Reiseleiter. Im Fluge sahen wir das Ortsschild, dann stiegen wir am Bahnhof aus. Wir reckten unsere gichtigen Glieder und hörten, was man uns von der Fußcreme-Firma zu offerieren hatte. „Ausflug Nummer eins", schmetterte es gegen unsere Köpfe. „Sie besichtigen die fast 400 Jahre alte Moorkaten-Siedlung des Ortsgründers Dietrich van Velen und erholen sich anschließend im *Papenbörger Hus* bei Bauckweiten-Janhinnerk, das ist ein Buchweizenpfannkuchen, und dazu original ostfriesischem Tee. Na?" Er sah herausfordernd in die Runde. Einige schauten zweifelnd auf ihre Füße, obwohl die doch dank „Gehgut" in einer Superform sein mussten. „Gar nicht anstrengend", warb der Reiseleiter, und so sammelte sich knapp ein Drittel der Teilnehmer unter dem Schildchen *Ausflug 1*, das eine junge Blondine in blauweißer Landestracht unerschrocken in die Höhe hielt.

Ich beobachtete derweil aus den Augenwinkeln mein wiederentdecktes Hassobjekt. Karlheinz Grotekamp musterte die

Einheimische mit lüsternem Blick und ließ ihn dann wie unentschieden zurückwandern. Zu einer nicht minder blonden Schönheit im Ledermini, die den Altersdurchschnitt unserer Reisegruppe erheblich senkte.

„Ausflug Nummer zwei." Der Reiseleiter straffte sich zu neuem Enthusiasmus. „Die berühmte Meyer-Werft. Erleben Sie hautnah den Bau großer Luxusliner, mit denen Sie vielleicht später die Weltmeere bereisen. Na?" Trotz der Kühle glänzte Schweiß auf seiner Stirn. „Muss man gesehen haben", murmelte es vielstimmig um mich herum, und ein großer Pulk scharte sich um einen jungen Mann mit Kapitänsmütze. Er winkte mit dem Schildchen *Ausflug* 2.

Ich hielt mich dicht an Grotekamp und seine in rosa Chanel kostümierte Begleiterin. „Au ja, das machen wir", hörte ich sie schmeicheln. „Weißt du noch, Carloschatz – unsere Traumreise mit der *Radiance*?"

„Blödsinn. Die sprechen über Schiffsbau. Das kapierst du doch sowieso nicht." Grotekamp stieß ihre molligen Arme so brutal von sich, dass mir die Dame rückwärts entgegenfiel.

„Kennen wir uns?" Grotekamp krauste seine braune Stirn.

„Glaube ich nicht. Hamburg ist groß." Ich errötete nicht mal.

„Ausflug Nummer drei. Fahren Sie mit dem Planwagen hinauf ins Papenburger Moor und stechen unter Anleitung des Moormeisters eigenhändig ein Stück Torf."

Das letzte Grüppchen blickte unentschlossen.

„Gruseleffekte inklusive!" Der Reiseleiter wurde lauter. „Und ein Spaziergang durch die einmalige wilde Sumpflandschaft! Na?" Er wies auf einen dottergelben überdachten Pferdewagen, von dessen Kutschbock ein älterer Mann mit rotem Halstuch unbewegt herüberblickte.

„*O schaurig ist's, übers Moor zu gehn*", deklamierte ich vernehmlich, und fünfunddreißig Köpfe drehten sich zu mir um. Ja, ich kann manchmal recht kess sein. Gelernt ist eben gelernt. Das Gedicht von Annette von Droste-Hülshoff kenn ich doch aus der Schule. Da mich nun alle so erwartungsvoll ansahen, sprach ich einfach weiter: „... *wenn es wimmelt vom Heiderauche / sich wie Phantome die Dünste drehn / und die Ranke häkelt am Strauche / unter jedem Tritt ein*

Quellchen springt / wenn aus der Spalte es zischt und singt / O schaurig ist's, übers Moor zu gehn / wenn das Röhricht knistert im Hauche."

Heftiger Beifall klapperte los. „Für mich bitte den Moor-Ausflug", drängten plötzlich die Rest-Teilnehmer, und aus der Werft-Gruppe lösten sich fünf, um in letzter Sekunde noch das Lager zu wechseln. Der Reiseleiter lächelte mich dankbar an.

„Wir machen das Moor!", befahl Grotekamp seiner Begleiterin.

„Ist das nicht gefährlich?" Ihre Stimme bebte. Ich musste an das zitterzarte Wollgras denken, das uns im Moor erwartete.

„Moorpackungen! Schönheit aus dem Schlamm! Das ist *die* Geschäftsidee. Da investieren wir." Grotekamp rieb sich die Hände.

„Du willst also wieder Geld von mir." Ich hörte ihre leise Empörung.

„Was denn sonst?"

Jetzt tat sie mir nur noch leid. Mein Hass auf ihn verdoppelte sich.

Unsere Moor-Gruppe hievte sich schnaufend in den Planwagen. Die Pferde trabten los, und wir warfen unsere Blicke hin und her. Überall Kanäle. Mit nostalgischen Klapp- und Drehbrücken. Wie in Holland.

„Dort ankert die Brigg *Friederike*." Der Kutscher, der den Reiseleiter ersetzt hatte, wies auf einen stattlichen Zweimaster. „Können Sie besichtigen."

Jetzt ächzten die Pferde eine Steigung hoch, rechts und links säumten nur noch Birken den Weg, und auf einem düsteren Waldplatz machte der Wagen rumpelnd Halt.

„Willkommen bei uns im *Wilden Moor*." Ein großer muskulöser Mann mit Schiebermütze und wattierter blauer Weste trat an das Gefährt und half uns einzeln herunter. Wir sammelten uns auf dem weichen, dunklen Boden und warteten. Niemand sprach. Es war so still hier. Eine seltsame Beklommenheit stieg in mir auf. Doch dann holte der Mann, der sich mit „Moormeister Onno Jessen" vorstellte, Flasche und Gläser aus dem Wagen, und alle prosteten sich zu, so dass es ganz laut wurde im Gehölz.

„Nu hebben Se Moorwaoter drunken", sagte Herr Jessen feierlich. „Maokt mall in de Kopp un dünnt dat Blaud."

„Moorwasser?" Grotekamps Begleiterin zog ein Igitt-Gesicht, und auch die andern schluckten, als müssten sie alles wieder von sich geben.

„War nur ein Scherz", fuhr der Moormeister auf Hochdeutsch fort und zwinkerte in die Runde. „Ist ein guter Papenburger Kräuterschnaps. – Und nun geht's in den Sumpf."

Am Waldrand, bei den letzten Föhren, blieb Onno Jessen stehen. „Hier beginnt unser *Wildes Moor.* Im Jahre 1631 wurde Papenburg als Fehn-Siedlung gegründet. Fehn ist niederländisch und heißt Moor …"

Ich sah hinüber auf die dicht bewachsene menschenleere Sumpflandschaft. Durch schilfige Gräser und Heidekraut schlug sich ein brauner, morastiger Weg, der sich fern verlor im Gestumpf kahler Bäume, die wie tot in den Himmel ragten. Nebliger Dunst lag über dem Schweigen. Nur ein Birkhuhn flog geräuschvoll auf.

„… 85 Prozent des Moors bestehen aus Wasser, der Rest aus verwesten Pflanzen. Bitte, kommen Sie! Aber niemals vom Weg abweichen", hörte ich den Moormeister mahnen. Wir folgten ihm, setzten tastend die Füße auf. Ich stieß meinen Krückstock rechts ins Ried – jetzt klebte modriger Schlamm daran. Wer da drin versank …

Aufatmend erreichten wir eine kleine Lichtung. Hier warteten schon Sticker, Schaufeln und eine Schubkarre auf uns.

„Torfsoden stechen. Wer fängt an?", rief Meister Jessen. „Nur wer sticht, kriegt die Papenburger Patent-Urkunde."

Einige Männer traten vor und spannten spielerisch die greisen Muskeln an, Karlheinz Grotekamp hatte bereits einen Sticker ergriffen.

Ich stand neben seiner ältlichen Gefährtin und bemerkte, wie sie sich verächtlich abwandte.

„Sie mögen dieses Macho-Spektakel wohl auch nicht?"

„Männer!"

Ich sah sie an. Nichts mehr von Häschen-Blick. Nur noch kalte, kaum beherrschte Wut.

„Man sollte sie alle umbringen!“, sagte ich. Nein, ich lachte nicht dabei. Todernst sagte ich das.

Zum ersten Mal schaute sie mir voll ins Gesicht, erstaunt, dann erregt, als habe sie eine Entdeckung gemacht. „Manchmal genügt auch einer.“

Niemand konnte uns hören. Höchstens ein paar zwergenhafte Birken, die unseren Rücken Halt boten.

„Ein ganz bestimmter?“, fragte ich nach.

„Ja. Der da.“ Sie nickte in Richtung Grotekamp, der gerade triumphierend seine mit Torf beladene Schippe hochhielt.

„Verstehe“, sagte ich. Das stimmte. Und wie das stimmte.

Jetzt kamen weitere Männer dran. Sie gruben, schaufelten und schwitzten. Mann für Mann. Hielten den Frauen wie Trophäen ihre Torfsoden hin. Nach dem fünften Schaufler kannte ich Rosis komplette Lebensgeschichte. Natürlich revanchierte ich mich. Nach dem achten Schaufler war uns klar: Beide sind wir Grotekamp-geschädigt. Sie finanziell, ich gesundheitlich.

„Inge“, sagte sie.

„Rosi“, sagte ich. Wir waren bewegt.

Die Torfstecherei war beendet.

„Bitte mal herhören“, rief der Moormeister. „Wir wandern jetzt noch tiefer ins Moor hinein, und ich erzähle Ihnen alles über die hier lebenden Tiere und Pflanzen. Der Weg ist mit Holzbohlen und Holzbrücken ausgelegt – bitte auf keinen Fall den Weg verlassen!“

Wir folgten ihm über die federnden Planken.

„Die Hauptpflanze des Moores ist das Torfmoos. Es saugt sich wie ein Schwamm mit Wasser voll und erwürgt Baum um Baum …“

Von unserer trockenen Insel aus blickten wir auf die zahllosen Gebilde, die scheinbar harmlos wie kleine Kissen im Sumpf lagerten.

„Diese Teiche nennt man ‚Mooraugen‘ …“

Mich überlief ein plötzlicher Schauder, und ich sah mich nach Rosi um. Sie war weg! Genauso wie ihr unerfreulicher Gefährte. Mein Gott, hatte sie etwa vor, den Grotekamp – oder war sie vielleicht selbst in Gefahr?

Ich ließ die Gruppe weiter vorausgehen und kehrte um. Derselbe Weg zurück, was konnte schon passieren? Alles war schließlich gesichert. Noch immer der Holzsteg. Beruhigend. Aber was war das? Ich erstarrte. Die Bohlen sackten plötzlich ab. Nein, das konnte nicht sein, alles Einbildung, sie wankten und schwankten nur. Diese Stille. Totenhaft. Nur ein schwacher Wind fuhr klagend durchs Röhricht, ein paar Föhren neigten lautlos ihre schwarzen Wipfel. Ich hörte mein Herz schlagen. War denn hier alles Leben verstummt? Nein, nicht ganz. Unter mir huschten blau schillernde Käfer über die Moose, dazwischen gurgelte schlammiges Wasser … Weiter! Nur hinaus aus diesem brütenden Schweigen. Ich schrak zusammen, als vor mir kreischend ein Schwarm Enten aufflatterte. Noch fester umfasste ich meinen Krückstock.

Endlich eine Brücke. Menschen! Ich war gerettet. Ich kam näher – und blieb wie festgeheftet stehen. Rosi! Der füllige Körper hing schon komplett über dem sumpfigen Grund, nur die Hände klammerten sich noch ans Holzgeländer. Grotekamp über ihr, schlagend und stoßend, sein Gesicht verzerrt vor Hass und mörderischer Entschlossenheit.

„Rosi!", rief ich laut. Aber es war schon zu spät. Während sich Grotekamp in panischem Erschrecken zu mir umdrehte, glitt sie hinein in das Moor, hilflos streckten sich ihre Hände nach dem unerreichbaren Geländer, sie sackte ein, langsam, aber unaufhaltsam schloss sich braun und blubbernd der Schlamm um sie. Sie schrie und schrie. Es waren Todesschreie, entsetzt erkannte ich es, ein verzweifelter Appell, endlich etwas zu tun.

„So tun Sie doch was!", herrschte ich Grotekamp an und bemerkte nicht mal das Groteske dieser Aufforderung. Der verhinderte Mörder starrte mich an, wütend, erschrocken und verstört zugleich. Dann rannte er wie ein Rasender in Richtung Waldplatz davon.

Ich hastete hektisch am Geländer hin und her. Unter mir Rosi, ihre Augen weit vor Angst. Sie strampelte wild und sank dabei noch tiefer in den blasigen Brei. Nur Kopf und Oberkörper ragten noch heraus.

„Dort, der Baum!", rief ich ihr zu. Rosi sah den modrigen Ast über sich, reckte die Hände, umkrallte ihn – aber das morsche Gezweig zerbarst. Jetzt hatte das Moor schon ihre Schultern erreicht.

„Deinen Stock“, keuchte sie. „Deinen Krückstock.“

Natürlich. Warum war ich darauf nicht gleich gekommen! Ich warf mich auf die Erde, machte mich lang, streckte den Stock, so weit ich konnte, durch das Geländer über den Sumpf. Gleich musste sie ihn fassen können – verdammt, er war zu kurz. Jetzt brach mir der Schweiß aus. Ich hörte nur noch ihre Schreie.

Plötzlich ein Rufen und Laufen neben mir. Eine Männerstimme: „Ich helfe Ihnen! Ruhig bleiben! Ich hol Sie raus, gleich haben wir es geschafft.“

Moormeister Onno Jessen lag schon in seinen vollen Einsneunzig auf dem Boden und schob einen Torfsticker über den Morast. Mit kräftigen Bewegungen zog er die Todeskandidatin heraus und zu sich heran. Rosi ließ sich zitternd aufhelfen, faulig stinkend lief der Schlamm an ihr herab. Von Chanel war nichts mehr übrig. Ich hätte sie umarmt, wollte aber nicht auch noch zum Schlamm-Monster werden.

„Danke“, keuchte Rosi. Zu mehr fehlte ihr die Kraft.

„Dat gung jo nochmol gaud. Gaud, dat ik min Sticker bei mi hebb.“

Hinter uns war inzwischen die Moor-Gruppe aufgelaufen.

„Bei mir geht keiner verloren“, sagte Onno Jessen. „Wenn einer verschwindet, wird er gesucht. Aber wieso“, er wandte sich an Rosi, „mussten Sie nun gleich ein Moorbad nehmen?“

„Weil ihr Lebensgefährte sie ermorden wollte“, sagte ich ruhig. „Herr Grotekamp hat sie hineingestoßen.“

Karlheinz Grotekamp wurde dann mühelos überführt. Dank der Verletzungen an Rosis Armen und Händen und meiner Zeugenaussage. Motiv? Eine fette Lebensversicherung. Nach der Devise: Erst morden, dann kassieren. Falsch gedacht. Statt dolce vita ist für ihn Gefängnis angesagt.

Wissen Sie, jetzt bin ich doch sehr froh, dass ich niemanden ermordet habe. Nicht mal diesen Karlheinz Grotekamp.

Detlef Michelers

Willig in Schillig

Gelinde Hornberg saß auf gepackten Koffern. Zum wiederholten Mal ging sie in Gedanken die Liste durch: Reisepapiere und Ausweis in der Handtasche. Gas- und Wasserventil zugedreht. Kühlschrank abgetaut. Zweitschlüssel für die Blumen gießende Nachbarin. Briefkastenschlüssel bei Hedwig deponiert. Wo nur das Taxi bleibt! Wenn ich schon mal zu neuen Ufern strebe!

Über fünfzehn Jahre lang war sie in eine kleine Pension im Westerwald gefahren. Zimmer mit Waldblick und ungewolltem Familienanschluss. Mittwochs Hirschgulasch und rundum Fichten, die trotz Waldsterben weiter wuchsen. Aber sie war der Familie treu geblieben. Nicht aus Überzeugung, eher aus Bequemlichkeit und wegen der Finanzen.

Doch das war vorbei. Seit dem letzten Jahr konnte sie sich etwas Besseres leisten. Sie hatte mit den Fingern geschnippt, sich selbst bestätigend „Und sie bewegt sich doch" gesagt und war in die Alpen gefahren. Nach Stauffen zur Entschlackung. „Weißweinkur mit Anschluss, Zimmer mit Alpenblick", hatte ihre Freundin Hedwig mit gespitzten Lippen und nicht ganz neidlos kommentiert. „Alpenblick!" Wenn sie noch daran denkt. Den Kopf hatte sie so weit in den Nacken legen müssen, dass sie sich den Hals verrenkte! Halskrause statt Kurschatten. Aber mit den Schatten, hatte sie sich geschworen, war sie durch: Männer! Die Jungen – Schnösel, die Alten – Trottel. Kein Charme, kein Anstand, nur plumpe Vergnügungen; und wie das endete, wusste sie: Suppe kochen, Socken stopfen und im Bett ein Schnarchsack.

Ihre Freundin Hedwig war das beste Beispiel. Wann immer Gelinde Hornberg in den letzten Jahren beim Anblick eines Mannes ihren klitzekleinen Schwächeanfall bekommen hatte, dachte sie an Hedwig. Murmelte Hedwigs Namen wie eine Beschwörungsformel. Bisher hatte es gewirkt.

Endlich kam das Taxi.

Gelinde Hornberg hatte bewusst für die Nachsaison gebucht. Sie wollte es gerne *commode* haben, wie Tante Mathilde diesen Zustand früher genannt hatte. Lebhaft ja, aber nicht hektisch – und nie wieder in die Alpen. Ihre Reisebürofachfrau schlug drei Wochen Nordsee vor. Nach Schillig. Gelinde Hornberg kannte den Ort nicht, aber die Argumente klangen überzeugend: Dort habe sie ozonhaltige Luft, Zimmer mit Seeblick, wenige Schritte zum Strand, könne lange Spaziergänge machen, das mittelständische Hotel sei empfehlenswert. Arztpraxen, Massagen und Friseur seien im Haus – und alles bequem per Fahrstuhl zu erreichen. Der Ort sei klein, übersichtlich, fußgängerfreundlich und würde, wie ihre Reisebürofachfrau betonte, „beim Preis-Leistungsverhältnis ganz ordentlich was rüberbringen“. Die Bahnverbindung sei allerdings nicht so ideal, weil Schillig keinen Bahnhof habe. Ab dem nächsten Oberzentrum – in diesem Fall Wilhelmshaven – gäbe es jedoch eine regelmäßige Busverbindung.

Die Fahrt von Duisburg hatte fünf Stunden gedauert, und nun stand Gelinde Hornberg in ihrem Zimmer mit Blick über den Deich auf die Nordsee, von der trotz klarem Wetter nichts zu sehen war. Nur Sand, Schlamm und – wie sie auf Grund des durchdringenden Gekreisches vermutete – durstige Möwen. Die Enttäuschung hielt sich in Grenzen, denn der Hotelfachlehrling wusste, was Binnenländer von einem „Zimmer mit Seeblick“ erwarteten, wenn sie das erste Mal auf den Balkon traten. Er hatte Gelinde Hornberg schon im Fahrstuhl darauf hingewiesen, dass die Nordsee ständig in Bewegung sei. Alle acht Stunden sei das Wasser am Strand, dann verschwände es langsam wieder, bis es nach weiteren acht Stunden wieder „volles Rohr“ zurück komme. Deshalb sei dem Menschenschlag an der westfriesischen, ostfriesischen, friesischen und nordfriesischen Küste – so die korrekte Abfolge der Landschaften zwischen Holland und Dänemark - auch eine tiefe, innere Ruhe zu eigen. „Die haut so schnell nix ausse Socken“, so der junge Bremer, den es auf der Suche nach einem Ausbildungsplatz hierher verschlagen hatte, „und komm'n nur inne Puschen, wenn die Winter- oder Frühjahrsstürme über den Deich fetzen. Dann heißt 's aber ‚Nordsee is Mordsee'! Ansonsten steh'n se mit beide Füße innen Schlick drin und warten darauf, dass das Wasser wieder umzu is.“

Obwohl kein Wasser zu sehen war, erkannte Gelinde Hornberg in der Ferne einige Schiffe, deren Wege sich zu kreuzen schienen. Auch dafür hatte der Auszubildende eine Erklärung: „Da hinter Schillighörn liegt die Fahrrinne für die großen Pötte. Hier vorne ist die Jademündung, da geht's ab Richtung Wilhelmshaven und dahinter ist die Wesermündung, da geht's ab nach Bremen. Und hier links runter, also nach Backbord geht's ab Richtung Englischer Kanal und danach ab in die weite Welt.“

„Und da wollen Sie sicher auch mal hin, oder?“

„Wenn ich hier fertig bin, dampf ich ab. Hotels gibt's auf der ganzen Welt. Und später kauf ich mir ein Motel in Kanada.“

„Warum gerade Kanada?“

„Wegen der Bären“, kam ohne Zögern die Antwort. „Wenn ich 'n Tier sein möchte, dann 'n Bär.“

Die direkte, freimütige Art gefiel Gelinde Hornberg, und da sie die nächsten Wochen mit dem Jungen wohl häufiger reden würde, fragte sie nach seinem Namen.

„Ich heiße Herbert Wick, aber alle rufen mich ‚Küken'.“

Gelinde Hornberg musste lachen, während Herbert Wick die Schultern hochzog, die Handflächen nach außen drehte und ein vergnügt-verzweifeltes Gesicht schnitt. Sie drückte ihm fünf Euro in die Hand und blieb noch einige Zeit auf dem Balkon. Der kleine Lageplan des Hotels half bei der Orientierung. Nach Nordwesten, jenseits des Neuen Brack, müsste die Insel Wangerooge liegen, rüber nach Nordosten zwischen Jade- und Wesermündung das Vogelschutzgebiet Alte Mellum und jadeaufwärts, Richtung Wilhelmshaven, vor dem Deich – was war denn das? Darüber hatte ihre Duisburger Reisebürofachfrau kein Wort verloren. Nein, es war nicht die Wilhelmshavener Raffinerieanlage, die sie störte, sondern ein riesiger Campingplatz, der jetzt im Spätsommer mit seinen teils verwaisten Stellplätzen wie ein gerupfter Flickenteppich wirkte. „Camping mit Henning", entfuhr ihr ungewollt, wobei sie missmutig und reflexartig den Kopf schüttelte. Ihre Erinnerungen tanzten Chachacha.

Henning, das war ihr Verflossener. Hätte es Camping nicht schon gegeben, er hätte es erfunden. Immer nur zelten. Sie glaubte den süßlich-üblen Geruch des Spirituskochers in der Nase und den tauben Geschmack von lauwarmen Dosenravioli auf der Zunge zu haben. Dann die kleinen Abenteuer. Dreimal wegen wilden Campens verjagt. Zweimal nur schwimmend aus dem Zelt gerettet. Mit dem ersten Campingwagen begannen die Katastrophen. Am Strand in der Camargue. Morgens die Tür geöffnet, weit und breit nur Wasser. Später die Dolomiten. Schlammlawine. Neuer Campingwagen mit Chemieklo. Und ewig trug Henning einen Hering in der Brusttasche. Kamen sie auf einem Campingplatz an, hieß es nur noch: „Hering ist wieder da." Aber er beharrte auf dem Teil. „Für Notfälle", so sein Argument.

Na gut, sie erinnerte sich auch an tolle Erlebnisse: Zum Beispiel die Sonnenuntergänge rund ums Mittelmeer, die Henning immer zu aufregenden Liebesspielen motivierten. Oder sein Improvisationstalent, sein handwerkliches Geschick. Sie zuckte leicht mit den Schultern. Nun war sie hier. Den Campingplatz konnte sie lächelnd links liegen lassen. Es gab genug schöne Flecken. Sie ging ins Zimmer, schloss bedächtig die Tür, begann sich einzurichten.

Für den Aufenthalt an der See hatte die leicht mollige Fünfundfünfzigjährige, die dank einer Erbschaft in gut situierten Verhältnissen lebte, warme und sportliche Bekleidung mitgenommen. Gesellschaftliche Ereignisse, die eine entsprechende festliche Robe verlangt hätten, erwartete sie nicht. Sie schätzte flauschige Wollstoffe in lindgrün und altrosa. Als ehemalige Drogistin verstand sie sich zu schminken und ihrer Haarfarbe den entsprechenden Pfiff zu geben. Sie war keine auffällige Erscheinung, aber wer ihr auf der schmalen Fußgängerbrücke begegnete, die die Deichkrone mit Restaurant und Café des Hotels verband, der nahm sie als eine reife, reizvolle Frau wahr.

Nach einer Woche fragte sich Gelinde Hornberg, ob es eine kluge Entscheidung gewesen war, nach Schillig zu fahren. Das Getue von Ebbe und Flut langweilte sie. Das nächste Wellenbad war nur per Bus zu erreichen und das Wort „Frieslandtherme" ließ sie eher frösteln als wohlig erschauern. Auch die Wattwanderungen an den zwei wärmeren Tagen hatten sie nicht für die Nordsee begeistert. Die Campingstadt auf dem Vordeichgelände übersah sie, schlug, wenn sie über die Fußgängerbrücke den Deich erreicht hatte, den Weg nach Westen ein. Vorbei am Hotel, den Ferienwohnungen und dem Weiher mit den Enten, wo auf der Seeseite des Deichs der umzäunte Strand endete. Hier durchstreifte sie die mit Gräsern, Büschen, Strandroggen und Sanddorn bewachsene Dünenlandschaft, in der sie sich am liebsten aufhielt und deren Grüntöne sie jedes Mal wieder erfreuten. Erst wenn das turmartige Gebäude der Vorsorge- und Rehabilitationsklinik, das die Deichkrone überragte, hinter ihr lag, stieg sie wieder den Deich empor, um den Blick auf das weite Marschenland im Wechsel mit den Dünen zu genießen.

Auf der Terrasse des Cafés hatte sie sich einen windgeschützten Stammplatz gesichert, der leider ab dem frühen Nachmittag im Schatten lag. Die elastischen Plastikstühle schwangen bei jeder Bewegung mit. Diesen selbst erzeugten Seegang hielt sie nie länger als eine halbe Stunde aus. Wahrscheinlich konzeptionell geplant, um die Umsätze pro Stuhl zu maximieren. Variationen der Speisekarte des Restaurants waren nach einwöchigem Aufenthalt nur noch im Beilagenbereich möglich: entweder Kroketten, Reis, Nudeln, Salzkartoffeln oder Pommes Frites. Und nach dem dritten Spaziergang über die kurze Einkaufsmeile bis zur „Kiek-in-Boutique" linkerseits und „Rad und Go-Cart Vermietung" rechterseits hatte sie das Gefühl, mittlerweile fast die gesamte arbeitende Bevölkerung Schilligs zu kennen.

Die einzige kurzweilige Abwechslung waren die zufälligen Treffen mit Herbert Wick: wenn er an der Rezeption saß, Gästen auf dem Parkplatz beim Ent- oder Beladen half, wenn sie sich im Lift trafen oder auf dem Flur. Kleine Gespräche über Belangloses und Persönliches, über scharfen Strandhafer und wechselnde Tidezeiten.

Irgendwann stellte Gelinde Hornberg überrascht fest, dass sie die Nähe des schlaksigen jungen Mannes in seinem zu großen Anzug mit roter Weste suchte. Es machte ihr Vergnügen, ihn gelegentlich bei seiner Arbeit zu beobachten, die er gewissenhaft und konzentriert erledigte. War es seine Unbekümmertheit, sein klares Lebensziel, sein Optimismus oder nur ihre Langeweile, ihr wachsender Frust? Sie hatte sich nicht hinterfragt, und im Grunde wollte sie es auch nicht wissen. Es passierte eben, und sie ließ sich treiben.

Eines Mittags, als sie von ihrem Spaziergang zurückkam, überraschte Herbert Wick sie an der Rezeption mit der Frage, ob sie bereits in Hollywood und am Sunset Boulevard gewesen sei. Ihr erster Gedanke war, der Jüngling hielte sie für weltgewandt und weitgereist. Sie lächelte gönnerhaft, wollte eitel reagieren, erkannte in seinen Augen aber nur höfliche Freundlichkeit und sagte schlicht: „Nein." Bevor sie mit einer kurzen Verzögerung nachsetzte: „Es waren fast immer die deutschen Mittelgebirge."

„Entschuldigen Sie bitte", antwortete der junge Mann, „aber ich glaub, ich hab mich nich ganz richtig ausgedrückt. Nich das da drüben hinterm Großen Teich", er wies mit der linken Hand zur Terrasse, „sondern da." Jetzt zeigte er mit der rechten Hand Richtung Fußgängerbrücke.

„Hollywood? Wo?", fragte sie leicht irritiert.

„Also nich Hollywood, wo Hollywood wirklich is." Herbert Wick kam leicht ins Schwimmen: „Sondern Hollywood, wo Hollywood hier is." Wiederum streckte er den rechten Arm aus, versuchte ihn durch eine Gewichtsverlagerung auf den rechten Fuß noch länger wirken zu lassen, um Gelinde Hornberg auf das Gelände hinzuweisen, das sich über die Fußgängerbrücke hinaus jenseits des Deichs anschloss. Es war die mit Bäumen und Sträuchern bewachsene, sich ins Watt erstreckende Landzunge, die den Campingplatz vom Badestrand trennte und die sie tatsächlich noch nicht betreten hatte.

Im ersten Augenblick verdächtigte sie Herbert Wick, er habe ihr nachspioniert, wisse über ihre Angewohnheiten und

Spaziergänge Bescheid. Andererseits waren sie auch ohne kriminalistisches Gespür leicht zu erraten. Fuhr man mit dem Fahrstuhl in die erste Etage, ging es zur Massage, verließ man das Haus über den Parkplatz, lief man zwangsläufig in die Ortsmitte, überquerte man die Brücke, wanderte man auf dem Deich nach Westen oder erreichte den Campingplatz. Doch sie verwarf den Verdacht, glaubte eher an persönliche Anteilnahme und meinte, mehr aus seinen Worten zu hören als rein geschäftsmäßiges Interesse für einen mehrwöchigen Hotelgast. Sie fühlte sich geschmeichelt.

„Wennse schon immer den Deich rauf und runter laufen, dann könnse da auch ma hingehn", setzte er nach. „Irgendjemand hat die Landzunge vor Jahren *Hollywood* getauft und wissense wie der Sandweg über die Kuppe heißt?"

Sie schüttelte den Kopf. Herbert Wick griente: „*Sunset Boulevard*! Is doch witzig oder?"

Was daran witzig sein sollte, verstand Gelinde Hornberg nicht.

„Am Ende der Landzunge is'n Pavillon, und wenn da so abends die Sonne untergeht", er schnalzte mit der Zunge, „Traumhaft! Das wär's in Kanada. So 'n Pavillon am Wasser und daneben das Motel." Er verdrehte leicht die Augen, sie zeigte sich amüsiert und beschloss, am Abend zum Pavillon zu gehen.

Während sie sich umzog, befiel sie die Vorstellung – und wenig später gefiel sie ihr –, dass der Jüngling im Pavillon auf sie warten könnte. Gewiss, der Knabe hätte fast (aber nur fast, wie sie fand) ihr Enkel sein können. Doch die ungelenke Ernsthaftigkeit dieses heranwachsenden Mannes, sein noch zwischen unschuldigem Verlangen und berechnendem Agieren schwankendes Wesen weckten in ihr nicht nur großmütterliche Instinkte. Sie sah in den Spiegel, richtete ihren Büstenhalter. Plötzlich kam sie sich sehr frivol vor. „Na, na, na!" Sie drohte ihrem Spiegelbild mit dem Zeigefinger. Dann lachte sie kurz auf. Musste aber eingestehen, dass Küken ein gut gebauter Kerl war. Sie hatte ihn einmal beim Einräumen der Wäschekammer ohne den schlabberigen Anzug gesehen. „Ja, doch", spann sie den Faden weiter, „es ist, soweit erkennbar, schon alles dran." Sie öffnete ihren Schminkkoffer. Griff zu

Rouge, Augenliner, Lippenstift und Parfüm. Nach kurzem Zögern schlüpfte sie in ihr lindgrünes Ensemble.

Als sie sich im rot-goldenen Abendlicht dem Pavillon näherte, schien er verlassen und geschlossen. Doch die Weite des Strandes, die in der Ferne übergangslos mit der See verschmolz, die Schreie der Seevögel, die nach und nach verstummten, die Abendruhe, die sich über die Landschaft senkte, flüsterten ihr zu, dass sich der kleine Ausflug schon gelohnt habe. Die Sonne berührte den Horizont, als sie über drei Holzstufen die Tür erreichte, die Klinke herunterdrückte und verblüfft feststellte, dass der Pavillon offen war. Sie hörte ein Geräusch. Irgendjemand rumorte in der Küche. Das kupfrige Licht der untergehenden Sonne löste die Konturen des Rundbaus auf.

Mit vorgestrecktem Arm tastete sie sich langsam vor. „Haben Sie schon geschlossen?“, fragte sie etwas hilflos in den Raum hinein.

Jetzt hörte das Geklapper in der Küche auf, eine Männerstimme antwortete: „Heute ist Montag. Montags haben wir immer geschlossen.“

Gelinde Hornberg spürte bei der Stimme ein leichtes Kribbeln im Hinterkopf. Eine Art Warnsignal, das sich zu Ohrensausen ausweiten konnte, wenn sie in unkalkulierbare Situationen geriet. Genau das geschah in dem Augenblick, als der Mann in der Küchentür erschien und, die Hände an einem Geschirrtuch abtrocknend, meinte: „Aber wenn Sie etwas trinken möchten, die Zeit spendiere ich Ihnen gerne, um Ihnen diese herrliche Abendstimmung zu versüßen. Die Kundin ist Königin in Hollywood am Sunset Boulevard.“

Da waren sie wieder. Die Sonnenuntergänge am Mittelmeer. Wenn Henning Sörgel das Liebesspiel mit den Worten eingeläutet hatte: „Sunset Boulevard und Hollywood können wir auch hier haben, Lindchen.“

Und im selben Augenblick hatte er auch sie wiedererkannt: „Lindchen!“ rief er, riss das Geschirrtuch vom drallen Bauch, riss die Arme hoch, bahnte sich, die Stühle beiseite stoßend, den Weg, riss sie an sich und küsste sie. Er roch nach Spülmittel, Abwaschwasser und Schmieröl.

„Camping mit Henning.“ Mit diesem nun von Jahresringen gezeichneten Mann hatte sie fünfzehn Jahre lang ihren Urlaub auf Campingplätzen verbracht. Die schönsten Jahre ihres Lebens, zwischen zwanzig und Mitte dreißig. Doch in diesem Augenblick war alles vergessen. Und hatte sie nicht mit einem amourösen Abenteuer kokettiert? Und war nicht alles irgendwie wie damals? Sonnenuntergang, Abendstimmung, Hollywood? Emotionalität und Erregung schwappten über sie wie eine Springflut. ‚Hedwig', dachte sie ‚Hedwig, Hedwig, Hedwig hilf mir, bitte Hedwig, bitte!' Doch ihr geistiger Rettungsanker fasste nicht mehr, hilflos schwamm sie in flutartigen Gefühlen, der Deich brach, sie ließ sich ins Beiboot nehmen. Er ging ihr gleich an die Takelage und drängte, mit ihr ins Hotel zu verholen. Ihr ständig kleine Anzüglichkeiten ins Ohr flüsternd, bugsierte er sie, um nicht gesehen zu werden, unter Land am Deichfuß entlang zum Hotelparkplatz.

Im Fahrstuhl setzte Henning Sörgel bereits zum Entern an. Er versuchte jedes Bullauge und jede Luke zu öffnen, die er fingern konnte, meinte schon, den Mast aufrichten und Flagge zeigen zu müssen, als Gelinde Hornberg – bedrängt von der Enge des Raums, von seiner Körperlichkeit, von seinen Ausdünstungen und den unguten Erinnerungen, die nun, wie von einem Meeresbeben erfasst, in ihr Bewusstsein spülten – einen gewaltigen Schrei ausstieß: „Camping!" Sie griff nach dem Hering, den er immer noch in der Brusttasche trug, und rammte ihm das spitze Eisen in den Hals.

Henning Sörgel röchelte, sah sie erstaunt an und sagte recht leise: „So, so." Und noch leiser: „Du blöde, alte Fregatte." Ein dünner Blutstrahl lief aus seinem Mundwinkel, er fiel halb auf sie, drückte sämtliche Knöpfe der Tastatur und sackte langsam an ihr herab. Nun schipperten Gelinde Hornberg und Henning Sörgel zum letzten Mal gemeinsam von Mole zu Mole, bis der Fahrstuhl am Kai festmachte.

Als die Tür zum Parkplatz aufging, stand Herbert Wick im Lichtwurf des Fahrstuhls. Angestrahlt von der Härte und Kälte des Neonlichts, umfasst vom Meeresblau des Himmels, erschien der Auszubildende im zweiten Lehrjahr Gelinde Hornberg trotz der leicht hängenden Schultern und dem viel zu großen Anzug als antiker Heros, als göttliche Erscheinung. Und bedächtig formulierte sie Wort für Wort: „Sie brauchen dringend einen vernünftigen Anzug."

Herbert Wick schwieg. Ihm war klar, dass ein neuer Anzug nicht das drängendste Problem war. ‚Das kann ja wohl nich' angeh'n', dachte er, wusste aber nicht, wie er der Unterhaltung eine andere Wendung geben sollte. Henning Sörgel kniete in einer etwas unnatürlichen Haltung vor Gelinde Hornberg und umklammerte ihre Beine, als hätte er ihr einen Heiratsantrag gemacht. Sie versuchte, ein Bein aus der Umklammerung zu lösen, um sicheren Stand zu haben. Nachdem es ihr gelungen war, sah sie Herbert Wick, der regungs- und sprachlos den Befreiungsversuchen folgte, fest an: „Du musst mich retten."

Mit diesem Satz verlor Herbert Wick seine Unschuld und wurde zum Mann – allerdings auf eine etwas andere Art, als Gelinde Hornberg sich das erträumt hatte.

„Was mein Vadder war, der hat immer gesagt, löpt dir dat Glück über'n Weg, musst du's beim Schopfe fassen", murmelte Küken, als er den toten Mann an Haar und Kopf aus dem Fahrstuhl zog. Er holte den gummibereiften Handwagen des Hotels, mit dem man die kleinen Hotelgäste bei Ebbe zu Ausflugsfahrten durch das Watt zog, legte ihn sorgfältig mit blauen Mülltüten aus und hievte Henning Sörgel mit Gelinde Hornbergs Unterstützung hinauf.

„Wir haben gerade ablaufend Wasser", sagte er, „und hinten am Siel gibt's jetzt 'n starken Sog zur Fahrrinne. Gehen Sie schlafen. Sie brauchen jetzt 'n büschen Ruhe. Wenn ich zurück bin, bring ich Ihnen noch 'n lütten Schlaftrunk auf Kosten des Hauses."

Nachtrag:

Herbert Wick konnte bereits zwei Jahre nach der Ausbildung seinen Traum von der Selbständigkeit realisieren. Er führt heute ein Hotel am Saskatchewan in Kanada. Spezialität sind Ausflüge ins Bärengebiet unter fachkundiger Leitung des Chefs. Eine stille Teilhaberin hat ihm dies ermöglicht.

Martina Bick

Mondlandung in Spetzerfehn

Am 16. Juli 1969 um 9.32 Uhr Ostküstensommerzeit (EST) hebt die Apollo 11 vom Kennedy Space Center in Florida ab. Nach einem erfolgreichen Countdown-Probelauf am 3. Juli ist dies der erste mögliche Starttermin. Die Saturn V-Rakete trägt die drei Astronauten Neil Armstrong, Buzz Aldrin und Michael Collins in nur zehn Minuten in die vorgesehene Erdumlaufbahn auf 183 Kilometer Höhe. Dort zündet nach eineinhalb Runden über dem Pazifik die dritte Triebwerkstufe. Mit 10,8 Kilometer pro Sekunde beginnt der Flug Richtung Mond.[1)]

Dass Greta Schloon und Anni Harms sich nicht ausstehen konnten, wusste ganz Spetzerfehn. Das wusste sogar Philine, obwohl sie nicht von hier war, sondern nur in den großen Ferien zu Besuch kam zu ihrer Großcousine Riekje „auf Spetz". Das Fehnhaus von Riekjes Eltern stand genau zwischen den Häusern von Greta Schloon und Anni Harms.

Gleich am ersten Ferientag wurde Philine von den Eltern nach Ostfriesland gebracht. Hinter Bremen wurde das Land immer flacher, dabei war es in Bremen eigentlich schon flach genug. „Von hier aus geht es nur noch bergab", meinte Philine. Mutter schüttelte den Kopf und ermahnte sie, nicht so vorlaut zu sein, wenn sie bei den Verwandten angekommen sei. Großmutter, die sich mit Philine die Rückbank teilte, nickte. Großmutter stammte aus Spetzerfehn. Sie hatte sieben

[1)] Quelle: www.discovery.de/special/mond/mondlandung.cfm

Geschwister: Gesine, Trintje, Hinrich, Rudi, Ocke, Hermann und Martha. Von den Brüdern lebte keiner mehr. Zwei waren im Krieg gefallen, einer als Kind am Keuchhusten gestorben. Onkel Ocke war im letzten Jahr einem Herzinfarkt erlegen. Die Schwestern dagegen erfreuten sich bester Gesundheit und lebten mit zahlreichen Nachkommen in Strackholt, Spetzerfehn und auf Norderney. Nur Guste, Philines Großmutter, hatte die flache Moorlandschaft hinter den Deichen gegen das Stadtleben eingetauscht.

Ein Windstoß fegte zwischen die Gebäude und griff den Staren unter die Schwingen. Aufgeregtes Gackern der Hennen kündigte die Besucher an. Großmutters Wangen, die von vielen kleinen roten Äderchen durchzogen waren, glühten vor Freude, als sie aus dem Wagen stieg. Ihr dünnes weißes Haar flog in der Brise auseinander, und noch ehe sie das Haarnetz zu fassen bekam, war es schon in die Hecke geweht. Sie lachte nur und lief flink über die Wiese auf die niedrige Tür zu, die von einem Vorbau aus direkt in die Küche führte. Das Gras war kurz geschoren und stand dicht und saftig wie ein Teppich. Zwei Apfelbäume, die Tante Johanne als Kind aus Apfelkernen gepflanzt hatte, saßen voller unreifer Früchte. Der ostfriesische Himmel zog sich flach über das weite Land, als wäre es unnötig, viel Himmelsraum zu verschenken, gab es doch weit und breit nicht die geringste Erhebung. Strahlend weiße Wölkchen wurden von dem salzig nach Meer schmeckenden Wind am Horizont im Zaum gehalten. Flüchtig hingekämmte Pompons, eine freundliche kleine Versammlung, die keinen Regen und keinen Sturm verhieß und auch nicht vermuten ließ, dass sie jemals irgendein Unheil anrichten könnte. Grün, Blau und Weiß regierten die Landschaft. Mitten hinein waren wie bunte Bauklötze die Häuser gestellt: Rot leuchteten die Dächer der Landarbeiterhäuser, schneeweiß die Dachbalken wie helle Söckchen unter den dunklen Säumen der Ziegel; braun die geduckten, reetgedeckten Scheunen, mahagoni die Backsteingehöfte mit den grünen Scheunentoren. Wenige Baumkronen und viel fettes Weideland, dazwischen die ruhigen Wasserzüge der ehemaligen Moorkanäle, auf deren schwarzer Oberfläche der Himmel noch einmal zu liegen kam.

Mohrle bellte. Dann erschien Oma Gesine unter der Tür, um die Gäste in Empfang zu nehmen. Sie trug eine bunte, gemusterte Schürze mit langen Bändern und hatte die gleichen rot geäderten Bäckchen wie Philines Großmutter, die gleichen schlohweißen Haare, zu Ehren des Besuchs in frische Dauerwellen gelegt. Hinter ihr kam Riekje zum Vorschein und daneben Johanne, ihre Mutter, und Garrelt, ihr Vater.

In der Küche roch es nach Kuhstall, obwohl schon lange keine Kuh mehr gehalten wurde. Es roch nach Heu und warmer Milch und Katzenfutter. Auf dem großen Küchenherd, der mit Torf geheizt wurde und dessen Feuer nie ausging, simmerte das Teewasser. Die Küchenhandtücher hingen zum Trocknen auf der Wäschespinne über dem Herd. Von der Küche aus gelangte man überall hin: in die Scheune, in die Kammer, wie das Schlafzimmer der Großmutter genannt wurde, und in einen Flur, der in die gute Stube führte und zu einem Anbau mit den Schlafzimmern von Riekje und ihren Eltern. Im ersten Stock in einem ausgebauten Bodenraum befand sich ein ungeheiztes Gästezimmer, in dem Philine den Sommer über wohnen würde.

Man sprach Platt. Philine verstand nur die Namen und auch das nicht immer. „Wie alt du jetzt bist, möchte Tante Johanne wissen", übersetzte Großmutter. Und dann sagte sie zu ihrer Schwester gewandt: „Dartein", was Philine für die korrekte Antwort ‚dreizehn' hielt. Tante Johanne nickte ihr freundlich zu. „Dat is een moi Wicht, ober se versteit mi nich. Dat schall nooit woll wat worn." Philine wäre am liebsten gleich wieder mit nach Hause gefahren. Aber nun gab es kein Zurück mehr.

Die Mädchen durften in jede Teetasse einen dicken Kluntje legen. Dann machte Oma Gesine mit der Teekanne die Runde und schenkte ein. Der Zucker barst knackend unter dem heißen Tee. Es wurde nur wenig eingeschenkt und manche Kluntjestücke waren so groß, dass sie wie Eisberge aus dem Tee herauslugten. Aber mit der Zeit schmolz auch der dickste Kluntje dahin. Mitten auf dem Tisch stand die große Milchkumme. Am Rand hing ein gebogener Löffel aus Zinn, mit dem man die Sahneschicht von der fetten Milch abschöpfen konnte. Der Löffel machte die Runde und dicke, weiße

Sahneschlieren zogen durch den Tee, während der Kluntje noch knisterte. Es duftete nach Tee und süßer Sahne. Umrühren durfte man nicht. Man trank in kleinen Schlucken, dann wurde nachgeschenkt. Die zweite Tasse war noch süßer als die erste. Die Sahneschicht auf der Milch wurde immer dünner. Philine lutschte einen großen Kluntje pur und half Riekje, das geröstete Teebrot aus der Küche hereinzutragen. Das Gespräch der Erwachsenen in ihrer fremden Sprache rollte wie Meeresrauschen über ihren Kopf hinweg. Namen schauten wie Inseln daraus hervor: Cousin Heiko und Neffe Fritz, Opa Johann und Opa Russ von nebenan, und dann war man wieder bei Greta Schloon und Anni Harms. Was hatte es bloß auf sich mit den beiden? Ob Philine es in diesem Sommer endlich erfahren würde?

Während der ersten Reisetage gibt es bis auf eine kleine Kurskorrektur wenig zu tun. Als die Raumfähre Columbia nach drei Tagen ihre Mondumlaufbahn erreicht, steigen Aldrin und Armstrong in die Landefähre um. Collins bleibt in der Kommando-Kapsel. Während der 13. Umrundung – auf der Rückseite des Mondes und somit ohne Funkkontakt zur Erde – löst sich die Landefähre Eagle vom Mutterschiff.

Onkel Garrelt und sein Bruder Hermann, seine Arbeitskollegen aus der Gärtnerei in Wiesmoor und der Molkereifahrer Reiner Frerich redeten seit Tagen von nichts anderem als der Mondlandung, wenn sie sich an der Hofeinfahrt trafen und schnackten. Philine verstand sie inzwischen ganz gut, wenn sie sie von ihrem Lieblingsplatz im Apfelbaum aus belauschte. Sie beratschlagten, wo sie sich zum Fernsehen treffen könnten, um dem Ereignis beizuwohnen. Einen eigenen Fernseher hatten nur die wenigsten Spetzerfehntjer.

„Wir können bei Anni Harms gucken“, schlug Riekje am Nachmittag vor, als sie mit den beiden blanken Milchkannen aus Aluminium zu den Schloons gingen, um frische Milch zu holten.

„Pssst, was wird denn Greta Schloon sagen, wenn sie hört, dass wir bei den Harms’ Fernsehen schauen?“

„Nichts. Warum?“

„Warum sind die beiden eigentlich miteinander zerstritten?"

„Weiß nicht", sagte Riekje. „War schon immer so."

„Ich wüsste es zu gern", beharrte Philine.

Ab acht Uhr, zur Tagesschau, fand sich die ganze Familie Albers mit Philine zum Fernsehen bei den Harms' ein. Die gute Stube war aufgemacht worden, was eigentlich nur bei hohem Besuch geschah. Man hatte zusätzliche Stühle und Schemel herbeigeräumt, damit alle Gäste bequem sitzen konnten. Die Harms' waren eine große Familie und kamen von überall her: aus Holtrop, Felde, Wrisse, Voßkuhlen, Bülte und Aurich. Sie alle kamen zusammen, um bei Anni Harms die Mondlandung zu sehen.

Anni stand in der Küche, von Tante Johanne unterstützt, schmierte Brote und machte Tee. Das Haus war genauso aufgeteilt wie das Haus der Familie Albers nebenan: Die Küche als zentrale Schaltstelle zwischen Stallungen und Wohnbereich. In der Kammer, in der bei den Albers' Oma Gesine schlief, lag hier der alte Opa Johann zu Bett.

„Da geht ihr auf keinen Fall rein", unterwies Anni Harms streng Philine und Riekje. „Opa Johann braucht seine Ruhe."

„Will er denn nicht die Mondlandung sehen?", fragte Philine.

„Wehe", antwortete Anni Harms nur und drohte mit dem Zeigefinger.

„Opa Johann ist übrigens der Bruder von Opa Russ nebenan", flüsterte Riekje, ehe sie die Wohnstube betraten. Wie so oft erfuhr man von ihr die wichtigsten Dinge nebenbei.

„Aber dann sind Anni Harms und Greta Schloon ja miteinander verwandt?"

„Ja, klar", meinte Riekje, als wäre es das Selbstverständlichste von der Welt, dass Nachbarn auch miteinander verwandt sind.

Bei der 14. Umrundung auf der Rückseite des Erdtrabanten zünden Aldrin und Armstrong für 28 Sekunden die Triebwerke. Damit gerät der Eagle in eine elliptische Umlaufbahn zwischen 107 und 15 Kilometern. Für den eigentlichen Landeanflug sind 12 Minuten Flugzeit vorgesehen. Dazu wird, 400 Kilometer vom Landeplatz entfernt, erneut das Triebwerk gezündet.

Philine und Riekje setzten sich auf den Boden vor den Fernseher in die erste Reihe und hörten den Kommentaren der Berichterstatter zu, die schon lange nicht mehr wussten, was sie noch alles erzählen sollten. Die Bilder, die gesendet wurden, waren immer dieselben: Astonauten in weißen Schutzanzügen, Mondlandschaften vom Mutterschiff aus aufgenommen, Krater, das Mare Tranquillitatis, jede Menge Staub.

Um kurz nach neun Uhr konnte Philine es nicht mehr aushalten, sie musste zur Toilette, auch wenn diese genau wie bei ihren Verwandten nebenan im kalten Scheunenteil lag, wo es jetzt schon dunkel und unheimlich war.

„Kommst du mit?“, flüsterte sie Riekje zu. „Ich muss mal.“

Riekje schüttelte den Kopf. „Sie landen doch jetzt gleich.“

Philine kroch zwischen den Beinen und Füßen der Gäste zur Tür.

Die Küche war leer, auf dem Herd dampfte wie immer das Teewasser und zischte leise. Philine stockte einen Moment und lauschte. Da war doch noch ein anderes Geräusch? Rief da jemand? Kam es von draußen? Wieder ein leises Stöhnen. Es kam aus der Kammer von Opa Johann. Was ging da vor sich hinter der verbotenen Tür?

Philine schloss die Küchentür zum Flur hinter sich und trat vor die Kammertür. Sie beugte sich hinunter, aber das Schlüsselloch war verstopft, der Schlüssel steckte von innen. Sie drückte die Klinke hinunter, die Tür öffnete sich einen Spalt. Philine sah ein großes, weiß bezogenes Federbett, dessen rotes Inlett an manchen Stellen durchschimmerte. Es lag auf dem vorderen Teil eines mächtigen Ehebettes, dessen andere Hälfte leer war. An der Wand hing der gleiche Ölschinken wie über Oma Gesines Bett, einen Engel darstellend, der seine schützenden Hände über die Schlafenden hielt. Auf dem Nachtisch tickte laut ein Wecker. Wieder ertönte das Stöhnen. Philine schlüpfte rasch ins Zimmer und schloss die Tür hinter sich.

Opa Johanns Gesicht lag klein und spitz zwischen den Federbergen. Seine Augen waren geöffnet. Plötzlich zog der Greis eine Hand unter der Bettdecke hervor, als wollte der Philine zu sich heranwinken. Er atmete laut und röchelnd und öffnete den Mund, als wollte er etwas zu ihr sagen. Dann verzogen sich seine Lippen schmerzlich und liefen dunkel an. Die Augen brachen wie Glas, das von innen beschlägt. Sein röchelnder Atem verstummte, es war plötzlich still in der Kammer. Opa Johann war gestorben.

In den letzten Sekunden vor der Landung greift Armstrong zur Handsteuerung: „540 Fuß (Höhe), 30 Fuß (Sinkgeschwindigkeit), 15 Fuß ... 400 Fuß, mit 9, ... voraus ... 350 Fuß, mit 4 ... 300 Fuß, mit 3½ ... 47 voraus, ... 1 ½ runter ... 5 ½ runter ... 5 Prozent ... wir wirbeln Staub hoch, 30 Fuß, 2 ½ runter ... leichter Schatten, o.k., Motor aus ... Triebwerk abschalten ... Houston, hier Meer der Ruhe. Der Eagle ist gelandet.“

Philine verließ schnell die Kammer. Niemand war in der Küche, niemand hatte sie gesehen. Vermutlich war Opa Johann vor Schreck über ihr Auftauchen gestorben. Sie war schuld an seinem Tod – sie hatte das Zimmer betreten, das sie auf keinem Fall betreten durfte. Philine nahm die Beine in die Hand und lief aus dem Haus, sprang über den Entwässerungsgraben, der die Fehngrundstücke voneinander trennte, und versteckte sich in der Albertschen Scheune in dem Strohhaus, das sie und Riekje in tagelanger Arbeit errichtet hatten. Im letzten Sommer hatten sie hier den Teich mit den Kaulquappen vergrößert und ein fabelhaftes Hühnerwettrennen veranstaltet. Sie hatten die Meerschweinchenzucht von Vetter Gerd in Ostersander angeschaut und dem Hund Mohrle die Haare kurz geschoren, bis er aussah wie ein Königspudel aus der Stadt. Aber die Hundehaare hatten viel zu viel Haarspray benötigt, um in Façon zu bleiben. Wunderbare Ferienwochen voller Ereignisse lagen vor ihr. Und nun dies. Ein toter Opa Johann nur durch ihre Schuld. Ausgerechnet während der Mondlandung. Alles war aus. Bestimmt würde Tante Johanne sie morgen wieder nach Hause schicken.

Aber kein Mensch kümmerte sich am nächsten Tag um die beiden Mädchen. Die einen redeten von nichts anderem als der Mondlandung, die um siebzehn Minuten nach 21 Uhr mitteleuropäischer Zeit erfolgt war. Nachts um 3.56 Uhr hatten Armstrong und Aldrin als erste Menschen einen Fuß auf den Mond gesetzt und das amerikanische Sternenbanner gehisst.

Die anderen sprachen nur über den überraschenden doppelten Todesfall in der Nachbarschaft: Nicht nur Opa Johann war am Morgen des 21. Juli 1969 tot im Bett gefunden worden, auch Russ, sein Bruder, der, nur zwei Jahre jünger, todkrank bei seiner Tochter Greta Schloon im Haus gelebt hatte, war morgens um sieben Uhr schon kalt gewesen, als Greta ihn wecken wollte.

„Beide tot", wiederholte Tante Johanne ein ums andere Mal. „Wie kann das bloß angehen." Vor lauter Verwirrung sprach sie hochdeutsch, was sie sonst freiwillig niemals tat.

Philine schwieg und trank ihren Kakao, der wie immer ein bisschen nach Kuhstall schmeckte, was bestimmt Einbildung war. Irgendwie schien der doppelte Tod sie zu entlasten. An Opa Russ' Tod hatte sie jedenfalls definitiv keine Schuld. Vielleicht war dann auch Opa Johann nur zufälligerweise gerade in dem Augenblick gestorben, als sie in seinem Zimmer stand? Sie schwor sich, diese Frage auf jeden Fall mit sich allein abzumachen und keiner Menschenseele von ihrem nächtlichen Erlebnis zu berichten.

Die Jahre vergingen. Nicht nur die Mondlandung wurde schnell Geschichte, wie die ganze Mission der NASA, die 1972 eingestellt wurde. Auch in Ostfriesland veränderte sich viel seit diesen Tagen. Nach den beiden alten Herren in der Nachbarschaft starben Philines und Riekjes Großmütter. Dann kam die nächste Generation dran: Riekjes Vater Garrelt starb früh. Dann folgte viel zu früh Tante Johanne, knapp sechzig Jahre alt. Philine beschloss, zu ihrer Beerdigung nach Spetzerfehn zu fahren. Hatte sie doch so viele schöne Sommer bei der Großtante zu Gast verbracht. Und ein bisschen Neugierde war auch mit dabei: wie es Großcousine Riekje wohl ergangen war, die noch immer in Spetzerfehn lebte und nun Haus und Hof der Eltern allein mit ihrer eigenen Familie bewohnte?

Nach der Beerdigung und der Feier in einem Gasthof in Bagband ging Philine mit Riekje über den Hof und frischte Erinnerungen auf.

„Und, sag mal, wie geht es Greta Schloon und Anni Harms? Reden sie noch immer nicht miteinander?", fragte Philine schließlich.

„Greta Schloon ist schon lange tot. Brustkrebs. Anni Harms lebt noch. Sie ist nicht mehr auf Spetz, sondern irgendwo im Altersheim, ich glaube, in Emden. Aber der Prozess geht immer noch weiter."

„Welcher Prozess?", fragte Philine alarmiert.

„Der Prozess um das Grundstück."

„Worum ging es da noch mal ...", versuchte Philine den Faden weiterzuspinnen, ehe Riekje wieder in ihre typisch ostfriesische Schweigsamkeit verfiel.

„Na, das ist doch diese Geschichte mit der Erbschaft. Opa Johann und Opa Russ hatten außer ihren Fehnhäusern zusammen ein Baugrundstück. Das heißt, später wurde es Bauland. Als sie es seinerzeit kriegten, war es nur eine Haufen Schiet und Modder. Sie hatten es geschenkt bekommen, weil sie einem Großbauern den Jungen gerettet hatten. Genau weiß ich das auch nicht mehr. Jedenfalls wollten sie dieses Grundstück nicht zwischen ihren Kindern aufteilen, sondern haben ausgemacht, sich gegenseitig zu beerben. Das hieß, wer zuerst sterben würde von den beiden, der sollte es dem noch lebenden Bruder vererben. Und der würde es dann wiederum seinen Kindern vererben. Also entweder Greta oder Anni sollten am Ende das Grundstück kriegen. Das war der Zankapfel für die beiden Cousinen. Beide hatten ihre Väter auf Tod und Verderben am Hals, und jede tat, was sie konnte, damit der Alte man bloß am längsten lebte und den anderen beerben konnte. Und dann sind sie schließlich beide am selben Tag gestorben. Warst du damals nicht gerade bei uns?"

Riekje schluckte trocken. Sie konnte keinen Ton rauskriegen.

„Opa Johann wurde morgens um sieben Uhr tot im Bett gefunden. Und Opa Russ war auch schon kalt, als Greta Schloon ihn wecken wollte. Er soll aber nachts um ein Uhr noch mal nach dem Nachttopf verlangt haben. Aber wer nun wirklich zuerst gestorben ist – man hat es bis heute nicht rausgefunden. Darum wird das gute Bauland bis jetzt von der Gemeinde zwangsverwaltet."

„So war das also", murmelte Philine heiser. „Und wenn ich nun ganz sicher wüsste, dass Opa Johann als Erster gestorben ist? Genau um 21.17 Uhr, während der Mondlandung. Ich war nämlich bei ihm im Zimmer."

Riekje fing an zu lachen und pflückte sich einen reifen Johanni-Apfel vom Baum. Es war September, und die beiden Apfelbäume saßen voller Früchte. „Die Mondlandung, genau, du bist ja damals rausgelaufen und hattest dich im Heu verkrochen. Aber lass man. Wir hier auf Spetz mischen uns nicht gegenseitig in unsere Angelegenheiten. Weißt du eigentlich noch, wie wir Mohrle damals mein Taufkleid angezogen haben? Und wie wir ihm die Haare kurz geschnitten haben – wie ein Königspudel sah er aus!“

Kerstin Rech

Damals in Veenhusen

Wenn mich die Bullen nicht mit der Tageseinnahme vom Supermarkt erwischt hätten, wäre ich nicht in den Knast gekommen und wäre, in Dreiteufelsnamen, nicht dem alten Kröges begegnet. Dann hätte ich auch nie von Veenhusen gehört. Hätte nie erfahren, was sich dort abgespielt hatte. Damals in Veenhusen.

Ich, Stefan Kämmerer, the big loser, war natürlich derjenige vom Block C, der die Arschkarte gezogen hatte und mit Kröges eine Zelle teilen musste. Tagsüber ging es ja noch, denn da war ich in der Wäscherei beschäftigt und er stanzte in der Werkstatt kleine Metallstifte in Ledergürtel. Doch sobald es Abend wurde und wir auf unsere Zellen mussten, quatschte er mir die Ohren voll.

Ich fragte mich oft, was denn meine eigentliche Strafe war, die zwei Jahre Knast oder Kröges auf der Pritsche über mir.

Kröges war ein Schwätzer. Er quatschte ununterbrochen wie ein Radio – über Weiber, über Fußball, über Pferde. Aber leider gab es bei ihm keinen Knopf zum Abschalten. Und ihm einfach die Fresse polieren wollte ich auch nicht. Das macht sich immer schlecht, wenn man wegen guter Führung vorzeitig entlassen werden will. Also ließ ich es über mich ergehen.

An diesem Abend, als er mir von Veenhusen erzählte, war ich gut drauf. Der Grund für meine gute Laune war ganz simpel. Einem meiner Knastbrüder war es gelungen, ein paar Dosen Bier in die Wäscherei zu schmuggeln, und ich hatte, kurz bevor wir auf die Zellen mussten, meine Dose in zwei Zügen geleert. Es war ein gutes, warmes Gefühl und dank dieses guten, warmen Gefühls hörte ich Kröges Geschwätz zu. Mehr noch als das, ich ließ mich auf ein Gespräch mit ihm ein.

„Damals in Veenhusen, das war ein Ding, kann ich dir sagen."

Er saß auf einem Hocker zwischen Tisch und Kloschüssel und schaute mich Aufmerksamkeit heischend an. Ich lag auf meiner Pritsche und hatte die Hände hinter dem Kopf verschränkt.

„Veenhusen? Was ist denn das?", fragte ich, statt wie sonst üblich mein Gesicht zur Wand zu drehen.

„Ein Ort in Ostfriesland. Wo Ostfriesland liegt, weißt du aber, oder?"

„Richtung Nordsee."

„Kluges Kerlchen bist du, Stefan." Er beugte sich vor und tätschelte meinen Oberschenkel. Ein paar Zentimeter höher und er wäre ein toter Mann gewesen.

„Ich habe dir ja schon erzählt, dass ich Ostfriese bin. Ich komme aus Veenhusen. Frag einen in Veenhusen nach dem alten Kröges. Da bin ich bekannt wie ein bunter Hund. Ja, ja, wird es dann heißen, als der alte Kröges noch hier war, war noch was los in Veenhusen."

„Hast du da auch deine krummen Dinger gedreht?"

Er saß, wie ich wusste, wegen mehrerer Banküberfälle, und lebenslänglich hatte er bekommen, weil er bei seinem letzten Überfall den Kassierer erschossen hatte.

„Krumme Dinger? Ich? In Veenhusen? Wo denkst du hin, Stefan. Doch nicht in meiner geliebten Heimat." Er machte ein verdächtig andächtiges Gesicht.

Ich zweifelte sehr an seinen Heimatgefühlen, denn Typen wie wir haben keine Heimat, aus der man kommt und die man lieben könnte, sondern prügelnde und saufende Väter, grün und blau geschlagene Mütter, Jahre in Erziehungsheimen und Jugendknästen. Obwohl, dachte ich, Veenhusen hört sich irgendwie nicht danach an. Das lässt einen an Kühe auf fetten Wiesen denken, Klinkerhäuser mit Bänken davor, auf denen Oma und Opa sitzen und in den Sonnenuntergang blicken. Und wo, nicht zu vergessen, Mutter in der Küche steht und einen Butterkuchen backt.

„Das war ein Ding damals in Veenhusen."

„Erzähl mal", forderte ich ihn auf und war über meine Aufforderung ebenso überrascht wie er.

Er lächelte versonnen und zupfte sich ein Nasenhaar aus seinem linken Nasenloch. Nachdem er es begutachtet hatte, schnippte er es in die Kloschüssel.

„Erzähl jetzt, Kröges, oder lass mich pennen."

„Weißt du, wer der reichste Mann Deutschlands ist?" Er warf einen raschen Blick zu Tür.

„Nee, Kröges, weiß ich nicht. Ich weiß nur, dass ich es nicht bin."

„Boll!", bellte er und ruckte mit seinem Oberkörper so schnell nach vorne, dass ich dachte, er springt zu mir auf die Pritsche.

„Boll?", fragte ich zurück und lachte, bis ich husten musste. „Ach ja, der berühmte Boll. Wer kennt den nicht", keuchte ich und setzte mich auf. Unter meinem Kopfkissen hatte ich ein Päckchen Schwarzer Krauser versteckt. Ich fand, die Zeit war reif für einen Gruß an die Lungenflügel, und zog es hervor.

„Nee, nee, Stefan. Du verwechselst den jetzt. Der Boll, den ich meine, macht nicht viel Aufhebens von sich."

Ich befeuchtete das Zigarettenpapier mit der Zunge und dachte, dass der alte Kröges über keinen Funken Humor zu verfügen schien.

Er starrte gierig auf meine fertig gerollte und zugeklebte Zigarette und murmelte geistesabwesend: „Das war ein Ding damals."

Ich machte einen auf großzügig und gab ihm den Glimmstengel. Der Tabak reichte noch für eine zweite.

„Damals in Veenhusen", begann er endlich seine Geschichte und blies den Rauch durch seine Zahnlücke, „ist Geerd Boll aus der Uthuser Straße 4 zum reichsten Mann Deutschlands geworden und das weiß keiner außer mir. Nicht mal der jetzige Geerd Boll selber weiß das. Nur ich."

Und ich, dachte ich so bei mir und zog es vor, die Klappe zu halten und einfach nur meine Lauscher zu stellen. Wer weiß, vielleicht kann man mal so nebenbei an ein bisschen Kohle kommen. Meinetwegen auch in Veenhusen.

„Die alte Kirche von Veenhusen wurde so ungefähr“, er überlegte und kratzte sich hinter dem Ohr, „elfhundertschlagmichtot erbaut. Doch die Ems änderte über die Jahre ihren Lauf. Weiß der Himmel warum, aber sie tat es und hätte beinahe die schöne alte Kirche überflutet. Und was taten die Veenhuser?“

„Nicht mehr zur Kirche gehen?“

„Nee, nee, Stefan. Die Veenusener trugen sie Stein für Stein ab und bauten sie auf dem Platz wieder auf, auf dem sie heute noch steht. Und einer von denen, die damals dabei waren, war der Großvater vom Geerd Boll, Geerd Boll.“

„Du wiederholst dich, Kröges.“

„Nee, Stefan. Der Großvater von Geerd Boll hieß auch Geerd Boll und der Vater auch. Und der war kein dummer Mann. Den Großvater meine ich. Der hat die Augen aufgehalten und was denkst du, was der Geerd Boll unter der Bodenplatte neben dem Altar gefunden hat?“

„Keine Ahnung.“

„Drehst du mir noch eine? Du wirst nicht glauben, was er da gefunden hat, der alte Geerd Boll.“

„Woher willst du das wissen?“

„Weil ich damals dabei war. Ich war zwar noch ein Kind, aber ich habe alles gesehen. Ich habe gesehen, wie der alte Geerd Boll mit seinem Holzbein um den Altar herumgehumpelt ist. Klack, klack hat es gemacht. Und plötzlich klonck. Der alte Boll ist noch mal einen Schritt zurückgehumpelt und hat mit seinem Holzbein drei- oder viermal auf diese eine Bodenplatte geklopft. Klonck, klonck hat es gemacht. Er hat gewartet, bis die anderen Männer mit einer neuen Fuhre Steine davongefahren waren. Ich muss mich ausruhen, ich kann nicht mehr so schnell mit meinem Holzbein, hat er gejammert. Dann, als er glaubte, er wäre allein, hat er die Bodenplatte mit seinem Stück Flacheisen angehoben und nachgesehen, was darunter ist. Und Gott ist mein Zeuge, Stefan, als er sich wieder erhob, hatte er die Hände voller Goldmünzen. Ich, der kleine Kröges, habe gesehen, wie Geerd Boll seine Taschen mit purem Gold gefüllt hat, während die anderen die Steine geschleppt haben. Ich habe die ganze Zeit nämlich mit einer Flasche Abendmahlswein unter dem Altar gehockt.“

Ein Jahr danach bin ich entlassen worden. Kröges hat mir in dem Jahr noch viele Geschichten erzählt, aber nie mehr von Veenhusen.

Und ich? Ich bin ja kein Hornochse, dass ich ihn danach gefragt und vielleicht schlafende Hunde geweckt hätte. Aber ich hatte mir alles notiert, die Uthuser Straße 4 und vor allem den Namen Geerd Boll. Dieser Tropf, der einen Goldschatz von seinem Großvater im Keller liegen hat und nichts davon weiß. So einem geschieht es ganz recht, wenn er ausgeraubt wird, sagte ich mir.

Auf der Autobahn fuhr ich nach Norden, Richtung Leer und dann die Abfahrt Veenhusen runter. In dem Dorf angekommen, sollte es von der Graf-Enno-Straße nach der zweiten Kreuzung links in die Uthuser Straße abgehen. Ich fuhr die Graf-Enno-Straße durch, bis ich wieder am anderen Ende von Veenhusen angekommen war. Der alte Kröges hatte wohl ein paar Straßen durcheinander gebracht. Es war schon sehr spät am Abend und das Dorf lag platt und ausgestorben da. Ich konnte niemanden fragen und eigentlich wollte ich das auch nicht, denn ich war nicht scharf darauf, dass mich jemand wiedererkennen könnte.

Ich fuhr zurück zur Hauptstraße und hielt einen Moment vor dem *Veenhuser Hof*. Ich hatte Hunger und Durst, aber das konnte warten. Wenn ich erst ein reicher Mann war, konnte ich essen und trinken so viel ich wollte. Vielleicht würde ich auch eines Tages nach Veenhusen zurückkommen und meinen Urlaub hier verbringen. Wie ich auf der Karte gesehen hatte, konnte man in der Umgebung angeln und zur Küste und nach Holland war es auch nicht weit. Das alles war möglich, sobald ich das verdammte Gold in meinen Händen hielt. Das Gold, das ein räuberischer Bischof in der Kirche versteckt hatte. Wie Kröges meinte, war das während des Dreißigjährigen Krieges passiert. Na, mir kann er ja viel erzählen, außerdem war mir egal, woher das Gold stammte. Wichtig war nur, dass ich es bekam.

Gold, Gold, Gold. Ich konnte sein Gewicht in meinen Händen spüren. In meinem Kopf drehte sich alles um den Goldschatz des ollen Geerd Boll. Der alte Halunke hatte ihn in seinem Keller eingemauert und aus Angst, jemand könnte ihm sein Gold wieder wegnehmen, hatte er keiner Menschenseele davon erzählt und auch nichts davon ausgegeben. So nahm er sein Geheimnis mit ins Grab. Schön blöd.

Ich fuhr kreuz und quer durch Veenhusen, bis ich mich endlich in der Uthuser Straße wiederfand. Die Hausnummer 4 war das zweite Haus auf der linken Seite. Ich fuhr noch bis ans andere Ende der Straße und parkte dort meine Karre. Dann ging ich zurück. Auf der Uthuser Straße begegnete mir keine Menschenseele.

Im Haus mit der Nummer 4 brannte kein Licht. Die Bewohner schienen schon zu schlafen. Ich schlich über den Rasen, hinter das Haus. Dort, so wusste ich von Kröges, befand sich ein Kellerfenster, das sogar ein Kind aufbrechen konnte. Nicht einmal zwei Minuten später stand ich im Keller vor der Wand, hinter der sich der Goldschatz befinden musste. Kröges hatte erzählt, dass er Boll von der Kirche aus nachgeschlichen war und genau gesehen hatte, dass es die Wand gegenüber vom Fenster war.

Ich packte mein Werkzeug aus und machte mich an die Arbeit. Mit einem Schraubenzieher kratzte ich den Mörtel zwischen den Backsteinen heraus. Ich versuchte, so leise wie nur möglich zu arbeiten. Den ersten Backstein konnte ich schon aus der Wand ziehen. Es befand sich tatsächlich ein Hohlraum dahinter. Ich begann zu schwitzen und mein Mund wurde trocken. Da ging das Licht über mir an und im selben Augenblick spürte ich einen Gewehrlauf zwischen meinen Schulterblättern.

„Was tun Sie hier?“, hörte ich eine wütende Stimme hinter mir.

Ich wirbelte herum und riss dem Kerl das Gewehr aus den Händen.

Er verpasste mir einen Kinnhaken.

Ich schlug mit dem Gewehrkolben nach ihm.

Ein knirschendes Geräusch und ein Aufschrei. Er fiel rückwärts auf den harten Kellerboden.

Wie kam die Polizei so schnell in die Uthuser Straße? Was soll’s, ich bin halt ein Loser und wenn mir das Schicksal einen Stoß Karten hinlegt, ziehe ich garantiert die Arschkarte.

Die Bullen waren da und nahmen mich fest, genau wie damals beim Supermarkt.

Drei Monate später machte man mir den Prozess wegen des Einbruchs in das Haus eines gewissen Karl Reinders und schwerer Körperverletzung an eben selbigem.

Und dann fand ich mich wieder in derselben Zelle, die ich gerade erst hinter mir gelassen hatte. Und auf der Pritsche über meiner lag wieder der alte Kröges.

„Nee, nee, Stefan. Das war doch nur so eine dumme Geschichte. Ich denke mir halt gerne Geschichten aus. Hast du das etwa geglaubt mit dem Gold aus der Kirche in Veenhusen? Und Boll heißt dort kein Mensch!“ Er lachte so sehr, dass er beinahe von seiner Pritsche gefallen wäre. „Dösbaddel, ich stamme doch aus Aurich. Habe ich dir eigentlich schon erzählt ...?“

Ich schmiss das Bündel mit meinen Habseligkeiten in die Ecke, zog den alten Schwätzer von seiner Pritsche und verpasste ihm einen freundschaftlichen Schlag in die Magengrube. Er krümmte sich und ließ sich laut stöhnend auf den Hocker plumpsen.

Ich stellte mich breitbeinig vor ihn hin.

„Weißt du, was Schicksal ist, Kröges?“

„Dass wir beide wieder in einer Zelle zusammenhocken?“, fragte er kleinlaut zurück und schaute ängstlich zu mir hoch.

„Das hat nichts mit Schicksal zu tun, das ist reine Scheiße! Schicksal ist das, was diesem Reinders passiert ist, dem Typ aus der Uthuser Straße 4. Ich bin nämlich tatsächlich auf einen Hohlraum hinter der Mauer gestoßen, aber da waren keine Goldmünzen dahinter, sondern ...“

„Sondern?“

Ich setzte mich auf meine Pritsche, zog meine Schuhe aus, knüllte mir mein Kissen zurecht und legte mich gemütlich hin.

„Jetzt sag schon, Stefan!“ Er hielt mir eine seiner kostbaren Filterzigaretten hin und sah mich neugierig, fast verzweifelt an.

„Die Leiche seiner Frau, von der er behauptet hat, sie wäre ihm vor fünf Jahren davongelaufen!“

„Nee!“, rief Kröges und schlug sich vor Begeisterung auf den Schenkel, „das ist ja ein Ding!“

Ich verbarg mein Grinsen hinter einem Gähnen und drehte mein Gesicht zur Wand.

Barbara Wendelken

ECHTE WARSINGSFEHNTJER KERLE

Eine Sorte von Männern ist mir regelrecht verhasst. Man erkennt sie auf ersten Blick an ihrem Gang, breitbeinig und ein wenig schwankend. Sie erinnern an Cowboys, denen man das Pferd zwischen den Beinen weggeschossen hat.

Auf der Autobahn findet man diese Männer auf der linken Spur, sie geben abwechselnd Vollgas, bremsen mit quietschenden Reifen oder betätigen die Lichthupe. Sie öffnen Bierflaschen grundsätzlich mit ihrem Feuerzeug, auch wenn der Kapselheber auf dem Tisch liegt. Und selbstredend brauchen sie kein Glas. Gern tragen sie ausgefranste Jeanswesten mit bunten Aufnähern und ihre Gürtel sind mit überdimensionalen Schnallen verziert, auf denen wahlweise die amerikanische Flagge, ein Adler mit ausgebreiteten Schwingen oder zwei Totenköpfe zu sehen sind. Diese Männer tragen auch im kältesten Winter ärmellose Shirts. Sie frieren nie. Mit Vorliebe hören sie laut Heavy-Metal-Musik und halten sich für den Mittelpunkt des Universums.

Vier Jahre lang habe ich neben so einem Prachtstück von Mann gewohnt. In Moormerland war das. Ich weiß nicht, ob Sie die Fehngemeinde kennen. Endlose Kanäle, gesäumt von roten Häusern mit weiß gestrichenen Fensterrahmen und ordentlichen Vorgärten, saftig grüne Wiesen, auf denen schwarzbunte Kühe grasen, ein weiter Himmel. Die Menschen sind freundlich, die ruhige Landschaft tut der Seele gut. Ja, in Moormerland lässt es sich leben.

Deshalb hatte ich mir ein Haus in Warsingsfehn gekauft, direkt am Randkanal. Im Winter liefen die Leute vor meinem Wohnzimmerfenster auf Schlittschuhen vorbei. Im Sommer pflügten sie in ihren Paddelbooten und Kanus durchs Wasser. Auf der anderen Kanalseite konnte ich kilometerweit über grüne Wiesen schauen.

Neben mir wohnte damals ein junges Ehepaar. Okko und Gesa Bruhns. Okko war, wie Sie sich wohl denken können, besagtes Prachtstück von Mann. Wir waren uns von Anfang an unsympathisch und haben kaum einmal miteinander gesprochen. Gesa dagegen mochte ich sehr. Ja, ich bewunderte sie geradezu. Die Frau war noch keine Dreißig und leistete in meinen Augen Übermenschliches.

Okko und Gesa Bruhns waren überaus fruchtbar. Aus mir unbegreiflichen Gründen brachte die arme Gesa fast jedes Jahr ein Kind zur Welt. Sieben Kinder in acht Jahren, alles Jungen. Sie können sich vielleicht ausmalen, wie ihr Tagesablauf aussah. Man muss sich ja nur mal die Berge von Wäsche vorstellen. Ihr Haus war übrigens blitzeblank, trotz der vielen Kinder. Und den Rasen mähte sie an jedem Wochenende. In ihrem riesigen Gemüsegarten war kaum einmal ein Unkraut zu entdecken und die Kinder fand ich immer tadellos gekleidet. Was man von Gesa nicht unbedingt sagen konnte. Nicht, dass ihre Sachen unsauber waren. Doch Gesa wirkte stets ein wenig ärmlich. Jahrein, jahraus trug sie dieselben Sachen, zumeist handelte es sich um kleingeblümte Umstandskleider. Die Ärmste war ja praktisch pausenlos schwanger. Vermutlich wirkte ihr rotblondes Haar deshalb so stumpf und glanzlos. Wenn man Frisör ist, so wie ich, hat man einen Blick für ungesundes Haar. Ich habe Gesa ein Mineral-Aufbaushampoo sowie eine entsprechende Haarkur aus dem Salon mitgebracht und nach ein paar Wochen war bereits ein Unterschied sichtbar. Auf mein Angebot, ihr eine schicke, praktische Kurzhaarfrisur zu schneiden, ging sie leider nicht ein. Sie blieb bei ihrem schlichten, geflochtenen Zopf, weil Okko angeblich nur langhaarige Frauen liebte.

Dass Okko seine Gesa liebte, möchte ich stark bezweifeln. Meiner Meinung nach liebte dieser Mensch nur sich selbst. Wenn Gesa den Wäschekorb zur Leine schleppte, schob sie ihr Jüngstes im Kinderwagen mit, das Zweitjüngste stolperte auf wackligen Beinchen nebenher. Die nächsten drei spielten in der Sandkiste. Die beiden Älteren fuhren mit ihren Rädern über die Auffahrt. Okko saß währenddessen auf der Terrasse, hörte laut Musik und trank Bier. Wobei er die Flaschen mit dem Feuerzeug köpfte. Nie habe ich gesehen, dass er sich nach den Kronkorken bückte. Dafür war seine Ehefrau zuständig. Sobald die Flasche leer war, erschien Gesa und brachte eine neue. Ich habe nie gehört, dass Okko sich bedankt hätte. Überhaupt habe ich Okko so gut wie nie sprechen hören. Wenn einer der kleinen Burschen sich das Knie aufschlug und heulte, hieß es: „Geh zu Mama."

Niemals habe ich erlebt, dass Okko mit seinen Söhnen längere Sätze sprach oder gar etwas mit ihnen unternahm. Sein Leben bestand aus Arbeit und Erholung von der Arbeit. Dann und wann holte Okko auch sein Motorrad aus der Garage und verschwand für zwei oder drei Stunden. Seine Mithilfe im Haushalt beschränkte sich darauf, alle zwölf bis dreizehn Monate einen Sohn zu zeugen. Und darauf war er außerordentlich stolz.

Einmal, als wir uns im Garten trafen und ich pflichtschuldig zu dem gerade geborenen Sohn gratulierte, sagte er grinsend: „Jeder Schuss ein Treffer! Da kommt so ein armer Frisör wie du nicht mit, was?" Und er schlug mir so kräftig gegen die Schulter, dass ich rückwärts in meine frisch gepflanzten Stiefmütterchen stolperte.

Gesa, die gute Seele, errötete verschämt. „Vielleicht will Herbert ja gar keine Familie", wollte sie mich verteidigen.

„Oder er kriegt keine", grinste Okko. „Wer will schon einen Kerl, der die ganze Woche fremden Weibern auf dem Kopf rumfummelt und am Wochenende seine Fenster putzt?"

Ich habe nichts darauf erwidert.

Mit der Zeit lernte ich wegzuschauen, wenn meine Nachbarin fröhlich singend Unkraut jätete, gleichzeitig ihre Kinder beaufsichtigte und im Fünfminutentakt in die Küche stürmte, damit die Erbsensuppe nicht anbrannte. Und das alles, während ihr Mann sich ungestört von seinem Arbeitstag erholte. Schließlich ging das Ganze mich nichts an. Und doch will ich nicht verschweigen, dass ich nachts häufig von

Gesa träumte. Dann saß ich zwischen all den Jungs an ihrem Küchentisch und Gesa kochte etwas Schönes für uns. In meinen Träumen war sie übrigens weitaus besser frisiert als in Wirklichkeit.

Als Gesa mir im vorletzten September erzählte, sie wäre wieder guter Hoffnung, traute ich kaum meinen Ohren. „Noch ein Kind?“, japste ich. „Du erstickst doch jetzt schon in Arbeit.“

Nun, meine Nachbarin bestand darauf, sich zu freuen. „Okko will eine ganze Fußballmannschaft. Er sagt, wir kommen vielleicht ins Guinnessbuch der Rekorde.“

Als Gesa längst wieder fort war, sie musste die Hausaufgaben des Ältesten kontrollieren, die beiden Nachfolgenden vom Kinderturnen abholen, das Baby stillen und dann für das Abendessen sorgen, beschloss ich, die arme Gesa zu retten, bevor sie vor Erschöpfung im Kindbett verstarb. Sie musste endlich begreifen, dass das Leben einer hübschen, jungen, gesunden Frau nicht nur aus Mutterschaft bestehen konnte. Und dazu musste Okko verschwinden.

Aber wie? Freiwillig würde er gewiss nicht das Feld räumen. Ich musste also einen Mord begehen. Ohne dafür ins Gefängnis zu wandern, versteht sich. Schließlich wollte ich die Früchte meiner Tat ernten.

Um Anregungen zu sammeln, kaufte ich in der Buchhandlung Harlekin ein paar Kriminalromane. Viel brachte mir das nicht. Da wurde ein Mann mit Strychnin vergiftet – unmöglich, der Verdacht würde sofort auf Gesa fallen. In einem anderen Buch tötete jemand mit Strom. Für einen technisch unbedarften Menschen wie mich war das ebenfalls nicht durchführbar. Bei dem Versuch, eine Gartenpforte unter Starkstrom zu setzen, würde ich mich vermutlich selbst hinrichten. Weiterhin wurde in den Romanen wild geschossen, erwürgt und erstochen. Leider war kaum anzunehmen, dass Okko rücksichtsvoll still hielt, bis ich ihn gemeuchelt hatte.

Wochen-, ja monatelang blieb ich untätig. Gesas Bauch rundete sich zusehends und mir fiel beim besten Willen nicht ein, wie ich die Wurzel dieses Übels beseitigen könnte. Die Bäume warfen ihr Laub ab, auf das Weihnachtsfest folgte Silvester und im Januar begann die Zeit der Nachtfröste. Der Randkanal bildete eine feste Eisdecke. Von meinem Wohnzimmer aus konnte ich die Leute beim Schlittschuhlaufen beobachten. Nachts träumte ich, dass Okko ins Eis einbrach und ertrank.

Im Februar brachte Okko seine Frau ins Kreiskrankenhaus, wo sie einen weiteren strammen Jungen gebar.

Da kam mir schlagartig die Erleuchtung. Gesa lag in der Klinik, ihre Mutter und ihre Schwester hatten es sich wie jedes Jahr zur Aufgabe gemacht, die anderen Kinder aufzunehmen. Okko, dem kein Mensch zutraute, dass er seine Bubenschar selbst versorgen könnte, wohnte allein im Haus. Ich würde meinem Nachbarn eine Suppe bringen. Zum ersten und letzten Mal. Und ich würde die Suppe mit Rattengift abschmecken. Ich war mir sicher, dass niemand mich verdächtigen würde. Weil ich – theoretisch – gar kein Motiv hatte.

Wie schon gesagt, es war Februar und bitterkalt. Okko dachte sich überhaupt nichts dabei, dass ich Handschuhe trug, als ich den Topf auf seinen Tisch stellte. Der Topf war übrigens nagelneu und ich hatte sowohl beim Einkauf als auch beim Kochen Handschuhe getragen. Man weiß ja, wie akribisch die Leute von der Spurensicherung arbeiten.

Okkos wissendes Grinsen werde ich nie vergessen. „Wenn das ein Antrag sein soll, Herbert: Ich steh nicht auf Männer. Echt. Aber danke für die Suppe, Süßer."

Sollte ich noch irgendwelche Zweifel an der Rechtmäßigkeit meines Plans gehegt haben, die waren hiermit ausgelöscht. Dieser Mann hatte den Tod verdient. Punkt. Ich stammelte, dass ich keine Zeit hätte, weil um halb acht mein Yogakurs im Studio Larisca begänne, und ließ ihn mit der vergifteten Suppe allein.

Zu Hause beseitigte ich alle Spuren meiner Kocherei. Dann packte ich den hellblauen Nickystrampler in Geschenkpapier und machte mich auf den Weg ins Kreiskrankenhaus.

Nach sechsunddreißig Stunden fand man Okkos Leiche. Als die Polizei fragte, ob ich zur Tatzeit jemanden auf dem Nachbargrundstück bemerkt hätte, schüttelte ich mit gutem Gewissen den Kopf.

Im Rahmen der Ermittlungen kam heraus, dass Okko auch außerhalb der Ehe ein reges Sexualleben geführt hatte. Regelmäßig hatte er mehrere Frauen in Veenhusen und Neermoor beglückt. Auch in der Nachtbar *Goldmine* war er kein Unbekannter. Es war die Rede von zwei oder drei unehelichen Söhnen.

Zunächst galten Okkos Liebschaften als hauptverdächtig. Doch die Polizei konnte keiner von ihnen etwas nachweisen. Sie und ich wissen warum.

Gesa trauerte übrigens nicht sonderlich intensiv um ihren Gatten. Als Mutter von mittlerweile acht Söhnen fand sie einfach keine Zeit. Einmal vertraute sie mir an, dass sie ohne Okko viel besser dran wäre. „Der ließ sich doch von morgens bis abends bedienen. Als hätte ich nicht genug mit den Kindern zu tun. Manchmal hätte ich ihn erwürgen können." In diesem Moment fühlte ich mich wie ein Held und ich bedauerte zutiefst, dass meine schöne Nachbarin niemals von meiner Heldentat erfahren würde.

Ich besuchte Gesa jetzt häufiger. Manchmal las ich den Kindern etwas vor oder ich spielte mit den Älteren *Mensch ärgere dich nicht*. Ich schnitt ihnen die Haare, kostenlos, versteht sich. Dann und wann gingen wir gemeinsam am Kanal spazieren. Einmal hauchte ich Gesa einen Abschiedskuss auf die Wange, ganz zart, und sie lächelte geheimnisvoll. Natürlich war es viel zu früh für eine neue Beziehung, schließlich war sie noch in Trauer.

Bald bürgerte es sich ein, dass ich Gesa mit allen Kindern sonntags zum Essen einlud. Ich kaufte sogar einen größeren Tisch und neue Stühle. Eine Anschaffung fürs Leben – dachte ich.

Bis Gesa mir Lothar vorstellte. Lothar war früher zur See gefahren. Auf seinen muskelbepackten Oberarmen drängelten sich tätowierte Nixen und Segelschiffe. Lothar öffnete seine Bierflaschen mit den Zähnen. Die Kronkorken spuckte er einfach auf den Boden. Lothar und Gesa wollten so bald wie möglich heiraten. Gesa war nämlich wieder schwanger. Sie hoffte diesmal auf ein Mädchen.

Ich habe mein Haus verkauft. Moormerland ist doch nicht die richtige Gegend für mich. Nichts als Wasser und endloses Grün. Auf Dauer schlägt mir dieser Anblick aufs Gemüt.

Im letzten Oktober, als mich wieder meine Herbstdepressionen überfielen, habe ich mir einen Goldhamster gekauft und ihn Gesa genannt. Abends schaue ich mir gern an, wie er unermüdlich in seinem Laufrad rennt, ohne jemals von der Stelle zu kommen. Manchmal öffne ich den Käfig und nehme das kleine Tier heraus, um über das seidige, rotblonde Fell zu streicheln.

Ach Gesa, es hätte so schön sein können.

Wolke de Witt

Nestbau in Weener

„Er ist ja so geschickt, unser Renko!" Das hatte schon seine Mutter mit stolzgeschwellter Brust verkündet, als sie uns das erste Mal in der allerersten Wohnung besuchte, die ich mit Renko bezogen hatte. Die Augen vor Rührung feucht, so stand sie vor dem Schlüsselkasten, den Renko mir zum Einzug getischlert hatte. „Damit du nicht immer nach deinem Schlüssel für unser kleines Nest suchen musst, mein Herzblatt!"

Nun hatte ich zwar noch nie Probleme damit gehabt, meine Schlüssel zu finden. Ich hatte mir schon längst einen hochmodernen Keyfinder ans Bund geclipst. Ein Pfiff, und schon antwortete das Schlüsselbund. Trotzdem war ich natürlich dankbar für diesen schulheftgroßen Kasten aus Sperrholzplatten, denn der hatte sogar einen laubgesägten Aufsatz in Schlüsselform.

„Wat mooi!", befand Renkos Mama, und ich nickte glücklich.

Warum hätte ich auch nicht froh und dankbar sein sollen? Er war wirklich so geschickt, mein Renko. Alle meine Freunde und Verwandten sagten es. Und so sparsam dazu, da konnten sich die anderen Männer aus der Nachbarschaft eine dicke Scheibe von abschneiden.

Als wir, nicht lange nach unserer Hochzeit, endlich umzogen, in die Metropole des Rheiderlands, lebte Renko erst so richtig auf. Nicht nur, weil es für ihn die Rückkehr in die Heimat war und Mama mit dem Hollandrad bequem eben zum Tee herüberkommen konnte. Noch mehr als in der fernen Stadt zählte hier in Weener, was er an handwerklichem

Eifer aufzubieten hatte. Der Ostfriese an sich ist gerne sparsam. Nicht ohne Grund gibt es im Plattdeutschen so viele Ausdrücke für den Gemütszustand, in dem sich auch mein Mann meist befand. Der Schotte unter den Ostfriesen aber ist der Rheiderländer. Zum Bummel in den Nachbardörfern nimmt er vorsichtshalber erst gar kein Portemonnaie mit, damit er nach ausgiebigem Gucken im Laden reinen Gewissens beteuern kann: „Ick hebb nett keen Knippke insteken."

Diese Gewohnheit machte sich auch Renko schnell zu eigen. Hatte ich beim Schaufensterbummel ein wunderschönes Väschen entdeckt, begleitete er mich still in den Laden, ließ mich stöbern und feilschen, um dann mit dem Ausdruck tiefsten Bedauerns zu verkünden, er habe leider ... Sie wissen schon.

Nur einmal pro Woche, wenn er selber zum Aufbruch blies, konnte ich mich darauf verlassen, dass er die EC-Karte einsteckte, denn seine Einkaufsbummel waren nicht nur ausgedehnt, sondern stets ergiebig. An jedem Sonnabend, den Gott werden ließ, und es waren viele, schwang er sich pünktlich um halb sieben aus dem Bett, streckte sich unternehmungslustig und zog die Decke aus der verzweifelten Umklammerung meiner Finger.

Unser Häuschen lag idyllisch am Rand der niedlichen kleinen Stadt, der Garten war groß und herrlich verwildert. Verwildert war allerdings auch das Häuschen, von den einfach verglasten Fenstern mit der abblätternden weißen Farbe bis zum Badezimmer, das ein ganz romantisches Emaillewaschbecken hatte, dafür aber keine Kacheln an den Wänden und auf dem Fußboden grünes PVC. Das Dach, mit echten Jemgumer Tonpfannen gedeckt, war wunderhübsch anzusehen mit seinem weichen Moosteppich und den kleinen Birken, die aus der Dachrinne sprossen.

Renkos Augen leuchteten – vor Glück über das malerische neue Zuhause in seiner alten Heimat. Dachte ich. Und unterschrieb den Kaufvertrag mit zitternden Fingern ebenso wie den Kreditvertrag der Bausparkasse. Den Vertrag über die Risikolebensversicherung zur Restschuldabsicherung setzte ich durch, was bei Renko aber nur kurz für Verstimmung sorgte.

Wir zogen sofort ein, denn was im Haus zu tun war, konnte genauso gut und noch besser direkt an Ort und Stelle erledigt werden, fand Renko, und seine Mutter unterstützte ihn nach Kräften. Also stapelte ich die Umzugskartons zunächst im Schlafzimmer, das nach Renkos Ansicht von allen Räumen am wenigsten dringend eine neue Tapete und einen frischen Teppich brauchte – schließlich war man da ja nur nachts, und da war es, wenn man den einzigen Lichtschalter neben der Tür ausgeknipst hatte, ohnehin dunkel und ich musste die gewagte Wand mit den klodeckelgroßen orangen und braunen Kringeln nicht sehen.

Gleich am nächsten Tag suchte ich mir aus dem Telefonbuch die wichtigsten Nummern heraus und bestellte Maurer, Dachdecker, Elektriker und Installateur in unser neues Zuhause. Renko ließ mich gewähren, bis der erste heimische Handwerker seinen Kostenvoranschlag abgeliefert hatte.

An diesem Tag, es war ein Samstag, öffnete er die Post, schaute unten auf die dritte Seite des Briefs, ließ sich auf den Küchenstuhl sinken und sagte: „Haou." Dann erhob er sich, zog sich ein frisches T-Shirt über, tastete nach seinem Knippke und holte den Autoschlüssel aus dem laubgesägten Schlüsselkasten. Ich angelte mir den Brief, der diesen Gefühlsausbruch ausgelöst hatte, und las mit großen Augen den Preis, den der Maler für seine Arbeit errechnet hatte.

Als Renko drei Stunden später den Kombi rückwärts auf die Einfahrt rangierte, war die Rückbank geklappt und der Wagen bis unters Dach voll. Obenauf lagen verschiedene kleinere Kästen, die er als Erstes in die Küche trug. Ich identifizierte eine Bohrmaschine, einen Exzenterschleifer und eine Stichsäge. Bei den anderen Sachen durfte ich tragen helfen. Es kamen ein Tapeziertisch, vier Eimer Wandfarbe, je ein Satz Pinsel und Farbrollen und mehrere Arme voll Raufasertapetenrollen dazu. Ich war froh. Renko hatte Recht, das bisschen Streichen und Tapezieren konnten wir auch alleine schaffen. Er war ja so geschickt, und das Geld für den Maler konnten wir sparen und für die anderen Arbeiten aufheben.

Ich hatte mir gerade einen feschen Hut aus Zeitungspapier gefaltet – das gleiche Modell wie die Papierschiffchen, die wir im Unterricht immer unter der Bank gebastelt hatten – und den Tapeziertisch im Wohnzimmer aufgeschlagen, als ein aufgeregtes „Haou!" von Renko mich zusammenfahren ließ.

Vor dem Haus nagelte ein Diesel und Renko eilte vor die Tür, um dem Fahrer eines blaugelben Lastwagens beim Abladen zu helfen. Behutsam lehnte er elf verschieden große Fenster an die Hauswand. Bei der weißen Kunststoffeingangstür musste ich mit anpacken. Sie war so schauderhaft, dass ich beschloss, beim nächsten Einkauf unbedingt mitzufahren.

Schon der nächste Samstag brachte uns wieder – diesmal gemeinsam – auf die Autobahn Richtung Leer, denn der Baumarkt draußen beim Emspark hatte Montageschaum im Sonderangebot. Zum Glück hatte uns die Woche trockenes Frühlingswetter beschert, so dass die Plastikfolie, die Renko vor die leeren Fensterhöhlen gespannt hatte, nicht viel auszustehen hatte.

Es folgte eine Zeit herrlicher Zweisamkeit. Gemeinsam durchstreiften wir die Baumärkte des Landkreises Leer und der Nachbargemeinden. Ich lernte die Läden schätzen, die neben Schrauben, Brettern und Dämmstoffen auch ein gut sortiertes Angebot von Geschenkartikeln und Dekomaterial hatten – von Dingen eben, die nicht einmal mein geschickter Mann selbst bauen konnte. Die Vorräte trugen wir gemeinsam in unser Nest.

Renko hämmerte und schraubte, sägte und stemmte. Ich bückte mich nach heruntergefallenen Zangen, reichte Dübel an, sammelte abgebrochene Sägeblätter auf und ergänzte regelmäßig die Heftpflastervorräte für unseren Medizinschrank, den Renko aus weiß furnierten Spanplattenabschnitten zusammengeleimt und mit einem großen roten Kreuz bemalt hatte. Bei diesen Gelegenheiten, wenn ich meinen Einkaufswagen durch die Regalreihen des Supermarktes schob, lernte ich, wenn auch geflüstert und nicht an mich gerichtet, die Vokabeln „sünig“ und grannig“ kennen, die ich in der Stadtbücherei im Ostfriesischen Wörterbuch nachschlug.

Ich kannte die A 31 zwischen Weener und Leer bald gut, konnte unfehlbar erkennen, ob einer der Bäume neben der Fahrbahn kränkelte, und registrierte, dass der Straßendienst durchschnittlich sechs Wochen benötigte, um entflogene Plastikplanen aus dem straßenbegleitenden Großgrün zu entfernen.

Zwei Wochen vor unserem Hochzeitstag verblüffte mich Renko dadurch, dass er die Autobahnauffahrt Richtung Meppen nahm und am Dreieck Bunde abbog, statt in der Gegenrichtung bis zum Emstunnel durchzurauschen und dann nach Leer auszuscheren.

Ich fühlte mich wie im Märchenland, als ich durch die breiten stuhl- und schrankgesäumten Alleen des schwedischen Möbelhauses in Groningen schlenderte. Renko folgte mir mit wachem Blick. Wo immer ich länger verweilte, zückte er seinen Zollstock, vermaß die massiven Kiefernschränke, filigranen Regale und kompakten Nachtschränkchen und machte sich fleißig Notizen. Meine Frage, ob wir nicht gleich das eine oder andere Teil mitnehmen könnten, beantwortete er mit verschmitztem Grinsen und verheißungsvollem „Haou!"

An unserem Ehrentag überraschte er mich mit einem Wohnzimmerregal, das er aus ungehobelten Dachlatten und Profilholz genau nach den Maßen des Schwedenmöbels zusammengezimmert hatte.

Mit der Zeit gewöhnte ich mich an den geregelten Wochenablauf mit den samstäglichen Baumarktbesuchen ebenso wie daran, auf einer Baustelle zu leben. Dass die Ehefrauen der heimischen Handwerker inzwischen die Straßenseite wechselten, wenn ich durch Weeners malerische Innenstadt ging, gab mir zwar einen Stich, aber ich nahm es mir nicht lange zu Herzen. Ich hatte mein Häuschen und ich hatte meinen fleißigen Renko mit den breiten Schultern und den blonden Haaren.

Bis ich ihn kennen gelernt hatte, waren alle meine Männerbekanntschaften dunkellockig und eher mediterran gewesen, aber seit jenem denkwürdigen Gallimarktsbesuch, bei dem mir dieser große Blonde im Schwarzwaldhaus einen Glühwein spendiert hatte, war alles anders. Rein genetisch war das zu erklären, las ich. Dass sich in der Zeit des hormonellen Hochbetriebs Gegensätze anziehen, liegt am biologischen Programm der Arterhaltung. Je größer die Unterschiede zwischen Männlein und Weiblein, desto besser werden die Gene durchmischt, was der Population zugute kommt. Zumindest theoretisch, denn das genetische Programm rechnet ja nicht mit Pille und Pariser. Erst wenn es an Nestbau und Jungenaufzucht geht, setzt das Weibchen unserer Spezies auf Ähnlichkeit, wegen der Sicherheit. Deshalb hatte ich wohl sofort gewusst: der oder keiner.

Auch meine besten Freundinnen, die mich bald nach dem Umzug besuchten, waren entzückt von meinem großen, blonden Ehemann, der mit so viel Einsatz unser Nest zu verschönern suchte. Schwatzend saßen wir unter dem Sonnenschirm auf der Terrasse, die ich aus alten Baustoffpaletten zusammengeschoben hatte, bis Renko sich ans Pflastern und Überdachen der richtigen Terrasse machen konnte. Die rothaarige Tina warf immer wieder schmachtende Blicke in Richtung Haus, wo Renkos gebräunter Rücken aus dem weißen Unterhemd kokett herüberblitzte. Sabine betonte ein ums andere Mal, wie sehr sie mich um meinen Renko beneidete. Und dass wir nicht im Wohnzimmer sitzen konnten, weil Renko dort gerade die Fliesen für den Badezimmerausbau gestapelt hatte, machte ihnen auch überhaupt nichts aus, schließlich war das Wetter noch immer hochsommerlich. Auch den Pflaumenkuchen lobten sie in den höchsten Tönen. Ich verschwieg, dass Schwiegermutter ihn gebacken hatte, weil der Herd, den Renko angeschlossen hatte, so gut heizte, dass jeder Kuchen nach zehn Minuten außen verkohlt und innen flüssig war.

Schwiegermutters Pflaumenkuchen war aber auch wirklich ein Gedicht. Binnen weniger Minuten klebten auf der Kuchenplatte neun Wespen, drei patrouillierten über dem Tisch und eine verfing sich in Sabines langen schwarzen Locken, geriet in Panik und stach Sabine in die Oberlippe. Ich lotste die Jammernde über einen Haufen Abbruchziegel in die Küche, um ihr einen Eiswürfel zum Kühlen zu geben. Mit einem mitleidigen „Haou“ wollte Renko uns folgen, aber vier verwirrte Wespen versperrten ihm den Weg. Renko fuchtelte mit seinen kräftigen, sonnengebräunten Armen, trat drei große Schritte rückwärts, strauchelte über einen Mörtelzuber und kam endlich heftig rudernd so weit wieder ins Gleichgewicht, dass er mit langen Sätzen, Haken schlagend wie ein Feldhase, ums Haus flüchten konnte.

Sabines Lippe war nach wenigen Tagen wieder abgeschwollen und sie trug mir die Attacke nicht nach, zumal sich Renko sehr fürsorglich um sie gekümmert und mit seinen geschickten Händen höchstpersönlich ein kühlendes Gel aufgetragen hatte. Schon am nächsten Samstag besuchte sie uns wieder. Sie kam so früh, dass sie Renko zum Baumarkt begleiten konnte, während ich mich diesmal zur Abwechslung in unserem schönen, wildromantischen Garten zu schaffen machte. Natürlich lud ich sie zum Mittag ein und sie revanchierte sich dafür, indem sie Renko nachmittags beim Vertäfeln der Wohnzimmerdecke zur Hand ging. Ich war ihr dankbar, denn da ich auf dem besten Wege war, unser gemeinsames Nest in Weener mit neuem Leben zu füllen, genoss ich es sehr, nicht ständig auf dem Boden herumzukriechen, Profilbrettkrallen und Werkzeuge zu suchen oder mit weit über den Kopf gereckten Armen auf einem Stuhl zu balancieren, um vier Meter lange Holzbretter gegen die Decke zu drücken.

Stattdessen stellte ich mir einen Gartenstuhl in ein schattiges Eckchen hinter eine Holzwand, die den ewigen ostfriesischen Nordwestwind abhielt, beobachtete mit wohliger Trägheit die vorbeitorkelnden Zitronenfalter und lauschte dem Zwitschern der Vögel und dem Summen der Bienen.

Ein ausdauerndes Knistern, als würde jemand ständig die Nägel von Daumen und Zeigefinger aneinanderknipsen, erregte meine Aufmerksamkeit, und nach einigem Suchen entdeckte ich an der Windschutzwand drei fleißig raspelnde Wespen, die sich den Bauch oder was auch immer mit Holzspänchen vollschlugen. Sie ließen sich von mir nicht im geringsten stören, waren ganz vertieft in ihre Arbeit – genauso vertieft wie Renko und Sabine ins Vertäfeln unseres Wohnzimmers.

Ich holte mir ein Buch und kehrte in meinen Gartenstuhl zurück, um von dort aus meine Naturstudien fortzusetzen. Und es gab viel zu beobachten: Hier das Raspeln und Knispeln der Hymenoptera aus der Familie der Vespidae. Dort das Nestbauverhalten von Homo sapiens sapiens. Mehr oder weniger sapiens jedenfalls.

Während Sabine und Renko ziemlich ortsfest blieben, waren die Wespen ständig in Bewegung. Ausdauernd verschifften sie ihre Holzspäne auf dem Luftweg und steuerten zielstrebig die fünfte Dachpfanne von unten an. Zum Schutz der

Bauarbeiter vor Kammerjägern oder Kuckuckswespen, die gewohnheitsmäßig ihren Nachwuchs in fremden Nestern ablegen, schwebten immer drei, vier Wächter an den Grenzen des Staates von Vespula germanica.

Die Tage waren warm und trocken und jeden Morgen, wenn die ersten Strahlen der Morgensonne die Dachpfannen erwärmten, begann dort ein munteres Summen, Raspeln und Knispeln. Stieg die Temperatur nachmittags zu stark an, schaltete das expandierende Wespenvolk den Ventilator an und ein vielhundertfaches Flügelschlagen erfüllte die Luft mit gleichmäßigem Brummen.

Grenzkonflikte hatten wir nicht. Ich beschränkte mich aufs Beobachten und Renko war im Haus zu beschäftigt, um zu bemerken, was sich über der Palettenterrasse abspielte. Immer häufiger brach er jetzt zudem auch an normalen Wochentagen nach Feierabend zum Baumarkt auf. Mit Rücksicht auf mich und meinen Zustand meist allein. Ohne mich waren seine Einkaufstouren aber längst nicht so erfolgreich, immer häufiger kam er zwar spät, aber ohne neue Elektrogeräte, Farbeimer und Badezimmerfliesen zurück.

Ich begann mich zu langweilen, denn auch Sabine hatte immer seltener Zeit, mich zu besuchen. Nur samstags kam sie noch, hatte dann aber viel zu viel damit zu tun, Renko beim Heimwerken zur Hand zu gehen.

Ich beobachtete das Wachsen des Heims von Vespula germanica und, wie mir – spät, aber schlagartig – endlich klar wurde, als Renko mit der Stichsäge die Bauteile eines herzförmigen Schlüsselkastens zurechtsägte, das Balzverhalten von Homo sapiens. Und das alles, während die Birken auf dem Dach meines Nestes wuchsen, der Efeu die Wände emporkletterte und sich unter die Dachziegel vorarbeitete.

Es dauerte eine ganze Weile, bis ich Renko davon überzeugt hatte, dass das Dach vor dem Herbst unbedingt repariert werden musste. Aber eines schönen Morgens, die Sonne war gerade aufgegangen und ihre Strahlen hatten noch nicht viel Kraft, lehnte er endlich die lange Leiter an den Giebel unseres Hauses. Ich verabschiedete mich herzlich von ihm und fuhr zum Einkaufen, um ihm bei der Arbeit nicht im Wege zu stehen. Als ich vom Hof fuhr, hatte er bereits die obersten drei Dachpfannenreihen entfernt.

Der dunkellockige Notarzt war sehr einfühlsam. Ich sah ihn mit tränenumflortem Blick an, als er mir ein Beruhigungsmittel in den Arm spritzte und mit seinem entzückenden mediterranen Akzent behutsam fragte, ob er jemanden benachrichtigen solle. Ich schüttelte den Kopf und versuchte ein tapferes Lächeln. Ich würde schon zurechtkommen, ganz bestimmt. Ja, doch, ich wäre ihm schon dankbar, wenn er morgen noch einmal nach mir sehen könnte. Zur Teezeit vielleicht.

Als der Notarztwagen und der silbergraue Kombi mit den gekreuzten Palmwedeln auf der Milchglasheckscheibe um die Ecke des Kleidobbens verschwunden waren, ging ich in die Küche. Ganz unten in der Schublade, unter den Kostenvoranschlägen der Handwerker, lag auch die Police der Restschuldversicherung. Sie würde mir helfen, mein Nest trotz alledem wohnlich herzurichten.

Aber erst einmal bestrich ich zwei Scheiben Toast fingerdick mit süß duftendem Pflaumenmus, legte sie auf einen Teller von meinem Lieblingsgeschirr und stellte sie auf die Terrasse. Als kleines Dankeschön.

Ingrid Schmitz

Die Blütenkönigin von Wiesmoor

„Meine Güte! Wie siehst du denn aus?" Michaela hatte Chantal seit zwei Wochen nicht gesehen. Wie schaffte man es, sich in zwei Wochen so stark zu verändern? Sie stellte den Koffer ab und umarmte ihre Freundin.

Chantal schob sie sanft zurück: „Toll, was? Volles Programm: Botox, Bleaching, Peeling … Super günstig, kostet sonst das Doppelte!"

„Mensch Chantal, in welchem Film bist du denn?"

Ihre Freundin bleckte die gebleichten Zähne samt dem entzündeten Zahnfleisch. „Kein Film, das ist das volle Leben, Ela. Bin ich froh, dass du den Anrufbeantworter abgehört hast und rechtzeitig hier bist. Dachte schon, ich müsste alleine fahren." Chantal drückte ihre gepushte Brust in Positur. „Du hast doch Zeit mitzukommen, oder?"

„Dumme Frage, wäre ich sonst hier?"

„Vielleicht kann ich dir später auch mal helfen."

„Das kannst du jetzt schon. Sag mir, was los ist."

„Wir fahren nach Ostfriesland. Ich habe eine Kleinanzeige in der Zeitung entdeckt und meinen Traumjob gefunden. Ich musste nur ein paar Bedingungen erfüllen. Jetzt ist die Sache perfekt. Die haben Großes mit mir vor!"

„Klingt spannend. Erzähl weiter!"

„Nicht jetzt. Unser Zug nach Leer fährt in dreißig Minuten. Wir müssen uns beeilen."

***

Nachdem Chantal unter Michaelas Aufschrei zwei Tickets erster Klasse gelöst hatte, gab sie im Zug erste Erklärungsversuche ab, wie sie wo zu ihrem blendenden Aussehen gekommen war und warum sie heute nach Wiesmoor musste. Trotz einiger Unterbrechungen durch ein- und aussteigende Fahrgäste und lautstarke Handygespräche von Mitreisenden wusste Michaela: Was sie bisher gehört hatte, war ausgemachter Blödsinn.

„Was ist los? Sie schicken dich zu einer Blütenköniginwahl? Ich kann es nicht fassen!"

„Vorauswahl. *Nasty Duck* ..."

„Wer ist das?"

„Na, die Agentur, von der ich die ganze Zeit erzähle. Die vermitteln übrigens nur Frauen und nur zur Schönheitsköniginwahl."

Michaela hustete.

„Also, *Nasty Duck*, Herr Fraud, hat jedenfalls keinen Zweifel an meinem Sieg – nach *den* Behandlungen."

„Die du bezahlen musstest?"

„Nicht alle. Ich habe einiges vorgestreckt und bekomme das Geld wieder, beispielsweise für die Bahntickets und das Hotel – für zwei Personen! Da habe ich natürlich sofort an dich gedacht." Chantals Stimme überschlug sich. Ihre ohnehin großzügig mit Rouge geschminkten Wangen glühten. Sie sah aus, als hätte sie Fieber und redete im ebensolchen Wahn: „Die Teilnahme an einer richtigen Misswahl erfolgt ein Jahr später, und es kommen viele andere Termine hinterher. Ist das nicht wunderbar?"

„Ja, das wäre wirklich ein Wunder! Fehlt nur noch, dass das Fernsehen dich als zukünftige *Miss Blüte* am Bahnsteig erwartet."

„Ela! Jetzt übertreibst du aber." Chantal sah aus dem Fenster.

Kaum hatte der Taxifahrer mit den beiden Frauen Wiesmoor erreicht, ließ es Chantal keine Ruhe: „Halt, warten Sie. Bevor Sie uns zum Hotel fahren, möchte ich lieber erst die Freilichtbühne sehen. Kennen Sie sich hier aus?"

„Jo. Hab jahrelang in Wiesmoor gelebt." Der Fahrer wurde gesprächig: „Die Wiesmoorer wählen jedes Jahr ihre Blütenkönigin."

Chantal strahlte: „Genau. In diesem Jahr werde ich es sein."

Der Taxifahrer musterte sie wie eine arme Irre. Michaela versank vor Scham in ihrem Sitz. Das Gespräch brach ab.

Nach kurzer Zeit trat der Mann auf die Bremse und zeigte zu einem Torbogen: „Dahinter geht es links zur Bühne. Dort wird am Festtag die Blütenkönigin gekrönt."

„Warten Sie bitte hier." Chantal drehte sich zu Michaela um. Selbst ihr Lächeln wirkte aufgespritzt. „Komm mit."

Während die beiden Frauen ausstiegen, schnappte sich der Taxifahrer die Bildzeitung.

Chantal und Michaela standen am höchsten Punkt der Freilichtbühne, die von vor Saft strotzenden Bäumen und zart blühenden Sträuchern schützend umgeben war.

Wie ein kleines Mädchen lief Chantal die Treppe hinunter, an den orangefarbenen Sitzreihen entlang. Auf der großzügig bemessenen Bühne verbeugte sie sich theatralisch vor einem imaginären Publikum. Michaela war ruhigen Schrittes hinterher gegangen. Sie fühlte sich eher unwohl, wenn sie zur Tribüne hinauf sah.

„Ela, bald werde ich reich und berühmt sein, so wie ich es mir immer vorgestellt habe."

„Du wirst arm und irre sein, wenn du so weitermachst."

„Hallo? Spricht da der Neid?"

„Nein, die Vernunft." Michaela war baff. Warum war Chantal so naiv? Hatte das Botox schon ihr Gehirn erreicht? Im Hotel wollte sie ihr die Meinung sagen. „Lass uns fahren", drängte sie.

Im Zimmer des Hotels *Zur Post* hielt Michaela es keine Sekunde länger aus. Sie warf den Trolley auf das Doppelbett und versperrte Chantal den Weg zum Badezimmer, in das sie gerade ihr Beautyköfferchen bringen wollte.

„Hast du eigentlich mit *Nasty Duck* einen Vertrag gemacht?"

Chantal schüttelte den Kopf.

„Kennt dieser, wie heißt er doch gleich … Fraud … kennt er dich, ich meine, weiß er, wie du aussiehst?"

„Was soll das denn heißen? Ich habe ihm meine Fotomappe geschickt – natürlich professionelle Fotos."

„Natürlich – die waren bestimmt umsonst."

„Natürlich nicht. Aber fast geschenkt."

„Chantal! Jetzt platzt mir der Kragen. Weißt du überhaupt, wo die Firma ist, kennst du Fraud persönlich?"

„Ach du Schreck", Chantal sah auf die Uhr. „Entschuldige, aber in einer Stunde muss ich da sein, und ich bin nicht zurechtgemacht." Sie ließ Michaela vor der Badtür stehen und schloss ab.

So leicht gab die aber nicht auf. Sie sprach durch die Tür: „Hast du nicht gehört, was der Taxifahrer sagte? Die Wiesmoorer wählen die Blütenkönigin, nicht *Nasty Duck*."

Die Dusche rauschte.

Wenn Chantal es nicht anders wollte, dann sollte sie sich eben blamieren. Reden war anscheinend zwecklos. Sie hatten lautstark diskutiert. „Du gehörst zum Psychiater", waren Michaelas letzte Worte, dann mussten sie los.

Chantal und Michaela trafen auf einen menschenleeren Flur. „Das gibt's doch nicht! Die können nicht ohne mich anfangen!" Chantal stöckelte in Rotlicht-Rock und schwarzer Bluse zur nächstbesten Tür, öffnete ohne anzuklopfen, machte einer herauskommenden Frau Platz und verschwand im Zimmer.

Neugierig sah Michaela der Frau hinterher, über deren sonnenbankgebräuntes Gesicht Tränen liefen. Die Frau zog ein Handy aus der Tasche und wählte. Sie ließ sich auf einen Stuhl sinken; das Handy in ihrer Hand zitterte. „Herr Fraud", rief sie mit gepresster Stimme, als die Verbindung stand. „Ich will sofort mein Geld zurück. Bin jetzt in Wiesmoor. Sie haben mich reingelegt. Ich erwarte Ihren Rückruf. Ach so, hier spricht Verona Sieben. Meine Nummer haben Sie ja." Sie atmete stoßweise.

„Entschuldigen Sie, wenn ich mitgehört habe, aber meinen Sie Herrn Fraud von *Nasty Duck*?" Michaela trat näher.

„Sie kennen Ihn? Hat er Sie auch ...?" Verona putzte sich die Nase und wischte dabei verschämt die Tränen weg.

„Nein, nicht mich, sondern meine Freundin. Wie hat er *Sie* reingelegt?" Michaela beugte sich vor.

„Ich sollte Blütenkönigin werden. Hat er mir zugesichert und dafür abkassiert. Aber der Mann vom Heimat- und Verkehrsverein meinte, dass das Publikum entscheidet, wer es wird. Da seien sie völlig neutral. Dabei habe ich einen Kredit aufnehmen müssen, um alle Bedingungen der *Nasty Duck* erfüllen zu können."

„Und wie viel …?"

„Zehntausend!"

Michaela schluckte. „Sie müssen uns helfen. Ich werde noch heute mit WISO oder Stern TV telefonieren und von *Nasty Duck* erzählen. Vielleicht wollen die darüber berichten. So finden wir bestimmt weitere Geschädigte und können gegen Herrn Fraud vorgehen, damit er nicht noch mehr Schaden anrichten kann."

Die Tür ging auf und Chantal kam herausgestürmt. „Nein, so viel Ignoranz ist mir noch nicht begegnet. Der will mich nicht zur Blütenkönigin machen. Noch nicht einmal Geld wollte er."

Michaela und Chantal gingen mit Verona ins Restaurant von Kaufhaus Behrends, um das weitere Vorgehen zu besprechen. Schnell waren sie beim Du angelangt. Auch Chantal regte sich maßlos auf, aber weniger über *Nasty Duck* als über Michaela und Verona.

„Es wird sich alles aufklären. In meinem Fall ist es bestimmt ein Missverständnis. Gib es zu", sie wandte sich an Verona, „*du* hättest doch hellhörig werden müssen." Chantal zog die Lippen nach.

Bevor Verona aufbrausen konnte, stellte die Bedienung das Bestellte ab und machte auf das leise Handyklingeln aufmerksam, dass alle drei Frauen in der Hitze der Debatte überhört hatten. Es war Veronas Klingelton.

„Ach Sie sind es! Natürlich nicht. Hätte ich Sie sonst angerufen? Nach … wohin? Mosbach? Nein, darauf lasse ich mich nicht ein. Ich will mein Geld zurück. Was heißt das, ich habe keinen Vertrag? Sie haben mir versprochen …" Erst jetzt sah Verona zu den anderen beiden, die wild gestikulierten. „Hören Sie, Herr Fraud, wir lassen Sie auffliegen. Wir haben Kontakt zu Stern TV aufgenommen und werden alle Frauen vor *Nasty Duck* warnen. Das wird Konsequenzen haben!" Verona beendete das Gespräch.

„Bist du noch zu retten?“ Michaela schlug sich vor die Stirn. „Warum musstest du ihn warnen? Er hat jetzt genügend Zeit, alles zu verschleiern.“

„So was Blödes will Blütenkönigin werden. Die hätte doch gar keine Chance gehabt“, tönte Chantal und vernichtete den Apfelkuchen.

„Na und? Jetzt weiß er wenigstens, wen er vor sich hat“, rechtfertigte sich Verona.

„Seid ruhig. Ich muss sofort die Auskunft anrufen und mich mit der Fernsehredaktion verbinden lassen. Wir dürfen keine Zeit verlieren.“ Michaela fingerte ihr Handy aus der Jackentasche und wählte.

Erst gegen Abend hatten sich Michaela und Chantal von Verona verabschiedet, die in einem anderen Hotel übernachtete. Sie waren sich einig geworden: Es würde etwas geschehen.

Diesen wenn auch recht transparenten Hoffnungsschimmer hatte ihnen die Fernsehredaktion vermittelt. Man zeigte sich durchaus interessiert, obwohl bereits mehrere Fälle bekannt seien, in denen Frauen viel Geld für eitle Versprechungen bezahlt hätten, auf die Männer nie im Leben hereingefallen wären. Man überlege, einen Dreiminüter über die Leichtgläubigkeit der Frauen zu bringen und wolle sich wieder melden.

Am nächsten Morgen luden Michaela und Chantal Verona zum Frühstück in ihr Hotel zur Krisensitzung ein. Chantal fühlte sich dabei zunehmend unwohl. Verona und Michaela aber ereiferten sich, dachten über neue Wege nach, den Betrug öffentlich zu machen.

In diesem Moment trat ein dickbäuchiger Mann mittleren Alters an ihren Tisch und stellte sich vor. „Gestatten? Mein Name ist Fuchs. Ich komme von der Redaktion *Vom TV in den Bau*. Man sagte mir, sie hätten hier einen spektakulären Fall. Es geht da um einen Betrug an einer Schönheitskönigin?“

„Zwei Betrüge … äh, einen Betrug an zwei Schönheitsköniginnen“, protestierte Verona.

Michaela wunderte sich, wie schnell sich die Fernsehredaktionen untereinander informierten. Alle Achtung. Sie bat den Mann sich zu setzen und orderte für ihn ein Kännchen Kaffee. „Es ist so …“

Chantal stand auf und verließ den Raum.

Nach der Besprechung bot Herr Fuchs Verona an, sie zu ihrem Hotel zu bringen. Wie sie feststellten, hatten sie dasselbe ausgewählt. Beide verabschiedeten sich von Michaela, die sich vornahm, gleich ein Gesprächsprotokoll zu schreiben. Sicher war sicher. Nach zwei Seiten und einem Cappuccino ging sie auf ihr Zimmer.

„Was hast du vor?“ Michaela sah Chantal den Koffer packen.

„Ich kann den ganzen Müll nicht mehr hören. Hätte ich dich nur nicht mitgenommen.“

„Chantal, sag bloß, du hast es immer noch nicht kapiert? Herr Fraud ist ein Betrüger! B wie Bahnhof, E wie Ekel …“

„Ist er nicht! Er hat mich vorhin angerufen und mich an eine Misswahl in München vermittelt. Unterstehe dich, mir das auch noch zu vermasseln!“

Michaela ließ sich aufs Bett fallen.

„Was musst du dafür tun? Dich operieren lassen? Dicke Brüste mit *Nasty-Duck*-Tattoo?“

„Natürlich muss mein Busen ein wenig vergrößert werden. Aber das wollte ich ja immer schon.“ Chantal schloss den Koffer, schnappte sich ihre Handtasche und öffnete die Tür. „Ich muss nach Hamburg, zum Flughafen. In ein paar Stunden geht mein Flug nach Rumänien zur OP. Herr Fraud hat alles arrangiert. Du kannst ja nach Hause fahren.“

Michaela überlegte, ob sie die jahrzehntelange Freundschaft mit Chantal einfach kündigen sollte. Koffer packen, zurück nach Krefeld und dafür sorgen, dass *ihr* Weg aus der Arbeitslosigkeit anders verlief. Aber da war ein Band, mit dem Chantal und sie verbunden waren. Es war elastisch und hielt einiges aus, und es würde Chantal zurückbringen, denn an einen gebuchten Flug nach Rumänien konnte Michaela nicht glauben.

Michaela musste sofort Verona informieren. Sie griff zum Hörer und rief im Hotel an. An der Rezeption sagte man ihr, dass Verona vor einer halben Stunde abgereist sei.

Michaela stand am Fenster ihres Hotelzimmers und stierte irgendwo hin.

Sie erfreute sich nicht an die mit Frühlingsblumen bepflanzten Kästen im Biergarten, sah nicht, wie Frau Wagner, die Hotelbesitzerin, sie goss und bemerkte nicht den Dickbäuchigen, der soeben das Hotel betrat.

Es klopfte an der Tür. Michaela öffnete. Sie schrie kurz auf – aber es war zu spät.

Nur langsam öffnete Michaela die Augen. Ihr Kopf brummte. Sie wollte ihn festhalten, konnte ihre Arme nicht bewegen, sie war gelähmt! Fast erleichtert sah sie auf die Fesseln.

„Wenn ihr meint, mich ruinieren zu können, dann habt ihr euch getäuscht." Fraud alias Fuchs zog die Leine fest, an deren Knotenpunkten er Tücher untergelegt hatte, um keine Spuren zu hinterlassen. „Keine Sorge, das kommt nachher wieder ab – nach deinem ‚natürlichen Tod'. Habe da eine tolle Sterbehilfe aus den Niederlanden, dauert nur eine Weile, bis sie wirkt, deshalb muss ich dich erst lahmlegen." Er drehte die Musik lauter. „Sollst nicht auf dumme Gedanken kommen. Das wäre dir alles erspart geblieben, wenn du dich nicht eingemischt hättest. Warum hast du die Weiber nicht einfach machen lassen – wenn die so blöd sind?"

Michaela sah ihn groß an. Sie saß auf dem Boden, mit dem Rücken an der Fensterwand. Fraud kniete vor ihr und legte letzte Hand an den Strick. Michaela wagte nicht zu fragen, was mit Verona geschehen war. Und was er mit Chantal wirklich vorhatte.

„Möchtest gerne wissen, wo deine Freundinnen sind, wie? Verona ist im Schönheitsköniginnenhimmel. Selbst schuld. Ich hatte ihr Geld angeboten, damit sie verschwindet. Wollte sie nicht, jetzt *ist* sie eben verschwunden. Wusste gar nicht, wie schön das Ottermeer ist. Tja, und den Marilyn-Verschnitt habe ich zum Flughafen gejagt. Die kommt direkt nach dir dran, wenn sie Zicken macht."

Michaela lächelte: „Ich fürchte, das ist nicht mehr möglich."

„Ha! Das mit Rumänien war doch gelogen. Wer glaubt schon, dass man innerhalb kürzester Zeit einen Flug dorthin buchen kann?"

„Ich!“ Chantal schlug ihm die schwere Kristallvase samt Blumen über den Schädel. Sie zuckte mit den Schultern. „Manche Dinge sehen eben nur so aus, als stünden sie dumm herum.“

Frauds starrer Gesichtsausdruck wirkte überrascht.

Chantal stürmte auf Michaela zu und schlang ihre Arme um sie, bis sie keine Luft mehr bekam.

„Hiiiil…“, erst jetzt bemerkte Michaela die gute Absicht dahinter. Tränen liefen ihre Wangen hinunter. Sie schluchzte: „Beeil dich, binde mich los! Bevor er wieder wach wird, müssen wir ihn gefesselt und die Polizei gerufen haben.“

„Nein!“

„Wie bitte? Chantal!“

„Nein, ich befreie dich nicht eher, bis du mir gesagt hast, dass ich blöd bin.“ Nun weinte auch sie hemmungslos.

„Chantal, du bist verdammt blöd. Und jetzt dreh endlich den Shanty-Chor ab!“

Ulrich Hefner

Wilhelmshavener Experimente

„Das kannst du nicht tun!“, schrie die junge Frau. „Wir stehen kurz vor dem Durchbruch. Es wäre Wahnsinn.“

Gerling schaute die Frau entgeistert an. „Durchbruch? Es ist ein Desaster und das weißt du ganz genau. Wir müssen aufhören, es gibt keine andere Lösung.“

Hanna warf wütend den gelben Aktenordner auf den Schreibtisch. „Wenn wir jetzt aufhören, war alles umsonst. Wir kriegen keinen Fuß mehr auf die Erde. Ich habe keine Lust, hinter irgendeiner Ladentheke zu enden. Dafür habe ich zu viel investiert.“

Gerling verzog das Gesicht. „Es ist jetzt nicht die Zeit, an sich zu denken“, antwortete er trocken. „Du hast kein Gewissen. Geh jetzt, ich kann dich nicht mehr sehen!“

Er nahm den gelben Ordner vom Tisch und schob ihn in die Schreibtischschublade.

Hanna funkelte ihn an. „Ich warne dich!“, zischte sie, wandte sich um und stürmte aus dem Büro. Sie hetzte über den weiß gekachelten Flur. Ihr wütendes Gesicht schimmerte hellrot im Neonlicht. Jimmy, der rotgetigerte Laborkater, schlich an der Wand entlang. Vor Hanna machte er Halt.

„Verschwinde, du Mistvieh!“, zischte sie und trat nach dem schnurrenden roten Bündel. Jimmy sprang zur Seite und trollte sich. Der Kater hatte schon viel Schlimmeres überlebt.

Hanna riss die alufarbene Hintertür auf und trat hinaus in den strahlenden Sonnenschein. Nervös nestelte sie an ihrem weißen Kittel. Mit zitternden Händen zog sie eine Packung Zigaretten hervor. Tief sog sie den Rauch in ihre Lungen, während sie sich gegen die Wand lehnte und grübelnd in den stahlblauen Himmel schaute. Dieser elende Idiot. Was war denn schon passiert. Das Gewissen beruhigen, so ein Schwachsinn. Es war Schicksal, nichts anderes als Schicksal. Wenn sie darüber nachdachte, wie sich Gerling anstellte, dann hätte sie am liebsten laut geschrien. Der Fortschritt in der Wissenschaft war mit unzähligen Leben erkauft. Doch kein Hahn krähte heute noch danach. Der Erfolg war das Einzige, was zählte.

„Ha… Hallo … Hanna“, sagte plötzlich eine Stimme neben ihr. Sie fuhr erschrocken herum.

Onno, Hausmeister und Mädchen für alles, stand unbeholfen vor ihr und streckte ihr einen kleinen Strauß bunter Wiesenblumen entgegen. „Ha… Hab … hab ich fff… fff… für dich gepflü… gepflückt“, stotterte er verlegen.

„Was willst du hier?“, herrschte Hannah den Verschüchterten an. „Hast du mir nachspioniert?“

Onno schaute entgeistert. „Ich … ich … ich habe Fenster gepu… gepu… geputzt“, erklärte er.

Hanna schnippte die angerauchte Zigarette ins Gras. „Ach, lass mich doch in Ruhe“, sagte sie. Dann wandte sie sich um und verschwand in der Tür.

Jimmy wischte durch die halb geöffnete Tür nach draußen. Der Abend stand bevor und es galt, durch das Revier zu streifen.

Trevisan hatte gerade seinen langen, beigen Regenmantel auf den Kleiderständer gehängt und rieb sich seine feuchtkalten Hände, als die Tür aufgerissen wurde. Dietmar Petermann stürmte in das kleine Büro im zweiten Stock der Wilhelmshavener Mordkommission. Es war kurz nach halb acht und noch immer schüttete es in Strömen. Gestern Nacht hatten dunkle Wolken das Wangerland und die Hafenstadt am Jadebusen mit einem feuchtkalten Schleier überzogen und es schien, als wolle sich die Düsternis überhaupt nicht mehr erheben.

„Gott sei Dank, du bist da!“, hechelte Dietmar.

„Natürlich bin ich da, wo sollte ich sonst sein?“, antwortete Trevisan ungehalten. Er fühlte sich mitten in der Akklimatisierungsphase überrascht. Außerdem hatte er schlecht geschlafen, war missgelaunt und fror noch immer.

„Wir haben eine Leiche“, sagte Dietmar. „Draußen am Bontekai. In einem Forschungslabor.“

Trevisans Ärger wich grimmiger Konzentration. „Was ist mit den anderen?“, fragte er.

„Niemand da, Kleinschmidt kommt später.“

„Wer ist draußen?“

„Zwei vom Revier.“

Trevisan griff nach seinem Mantel. „Also los, fahren wir!“

Das kleine verklinkerte Backsteingebäude mit den weiß eingefassten Fenstern und dem Flachdach lag zwischen Grundschule und Hafenamt. Der Zugang zum eingezäunten Grundstück führte von der Neckarstraße her. Dort standen zwei Streifenwagen, dahinter parkte ein Leichenwagen.

Dietmar Petermann stellte den blauen Audi gegenüber dem Hafenamt ab. Trevisan stieg aus und ging auf den älteren Polizisten zu, der am Dienstwagen lehnte und eine Zigarette rauchte.

„Hallo Martin“, grüßte der Beamte. „So eine Scheiße, ausgerechnet heute, wo es aufs Wochenende zugeht.“

Trevisan nickte. Er kannte den Kollegen vom Revier in der Ebertstraße. „Was ist denn eigentlich passiert?“, fragte er.

„Das sieht hier aus wie in einem Schlachthaus“, sagte der Polizist. „Der Laborleiter ist wohl von einem Einbrecher überrascht und erschlagen worden.“

„Ein Einbrecher?“, fragte Trevisan.

„Ja, ein Fenster an der Hinterfront ist eingeschlagen. Da ist der Kerl wohl eingestiegen. Dies ist ein Forschungslabor und gehört eigentlich zum Institut Hofmann in der Weserstraße. Die arbeiten für die Pharmaindustrie. Früher hat der Bau zur Schule gehört, ist jetzt aber vermietet. Muss wohl der Chemiesaal gewesen sein. Jetzt gibt es da drinnen zwei Labors und ein paar Büros.“

Trevisan warf einen Blick auf den Leichenwagen. „Ist der Tote zweifelsfrei identifiziert?“

Der Polizist kramte in seiner Jackentasche und holte einen Block hervor.

„Doktor Günther Gerling, achtundvierzig, ledig, wohnte in Altengroden“, las der Polizeibeamte vor. „War der Abteilungsleiter hier.“

Ein kleiner roter Sportwagen fuhr vorbei und hielt auf den Parkplatz neben der Nationalpark-Verwaltung zu.

Trevisan schaute dem Wagen nach. „Wer hat ihn gefunden?“

„Eine Mitarbeiterin“, antwortete der Polizist. „Anke Ossiek heißt sie. Die hat's ganz schön umgehauen.“

„War sonst noch jemand hier?“, fragte Trevisan und warf einen Blick auf seine Uhr.

„Bislang nicht. Aber es arbeiten hier auch nur noch ein paar. Fünf insgesamt. Gleitzeit. Werden wohl noch kommen.“

„Gut, dann wollen wir uns mal um den Tatort kümmern“, sagte Trevisan und ging zusammen mit Dietmar und dem Polizisten auf das kleine Haus zu.

Vorsichtig umrundeten sie das Gebäude, ihre Blicke starr auf den Boden gerichtet. Jedem umgetretenen Grashalm wichen sie aus, um keine Spuren zu vernichten. An der Hinterfront gab es eine geschlossene Metalltür und zwei Fenster. Eins davon war geöffnet. Die Scheibe fehlte. Glassplitter lagen im feuchten Gras.

Trevisan deutete auf die Tür.

„Verschlossen“, sagte der Polizist.

„Komisch, eine dicke Metalltür, aber keine Sicherheitsfenster“, murmelte Dietmar.

„Tja, ist eben so“, antwortete der Beamte. „Wird wohl überall gespart.“

Trevisan warf einen Blick in den Raum. Auch dort lagen Splitter auf der Fensterbank und am Boden.

„Ist der Stauraum vom Hausmeister“, erklärte der Streifenpolizist. „Nur Putzmittel drin.“

Sie gingen den gleichen Weg zurück, den sie gekommen waren. Trevisan hatte vergeblich gehofft, einen Fußabdruck zu finden. Zwar waren die Halme vor dem Fenster niedergetreten, aber trotz der Feuchtigkeit hatte der Täter keinen Sohlenabdruck hinterlassen.

Sie säuberten ihre Schuhe, bevor sie das einstöckige Gebäude betraten. Ein langer Flur führte geradewegs durch das Haus. Am Ende war die Metalltür zu erkennen. Mehrere

Türen zweigten nach der Seite ab. Die Fliesen auf dem Boden und der halben Wand verliehen dem Flur den sterilen Charme eines Krankenhauses.

„Die beiden ersten Türen führen jeweils zu den Labors", erklärte der Polizist. „Dann kommt rechts ein Aufenthaltsraum und der Raum des Hausmeisters. Gegenüber liegen drei Büros und die Toilette."

Die dritte Tür auf der linken Seite stand weit offen. Trevisan warf einen Blick in den Raum. Ein Schreibtisch stand vor dem Fenster, zwei Schränke an der Wand, und inmitten der nüchternen Einrichtung lag ein lebloser Körper auf dem Boden. Eine fächerartige Blutlache hatte sich neben dem Kopf ausgebreitet. Blutspritzer hafteten an den weißen Schränken. Die Schranktüren waren geöffnet und der Inhalt, Ordner und Papiere, war überall im Zimmer verstreut. Der Stuhl vor dem Schreibtisch war umgestürzt. Die kleine Tischlampe lag neben dem Kopf des Toten. Trevisan bückte sich. Noch etwas lag nicht weit von der Leiche entfernt: ein kristallener Briefbeschwerer in Form eines Delfins, schwer offenbar und über und über mit Blut beschmiert.

Der Polizist deutet auf das schwere Teil. „Ist wohl damit erschlagen worden", sagte er.

Kleinschmidt war mit seinem Spurensicherungsteam eingetroffen und hatte sich sofort an die Arbeit gemacht. Trevisan saß im unverwüsteten Aufenthaltsraum. Eine Frau mit blonden, langen Haaren saß ihm gegenüber und zog gierig an ihrer Zigarette. Die Frau hieß Hanna Odenwald, war Laborärztin und arbeitete in dem Institut. Sie zitterte am ganzen Körper.

„Er wollte noch einen Bericht schreiben und dann nach Hause gehen", sagte sie und zerdrückte ihre Zigarette im Aschenbecher.

„Wann sind Sie gegangen?", fragte Trevisan.

Die Frau schien zu überlegen. „So gegen zehn. Es hat gerade zu regnen begonnen."

„Wohin sind Sie gegangen?"

„Nach Hause natürlich", antwortete sie. „Aber Sie glauben doch nicht, dass …"

„Sie waren die Letzte, die Gerling noch lebend gesehen hat", sagte Trevisan ruhig.

Hanna Odenwald griff nach ihrer Zigarettenschachtel und

zog eine neue Zigarette hervor. „Trotzdem, ich habe nichts mit dem Mord zu tun. Ich lag zu Hause in meinem Bett und habe geschlafen. Alleine. Es war gestern ein harter Tag. Dreizehn Stunden reichen, das können Sie mir glauben."

Trevisan hob beschwichtigend die Hände. Damit erübrigte sich seine Frage nach ihrem Alibi.

„Gibt es hier irgendetwas, das einen Einbruch lohnt?", wechselte er das Thema.

Hanna Odenwald lachte. „Zehn Euro in der Kaffeekasse, ein paar alte Computer und jede Menge Messgeräte, die auch schon in die Jahre gekommen sind. Würde nichts schaden, wenn die weg wären und endlich neue angeschafft werden müssten."

„Und fehlt etwas?"

„Ich habe noch nicht gründlich nachgeschaut, aber es sieht nicht so aus."

Also konnte Habgier nicht der Grund für den Einbruch gewesen sein. Oder hatte jemand vielleicht mehr hinter der Fassade vermutet? Doch warum hatte sich der nächtliche Einbrecher ausgerechnet ein Forschungslabor ausgesucht? War es vielleicht kein Außenstehender?

„Woran haben Sie hier gearbeitet?", fuhr Trevisan fort.

Die Frau klopfte die Asche in den Aschenbecher. „Ein neues Medikament für die Schorting Pharma in Hamburg. Wir arbeiteten an der Osmosefähigkeit der Wirksubstanz. Nichts Aufregendes. Reine Routine."

Also kam auch Werkspionage nicht in Frage. Langsam gingen Trevisan die Motive aus. Gut, es mochte wirklich Zufall gewesen sein, dass sich der Einbrecher ausgerechnet das kleine Forschungslabor am Bontekai ausgesucht hatte. Mittlerweile gab es genügend Spinner auf dieser Welt. Aber hätte er nicht zumindest einen Komplizen mitgebracht, wenn es ihm um technische Geräte gegangen wäre? Und Geld, Geld würde man eher woanders suchen. Was also hatte der Einbrecher gewollt? Oder …

„Hat Gerling schon einmal hier übernachtet?", sprach Trevisan seinen aufkeimenden Gedanken als Frage aus.

„Es gab schon öfter Nächte, in denen einer von uns hier schlief", antwortete sie. „Wenn ein dringendes Projekt anliegt, stehen wir meist unter Termindruck. Dann kommt es sogar oft vor."

„Aber bei diesem Projekt nicht?"

„Nein, nicht direkt", sagte Hanna. „Es geht hier um einen Wirkstoff, der in erster Linie für Aidspatienten entwickelt wird. Da steht eine halbstaatliche Finanzierung dahinter. Es ist wichtiger, dass wir ein Ergebnis erzielen, als dass wir schnell irgendetwas abliefern."

Trevisan nickte. „Wie weit ist das Forschungsprojekt gediehen?"

„Ich würde sagen, wir stecken bei *Pegasus* so etwa in der Mitte."

Trevisan stutzte. „Warum *Pegasus*?"

„Das geflügelte Pferd aus der griechischen Sage", erklärte Hanna. „Wie gesagt, wir arbeiten an der Osmosefähigkeit eines Anti-Aids-Wirkstoffs. Der Wirkstoff ist in der Lage, überall dort, wo er ankommt, die körpereigenen Immunquellen zu stimulieren. Deshalb brauchen wir eine schnelle und effiziente Bioverfügbarkeit. Quasi wie Pegasus."

„Ich wusste gar nicht, welch poetische Ader in unseren Wissenschaftlern schlummert", bemerkte Trevisan.

Ein lauter Fluch hallte durch den Gang. Zweifellos Kleinschmidt, der Chef der Spurensicherung. Trevisan eilte zur Tür. Hanna folgte.

Kleinschmidt lag auf dem Boden im Flur und rappelte sich gerade wieder auf.

„Was ist denn los?", rief Trevisan besorgt.

„Dieses verfluchte Vieh!", brüllte Kleinschmidt. Der uniformierte Kollege kämpfte mit einem rotbraunen Bündel. Nach einem schmerzerfüllten Schrei des Kollegen stürmte das Knäuel auf Trevisan zu. Hanna Odenwald rettete den Kriminalbeamten und fasste den tobenden Kater am Kragen.

„Das ist nur Jimmy", sagte sie. „Unser Laborkater. Zugegeben, er ist manchmal ganz schön verrückt Vor allem, wenn es aufs Essen zugeht."

Kleinschmidt hatte sich aufgerappelt. „Ich kann so nicht arbeiten", protestierte er. „Die ganze Zeit über läuft er mir durch meine Spuren."

„Wo kommt der denn plötzlich her?", fragte Trevisan.

Die junge Forscherin wies auf ihre Uhr. „Bestimmt kommt er von draußen, es ist jetzt Zeit für sein Fresschen. Ist denn Onno noch nicht da?"

„Aus der Toilette ist er ausgebrochen", fluchte Kleinschmidt. „Ist mir direkt durch meinen Tatort gelaufen und hat die Spurenkarten umgeworfen, das verfluchte Biest."

„Das ist aber ungewöhnlich", erwiderte Hanna Odenwald nachdenklich. „Er muss nämlich draußen bleiben. Günter will nicht, dass er hier im Labor herumschleicht."

Kleinschmidt hatte seine Arbeit beendet. Gerlings Leiche befand sich auf dem Weg ins Gerichtsmedizinische Institut. Die ersten Befragungen waren abgeschlossen. Auch Onno, der stotternde Hausmeister, war am Vormittag aufgetaucht und von Dietmar Petermann vernommen worden. Doch er konnte den Kriminalbeamten nicht weiterhelfen. Er war am gestrigen Abend bereits gegen sechs nach Hause gegangen und hatte sich mit heftigen Kopfschmerzen ins Bett gelegt. Die aufkeimende Grippe hatte er mit einem ordentlichen Schluck Tee mit Rum und einigen Löffeln Erkältungssaft bekämpft, so dass er früh eingeschlafen und am heutigen Morgen erst spät wieder aufgewacht war. Nur Hennigs' Angaben fehlten noch in der Sammlung. Der Laborarzt hatte sich letzte Woche krank gemeldet und war seither nicht mehr an seinem Arbeitsplatz aufgetaucht. Trevisan hatte sich die Adresse geben lassen und zwei Kollegen der Schutzpolizei vorbeigeschickt. Aber er versprach sich nichts von der Befragung.

Trevisan, Kleinschmidt und Dietmar Petermann saßen in dem weiträumigen Konferenzraum. Trevisan aß sein Brötchen. Sein Magen knurrte. Mittlerweile war es zwei Uhr.

„Weißt du, was ich nicht kapiere?", fragte Dietmar Petermann. „Welcher Idiot steigt bei Regenwetter und mitten in der Nacht in ein Forschungslabor ein, obwohl es dort nichts zu holen gibt?"

„Und hinterlässt fast keinerlei Spuren. Weder Dreck noch Schuhspuren, noch nicht einmal Grashalme auf den Fliesen. Sogar die Toilette und der Vorraum mit dem Waschbecken sind blitzsauber, obwohl ich dachte, er hätte vielleicht im Becken seine blutigen Hände gewaschen. Nur die Tapsen von diesem blöden Mistvieh habe ich auf den Fliesen an der Hintertür gefunden", ergänzte Kleinschmidt.

Trevisan kaute und beobachtete die beiden Kollegen.

„Noch dazu fehlt offenbar nichts aus der Kasse und von den Laborgeräten", fuhr Dietmar fort. „Der Kerl ist unverrichteter Dinge wieder abgezogen."

Trevisan schluckte und griff nach dem Glas mit Orangensaft.

„Gerling wurde erschlagen", ergriff Kleinschmidt erneut das Wort. „Von hinten. Es hat zuvor einen heftigen Kampf gegeben. Zumindest sah es im Büro so aus, obwohl ich an der Leiche keine weiteren Verletzungen fand. Noch ist nicht ganz klar, ob aus seinem Büro etwas fehlt. Tatwaffe war auf alle Fälle der Briefbeschwerer. Gerlings starb etwa um Mitternacht."

Trevisan goss sich erneut ein Orangensaft ein.

„Anke Ossiek, die Laborantin, hat es ganz schön umgehauen, als sie Gerling fand", übernahm Dietmar wieder die Initiative. „Dieser Onno ist auch ganz schön fertig. Aber deren Angaben bringen uns nicht weiter. Ich habe mich schon gefragt, ob vielleicht so etwas wie Werkspionage hinter der Sache steckt. Schließlich arbeitet das Institut für die Pharmaindustrie. Da geht es immer gleich um Millionen."

Trevisan hatte das zweite Glas Saft geleert. Er richtete sich auf. „Anke Ossiek, Hanna Odenwald und Onno Behrend, der Hausmeister", sagte er. „Ich will alles über sie wissen."

„Du glaubst, einer von ihnen hat etwas damit zu tun?", fragte Kleinschmidt.

„Das Gebäude war rundherum verschlossen", erwiderte Trevisan. „Alle drei haben einen Schlüssel zur Vordertür. Wir müssen in Betracht ziehen, dass der Einbruch fingiert ist. Kann es eigentlich sein, dass eine Frau für den Mord in Frage kommt?"

Kleinschmidt überlegte. „Wenn er ihr den Rücken zugedreht hat, dann schon. Ein einziger wuchtiger Schlag auf den Hinterkopf hätte ihn zumindest zu Boden gestreckt, wenn nicht sogar getötet. Der Delfin wiegt schon ein paar Kilo."

„Habt ihr schon die Bilder vom Tatort entwickelt?", fragte Trevisan.

Kleinschmidt schüttelte den Kopf. „Ich wollte den Flur von beiden Seiten aus fotografieren. Auch durch die Hintertür nach innen. Ich will sicher sein, dass wir nichts übersehen haben. Aber dieser Onno hatte den Schlüssel zur Hintertür zu Hause vergessen und einen zweiten gibt es nicht, deshalb mussten wir über eine Stunde warten, bis er ihn geholt hatte. Doch ich glaube, unser Fotolabor entwickelt sie bereits."

Das Telefon klingelte. Trevisan nahm ab. Seine Augen wurden mit der Fortdauer des Gespräches immer größer.

„Was ist denn passiert?", fragte Dietmar Petermann, als Trevisan aufgelegt hatte.

„Laborarzt Hennigs ist tot", sagte Trevisan. „Die Kollegen haben ihn vor seinem Bett gefunden. Er ist vermutlich vergangene Nacht gestorben."

„Anzeichen für Mord?", fragte Kleinschmidt.

„Offenbar nicht, aber der Notarzt ist sich noch nicht im Klaren."

Trevisan erhob sich und griff nach seiner Jacke. „Es ist wohl besser, wenn ihr mitkommt."

Harald Hennigs hatte einen Bungalow im Norden der Stadt mit Blick auf den Botanischen Garten bewohnt. Er war geschieden und lebte dort mit seiner Tochter, die in Marburg studierte und nur noch selten nach Wilhelmshaven kam. Die beiden Streifenpolizisten hatten die Terrassentür aufgebrochen, nachdem Hennigs' Hund wie wild in der Wohnung getobt hatte. Das Wohnzimmer war stark in Mitleidenschaft gezogen; Blumenkübel waren umgeworfen, Blumentöpfe von der Fensterbank gestoßen und eine Glasvitrine lag auf dem Parkett. Unzählige Splitter hatten sich auf dem Boden verteilt. Nachdem die beiden Kollegen den Rollladen geöffnet hatten, sahen sie Hennigs regungslos vor dem Bett liegen. Sie hatten die Terrassentür aufgebrochen, doch Hennigs war bereits seit Stunden tot. Nun hatte sich ein Arzt über den Leichnam gebeugt und untersuchte ihn.

„Es gibt keine Anzeichen für einen Einbruch", sagte einer der Polizisten. Trevisan nickte.

„Ein Einbrecher hätte es auch ganz schön schwer gehabt", bemerkte der andere Kollege. „Wir hatten alle Hände voll zu tun, bis wir den Dobermann unter Kontrolle hatten."

Der Arzt blickte auf. „Ich kann mir keinen Reim darauf machen“, sagte er und nahm seine Brille ab. „Der Mann weist die typischen Symptome einer Vergiftung auf. Fast so wie bei einem Schlangenbiss. Aber mehr kann ich nicht dazu sagen. Es ist wohl am besten, wenn er in die Pathologie kommt.“

Er erhob sich, griff nach der Todesbescheinigung und kreuzte er das mittlere Kästchen auf dem unteren Feld an: *Todesursache ungeklärt.*

Trevisan suchte nach Kleinschmidt. Doch der hatte sich bereits aufgemacht, um die Wohnung zu inspizieren. Dietmar stand in unmittelbarer Nähe.

„Ruf bitte Doktor Mühlbauer an. Ich komme mit einer Leiche vorbei“, sagte Trevisan. „Es ist dringend.“

Trevisan ging den langen, grün gekachelten Flur im Keller des Gerichtsmedizinischen Instituts entlang. Neonlicht durchflutete den langen Schlauch. Grau ummantelte Heizungsrohre an den Decken und der Geruch von Reinigungsmitteln verliehen dem Keller eine unbehagliche Atmosphäre. Trevisan war diesen Gang schon oft entlanggegangen. Trotzdem war ihm unwohl. Er betrat den sterilen Obduktionsraum, der sich nur durch das große Operationslicht und die darunter installierte Aluminiumbahre vom Flur unterschied. Doktor Mühlbauer und sein Gehilfe hatten bereits begonnen. Ein gerader Schnitt zerteilte Brustkorb und den Bauchraum des toten Laborarztes Hennigs. Trotz des künstlichen Lichts und der Blässe des Todes erkannte Trevisan, dass der Mann zu Lebzeiten einen tiefbraunen, durchtrainierten Körper besessen haben musste.

„Sein Blut hat sich regelrecht zersetzt“, sagte Doktor Mühlbauer, als Trevisan herantrat. „So etwas habe ich noch nicht gesehen. Seine Adern sind verstopft wie rostige Wasserleitungen.“

„Und woran kann das liegen?“

„Ich war vor ein paar Monaten auf einem Symposium. Da ging es um Schlangengifte. Toxine, Neurotoxine und Hämotoxine. Die Leichen wiesen ähnliche Symptome auf. Ich bin mir fast sicher, dass Hennigs an einem Schlangengift oder einem isolierten Wirkstoff eines Schlangengifts gestorben ist. Ich muss zwar noch die Laborwerte abwarten, tippe aber stark auf ein Hämotoxin.“

„Das heißt, er hat sich selbst umgebracht oder er wurde ermordet", murmelte Trevisan.

„Gibt es denn Anzeichen für einen Selbstmord?", fragte Doktor Mühlbauer.

„Er hat sich krank gemeldet und war seit letzter Woche zu Hause", antwortete Trevisan. „Wir haben bislang keine Hinweise, keinen Abschiedsbrief, aber wir stehen erst am Anfang. Wir sind aus Zufall auf ihn gestoßen. In dem Forschungslabor, in dem er arbeitete, wurde eingebrochen Der Leiter des Labors wurde von den Einbrechern ermordet. Eigentlich wollten wir ihn zu dem Einbruch befragen."

Doktor Mühlbauer legte das Skalpell zur Seite. „Ein Labor, sagen Sie?"

„Ein Forschungslabor der Pharmaindustrie, draußen am Bontekai", sagte Trevisan.

„Wissen Sie, woran er arbeitete?"

„An einem Medikament gegen Aids", antwortete Trevisan. „Irgendetwas mit der Osmosefähigkeit eines Präparats oder so ähnlich."

Doktor Mühlbauer zog die Stirne kraus. „Dann muss es nicht unbedingt ein Selbstmord gewesen sein."

„Das verstehe ich nicht", sagte Trevisan.

„Forscherdrang", erwiderte Mühlbauer und zeigte auf eine kleine, gerötete Stelle am Hals des Toten.

Die Frau lag wie leblos auf ihrem Krankenbett. Ihr Blick war starr auf die weiße Decke gerichtet. Ihre Haut wirkte blass und brüchig, fast durchsichtig. Trevisan stellte sich leise einen Stuhl an ihr Bett und wartete geduldig, bis sie bereit war, seine Fragen zu beantworten.

Anke Ossiek hatte den Schock noch nicht überwunden. Sie war es gewesen, die am frühen Morgen Günter Gerling tot in seinem Büro aufgefunden hatte. Mittlerweile hatte sie auch vom Tod ihres Kollegen Hennigs erfahren, das hatte sie vollends aus der Bahn geworfen. Nun lag sie im Reinhard-Nieter-Krankenhaus auf der Wachstation. Dicke Tränen kullerten über ihre Wangen, ehe sie im weichen Kissen versickerten. Sie hatte nicht nur zwei Kollegen, sondern auch ihren Freund und Liebhaber verloren. In Günter Gerlings Wohnung hatte es von gemeinsamen Bildern nur so gewimmelt. Bilder, die eine eindeutige Sprache sprachen. Doch nicht nur Bilder von Anke Ossiek hatten die Ermittler gefunden.

„Was war er für ein Mensch?", fragte Trevisan und war bemüht, seine Stimme einfühlsam klingen zu lassen.

Noch immer war der Strom der Tränen nicht versiegt. Anke Ossiek fuhr sich mit der Hand über das Gesicht. „Er war … Er war einzigartig", schluchzte sie. „So liebevoll. Er hat sich um alles gekümmert. Ich habe ihn geliebt."

„Hatte er Feinde?"

„Günter? Niemals. Er war so gut, so feinfühlig. Ein ganz besonderer Mensch."

Trevisan beobachtete jede Regung, jede Bewegung, jede Veränderung des Mienenspiels der jungen Frau. „Wollten Sie heiraten?", fragte er.

„Wir sprachen darüber, aber unsere Beziehung benötigte keinen Trauschein", antwortete Anke Ossiek. „Wir achteten die Freiheit des anderen."

„War es seine Entscheidung?"

„Wie meinen Sie das?"

„Wollte er sich nicht binden?"

Das erste nervöse Zucken huschte über ihr Gesicht. „Wir haben uns ausgesprochen."

„Wussten Ihre Kollegen von Ihrer Beziehung?"

„Natürlich nicht!", sagte die Frau. „Es war unsere ganz private Angelegenheit."

Trevisan griff in seine Jackentasche und zog ein Bild hervor. Es zeigte Anke Ossiek nackt und in eindeutiger Pose.

Sie griff nach dem Bild. „Das war allein unsere Sache", sagte sie. Ihre blasse Haut rötete sich.

„War das seine Idee?", setzte Trevisan nach.

„Unsere Beziehung war etwas Besonderes", antwortete Anke Ossiek leise. „Wir empfanden eine prickelnde Neugierde füreinander. Was ist dabei. Es war einfach nur … Für die meisten Menschen ist Sex einfach nur eine lästige Pflicht."

Trevisan zog ein weiteres Bild aus seiner Jackentasche. Wiederum war eine Frau darauf abgelichtet. Nackt. Doch diesmal hatte die Frau blonde Haare.

Anke Ossiek rang nach Atem.

„Wussten Sie davon?“, fragte Trevisan.

Anke Ossiek schüttelte wortlos den Kopf. Trevisan spürte, dass ihre Überraschung echt war.

„Gehen Sie!“, zischte die Frau. „Gehen Sie! Ich will alleine sein.“ Schluchzend schlug sie die Hände vors Gesicht.

Trevisan erhob sich. Als er die Tür schon geöffnet hatte, blickte Anke Ossiek noch einmal auf.

„Fragen Sie dieses Weib“, spie sie aus. „Diese elende Hure. Sie war schon immer hinter ihm her. Erst gestern hat sie es wieder versucht. Doch er hat sie rausgeworfen. Der Streit war nicht zu überhören. Sogar der blöde Onno, der draußen Fenster putzte, kam zu mir und fragte, was los sei. Sie hat ihn umgebracht!“

Trevisan nickte und ging.

Bevor er nach Hause fuhr, schaute er noch einmal im Büro vorbei. Kleinschmidt hatte die Tatortskizze und die dazugehörigen Fotos säuberlich auf seinem Schreibtisch abgelegt. Nachdenklich betrachtete Trevisan die Bilder.

Die ganze Nacht über hatte Wilhelmshaven unter einer dunklen Glocke aus Regenwolken gelegen. Wasserlachen standen auf den Straßen. Trevisan stoppte den Dienstwagen direkt gegenüber des kleinen Forschungslabors. Von weitem sah er Onno, den Hausmeister, der mit Jimmy, der rotgetigerten Katze, an der Zufahrt zum Bontekai spielte. Onno warf einen Tennisball und Jimmy rannte wie wild hinterher, schlug mit den Tatzen danach und warf sich darauf, bevor er hineinbiss und den Ball zurückbrachte. Die Katze apportierte wie ein Jagdhund. Trevisan hatte so etwas noch nie gesehen. Onno war derart in das Spiel vertieft, dass er den Polizeibeamten gar nicht bemerkte.

Trevisan klingelte. Es dauerte nicht lange, bis der Türöffner summte. Hanna Odenwald stand im langen Flur und blickte Trevisan aus müden Augen an. „Ich wusste, dass Sie kommen“, sagte sie mit tonloser Stimme.

„Hennigs ist tot“, sagte Trevisan.

Hanna Odenwald nickte mit ausdrucksloser Miene. „Ich weiß.“

„Sie wissen auch, woran er starb?“

Hanna öffnete die Tür zu ihrem Büro. Trevisan folgte ihr. Sie setzte sich seufzend hinter ihren Schreibtisch und forderte Trevisan auf, ebenfalls Platz zu nehmen. Er zog sich einen Stuhl heran – und stutzte. Fünf rote Rosen und eine Schachtel Pralinen lagen auf der Sitzfläche des ledernen Bürostuhls.

Hanna Odenwald lächelte gezwungen. „Onno, dieser Spinner“, sagte sie.

Trevisan legte die Präsente auf den Schreibtisch. „Woher wissen Sie, dass Hennigs tot ist?“, begann er die Befragung.

„Ich wollte ihn gestern besuchen“, antwortete die Frau. „Die Nachbarin hat es mir erzählt.“

„Und warum ist er gestorben?“

Hanna Odenwald spielte mit ihren Fingern. „Es war ein Unfall“, antwortete sie.

„Das müssen Sie mir erklären.“

„Er hat sich an dem Medikament vergiftet, das wir entwickeln. Ein bedauerlicher Unfall.“

Trevisan schaute der Frau ins Gesicht. Er spürte, dass dies nur die halbe Wahrheit war.

„Ich habe mit Anke Ossiek gesprochen“, wechselte er das Thema. „Wir haben in Gerlings Wohnung ein paar interessante Fotos entdeckt.“

„Gerling war ein Schwein“, antwortete Hanna Odenwald barsch.

„Musste er deshalb sterben?“

Hanna Odenwald schluckte. „Ich habe nichts damit zu tun.“

„Aber mit Hennigs' Tod haben sie zu tun. Was steckt dahinter?“

„Haben Sie eine Ahnung, wie schwer es in Deutschland für Forschungsvorhaben geworden ist? Bürokratie ohne Ende. Militante Tierschützer, die einem ins Handwerk pfuschen. Sie finden keine Probanden mehr. Und Versuche an Menschen sind eigentlich gar nicht mehr durchführbar. Es ist ein Spießrutenlauf geworden. Sie brauchen eine Genehmigung nach der anderen. Kein Wunder, dass andere Länder schon viel weiter sind. Immer mehr Firmen kehren diesem Land den Rücken. Unsere Firma hat auch schon darüber nachgedacht.“

„Haben Sie Hennigs die Spritze verabreicht?“

„Er hat es gewollt“, antwortete Hanna Odenwald. „Es war

seine Idee. Wir konnten ihn davon nicht abbringen. Er war wie besessen. Das neue Medikament war sein Kind. Der Durchbruch in der Aidsforschung. Pegasus sah er als Chance, sich als Wissenschaftler endlich einen Namen zu machen."

„Wer wusste davon?"

Hanna Odenwalds Hände zitterten. „Nur er, Gerling und ich."

„Sie wussten, dass er die Infektion nicht überlebt?"

„Zu Anfang war alles ganz normal. Wir hatten den Wirkstoff aus dem Gift der Thaipan-Viper isoliert. Ein Hämotoxin. Alle Versuche am Testcomputer verliefen positiv. Nur kranke Blutkörper wurden von dem Wirkstoff angegriffen. Es war so easy."

„Und dann?"

„Zwei Tage später zeigte er die Symptome einer Vergiftung. Schmerzen, Schwellungen, Übelkeit und Erbrechen. Wir haben sofort ein Antidot injiziert. Er schien sich wieder zu fangen. Aber dann verschlechterte sich sein Zustand rapide. Es gab keine Rettung mehr."

„Weshalb haben Sie sich gestern mit Gerling gestritten?", fragte Trevisan.

Hanna Odenwald fuhr sich mit den Händen über das Gesicht. Eine Träne rann über ihre Wange. „Ich habe nichts mit Gerlings Tod zu tun", schrie sie. „Ich habe Hennigs die Spitze gegeben, ja, er wollte es so. Aber Gerling – das war ich nicht."

„Um was ging es bei dem Streit?"

„Gerling wollte den Vorfall melden", sagte sie. „Der Firmenleitung Bescheid geben. Das hätte alles zunichte gemacht. Sogar Hennigs' Tod wäre sinnlos gewesen. Die Firma hätte das Labor sofort geschlossen und wir hätten uns neue Jobs suchen können."

„Sie wollten ihn umstimmen?"

„Er war so borniert. Er hat überhaupt nicht mit sich reden lassen. Sprach von Gewissen, dieser gewissenlose Schuft. Ausgerechnet er, dieses perverse Schwein."

„Und da haben Sie ihn umgebracht?"

Hanna Odenwald sprang auf und schlug mit der flachen Hand auf den Tisch. „Zum letzten Mal, ich habe nichts damit zu tun. Finden Sie endlich den Einbrecher."

Trevisan erhob sich ebenfalls. „Glauben Sie wirklich, jemand würde hier einbrechen? Der Einbruch ist fingiert."

Hanna Odenwald starrte Trevisan mit großen Augen an.

„Bleiben Sie in Wilhelmshaven", sagte Trevisan. „Ich möchte noch einmal mit Ihnen sprechen."

Hanna Odenwald nickte schuldbewusst. Gemeinsam verließen sie das Büro. Die hellen Kacheln auf dem Gang waren übersät mit braunen Spuren.

„Onno und sein blöder Kater", sagte Hanna Odenwald. „Wenn Gerling das sehen könnte, würde er das Vieh eigenhändig erwürgen."

Trevisan blieb stehen und wandte sich um.

„Wem gehört die Katze eigentlich?"

„Das Vieh ist bei einem Forschungsprojekt übrig geblieben. Damals war es noch ein kleines süßes Kätzchen. Onno hat sich darum gekümmert. Die Katze ist sein Baby. Er darf sie hier auf dem Gelände halten. Ins Haus darf sie eigentlich nicht. Gerling hat es verboten. Trotzdem hat Onno sie im Putzmittelraum untergebracht. Aber nachts muss sie raus."

„Onno hat Ihnen Blumen geschenkt. Macht er das öfter?"

Hanna Odenwald lächelte. „Der arme Spinner ist ein bisschen in mich verliebt. Ich lasse ihn in dem Glauben, dass ich ihn auch mag."

Trevisan nickte. „Wo wohnt Onno eigentlich?"

„Bei seiner Tante in der Ahrstraße", antwortete Hanna Odenwald. „Deshalb kann er die Katze auch nicht mit nach Hause nehmen. Seine Tante mag keine Tiere."

„Haben Sie schon festgestellt, ob aus Gerlings Büro etwas fehlt?", fragte Trevisan noch, ehe er zur Tür ging.

Hanna Odenwald blickte verlegen zu Boden.

„Sie wissen es bereits?", sagte Trevisan. Es war mehr eine Feststellung als eine Frage.

Hanna nickte. „Der *Pegasus*-Report", antwortete sie leise.

Onno war nirgends zu sehen. Trevisan ging zum Wagen und funkte mit der Dienststelle. Er sprach mit Dietmar Petermann, dann lehnte er sich zurück und schaute durch die Frontscheibe hinüber zum Kai

Er wusste nicht, wie viele Minuten vergangen waren, als er Onno am Bontekai entdeckte. Der Hausmeister saß auf der

Kaimauer und ließ die Füße baumeln. Ganz in seiner Nähe räkelte sich Jimmy in den ersten spärlichen Sonnenstrahlen.

„Hallo, Onno", sagte Trevisan und setzte sich neben den Hausmeister. Onno trug ein buntkariertes Baumwollhemd und schmutzige Jeans. Blonde Haare umrahmten sein blasses Gesicht. Er wirkte bedrückt.

„Du weißt, wer ich bin?", fragte Trevisan.

Onno nickte stumm.

„Du weißt auch, warum ich gekommen bin?"

Onno nickte erneut.

„Warum musste er sterben?", fragte Trevisan in die Stille.

Onno schaute ihn an. „Er ... er darf ... er durfte das nicht tun. Er wollte ... wollte mir alles wegnehmen. Meine Freundin. Meine Katze. Er war böse zu ihr. Er ... hat ... er ist ... sie hat geweint."

Trevisan legte Onno die Hand auf die Schulter.

„Wi... wie haben Sie ...?"

„Jimmy hat dich verraten", antwortete Trevisan.

Onno lächelte. „Ich ... ich habe ... nicht bemerkt, dass Jimmy ... mir gefolgt ... gefolgt ist."

Dietmar Petermann bremste scharf, als er die zwei Männer auf sich zukommen sah, sprang aus dem Wagen und rannte auf die beiden zu. „Wie bist du darauf gekommen?", fragte er ungläubig.

Jimmy, der Kater, strich um Onnos Beine.

„Es waren die Fußspuren der Katze auf den Fliesen an der Hintertür", antwortete Trevisan. „Sie führten von draußen nach drinnen. Die Katze ist durch die Hintertür ins Haus gekommen. Es hatte schon zu regnen begonnen. Nur Onno besitzt einen Schlüssel zu dieser Tür. Er hat am Mittag einen Streit zwischen Gerling und Hanna Odenwald belauscht und dachte, er würde alles verlieren. Seine Katze und Hanna, die er abgöttisch liebt. Deshalb musste Gerling sterben. Anschließend wusch er seine blutigen Hände im Waschbecken der Toilette, die er dann akribisch reinigte. Als er die Tür schloss, übersah er, dass sich der Kater in der Toilette einquartiert hatte."

Dietmars Mund stand offen.

„Hast du es gefunden?", fragte Trevisan.

Dietmar ging zurück zum Wagen und holte eine durchsichtige Plastiktüte. „Lag unter der Matratze“, sagte er.

Trevisan musterte die Tüte. Ein gelber Aktenordner befand sich darin. Mit roten Flecken auf dem Deckblatt. *Pegasus-Report* stand in großen schwarzen Buchstaben darauf.

-ky

Wittmunder Wirrungen

„Ein Statement soll ich abgeben …? Na schön. Nestbeschmutzung, sagen Sie. Ach was, lassen Sie mich damit zufrieden. Ich bin in Wittmund geboren worden, und ich liebe diese Stadt, aber man wird doch noch darüber philosophieren dürfen, ob unser ominöses Autokennzeichen nicht doch ein Fluch ist und alsbald geändert werden sollte. WTM gleich *Wir töten Menschen.* So lästert ringsum alles über uns. Und nun dieser spektakuläre Mordprozess, in dem ich der Richter bin. Was soll ich machen, wenn der Herr Verteidiger die Frage aufwirft, ob das WTM bei seinem Mandanten nicht doch als *selfullfilling prophecy* gewirkt haben könnte? Dass es am nächsten Tag groß in allen Zeitungen steht, ist nicht meine Schuld. Andererseits, eine bessere PR ist ja für eine kleine Stadt wie meine kaum denkbar, und jedermann in Deutschland weiß nun, dass es Wittmund gibt und wo es liegt. *Crime does pay*, könnte man sagen. Aber es ist ja auch ein Fall von seltener Brisanz, den wir gerade verhandeln, und wie hier die Schicksale dreier Menschen miteinander verstrickt sind, das hat schon das Ausmaß einer griechischen Tragödie.“

In Griechenland hatte auch alles begonnen, genauer gesagt auf Kreta, am Strand von Georgioupolis, einem Städtchen zwischen Chania und Rethimnon, am westlichen Ende einer weiten Bucht gelegen. Man konnte wegen der geschützten Lage an seinem kleinen Strand noch baden, wenn in den angrenzenden Ferienanlagen längst die rote Fahne hochgezogenen war und die Männer von der Lebensrettung alle Touristen aus dem Meer scheuchten, weil ihnen Wellengang und Unterströmung zu gefährlich erschienen.

So war es auch Imke Glenewinkel aus Wittmund und ihrer Freundin Vanessa im Pilot Beach Resort ergangen.

„Was machen wir nun: Legen wir uns an den Swimmingpool oder laufen wir nach Georgioupolis?"

„Letzteres, ich muss sowieso noch zum Automaten, mir Geld holen."

Als sie dann dort stand, kam sie mit dem *touchscreen* nicht klar, denn die Bedienungsanleitung war nur in Griechisch und Englisch verfasst. Die griechischen Buchstaben waren ihr allesamt fremd, und Englisch hatte Imke zwar in der Schule gehabt, aber später wenig geübt. Als Verkäuferin in der Wittmunder Filiale einer weltweit operierenden Kette für jugendliche Mode brauchte ihr Schatz nur aus einem Wort zu bestehen – aus dem emphatisch gehauchten „Cool". Und ihrem Chef reichte es, wenn sie *clothes* nicht wie Klosetts aussprach. Nein, da tat man ihr unrecht, wenn man sie auf das *cool* beschränkte, denn öfter sprach sie auch vom *casting*. Damit waren ihre Träume auf den Punkt gebracht, denn entdeckt werden wollte sie, als Schauspielerin und Schlagersängerin groß herauskommen. Von ihrer Figur und ihrem Outfit her hatte sie auch alle Chancen dieser Welt, und kein hoher IQ stand ihr im Wege.

„Nun ist auch noch meine EC-Karte weg!", schrie sie, als sie den Geldautomaten von Georgioupolis offenbar völlig missverstanden hatte.

„Don't panic!"

Neben ihr stand ein Mann, der auf die Dreißig zuging, also an die zehn Jahre älter sein mochte als sie, und den sie, schlank und dunkelhaarig wie er war, für einen Griechen hielt. Das war insofern wichtig, als damit automatisch jenes Programm aufgerufen wurde, das bei ihr unter „Urlaubsliebe" abgespeichert war, seit sie mit ihrer Freundin ins Reisebüro getreten war, um Kreta zu buchen. Nun war es so weit, und nichts war erotischer als der Zufall.

Als sich Minuten später herausgestellte, dass ihr Retter nicht Pavlos, Nikos oder Iannis hieß, sondern Marian, Marian Piekarski, und Berliner war, konnte sie nicht mehr zurücksteuern.

Bald saßen sie in einer Taverne und ließen sich auch von Vanessa nicht stören. Wo sie denn herkäme? Na, aus Wittmund.

Marian Piekarski lachte. „Tunnelmund, Muttermund, Erdbeermund – Eisenbahnbau, Gynäkologie, Klaus Kinski – alles schon gehört, aber: Wittmund …? Nein."

Imke Glenewinkel klärte ihn auf. „In Wilhelmshaven von der Autobahn runter, Richtung Aurich. Ostfriesland. Wir sind Kreisstadt des Landkreises Wittmund. Knapp achttausend Einwohner. Dazu kommt noch 'n Nordseebad: Carolinensiel-Harlesiel."

„Siel mal einer an", sagte Marian Piekarski und ließ seinen Assoziationen freien Lauf. „Das ist ja fast ein Silicon Valley, und wenn wir Glück haben, sehen wir auch Silen und Silene."

„Was soll 'n das sein?"

„Der Silen ist in der griechischen Sage ein Fruchtbarkeitsdämon, tritt auf in Menschengestalt mit tierhaften Zügen, und die Silene ist das Stengellose Leimkraut."

Imke staunte. „Woher weißt 'n du das alles?"

„Ich war unter anderem auch mal Lehrer."

„Und jetzt?"

„Jetzt bin ich freier Schriftsteller und schreibe Romane und Kurzgeschichten."

„Den Namen Marian Piekarski habe ich aber noch nie gehört", sagte Vanessa.

„Kein Wunder, ich schreibe ja auch unter einem Pseudonym. Das meiste habe ich unter dem Namen Heinrich Böll veröffentlicht."

„Ist der nicht schon lange tot?"

„Na, darum ja eben, kann er nicht dagegen protestieren, dass ich ihn benutze. Aber protestieren wir nicht, prosten wir lieber – und zwar uns zu."

Imke fand ihn ganz witzig, und ein gewesener Lehrer fehlte ihr noch in ihrer Sammlung. So kam, was kommen musste: Sie verbrachte die letzten Nächte ihres Urlaubs in Marians Hotel.

Marian Piekarski war bekennender Nichtautofahrer, aber als er auf dem Bildschirm sah, wie umständlich es war, mit der

Bahn von Berlin nach Wittmund zu fahren, verfluchte er seine ökogrüne Gesinnung. Stieg man drei- oder viermal um, schaffte man es in 4:48 Stunden, bei nur zweimaligem Umsteigen brauchte man aber 5:58. Er entschied sich für die Route, die fast sechs Stunden dauerte, da er nicht gern auf hektischen Bahnhöfen herumstand, sondern lieber länger im Abteil hockte, um in Ruhe zu lesen oder auf dem Laptop an seinem neuesten Roman zu arbeiten. So auch am ersten Freitag im Oktober auf der Fahrt nach Wittmund. Sein Protagonist hatte in Berlin ein schweres Verbrechen begangen und war nun auf der Flucht. Marian Piekarski überlegte, ob er ihn in Wittmund das Ostfriesen-Abitur machen ließ. Die Sache reizte ihn, und er selber hatte sich von Imke schon anmelden lassen. Straßenweit- und Straßenzielboßeln, das sollte so etwas wie Boccia sein. Bessensmieten – gleich Strauchbesenwerfen, Padstockspringen, wo man in einer Art Stabhochsprung einen Graben überqueren musste, Kuhmelken, Löffeltrunk – was das wohl sein sollte?, Teetrinken, Krabbenpulen und Prüfungen in Ostfrieslandkunde und Plattdeutsch. „Da keem dor ’n Minsch anlopen und sä ...“ Ein bisschen hatte er von Imke schon mitgekriegt. Es hieß ja immer, fremde Sprachen lerne man am besten im Bett.

Schnell ging es mit dem IC über Stendal, Wolfsburg und Hannover nach Osnabrück, wo in die Nordwestbahn umzusteigen war. In deren Triebwagen kam er in zwei Stunden und vier Minuten nach Sande und lernte dabei neben Cloppen- und Oldenburg auch Gemeinden kennen, von deren Existenz er bislang nichts geahnt hatte. Bersenbrück zum Beispiel, Ahlhorn, Großenkneten und Huntlosen. In Sande war zehn Minuten zu warten. Er verließ den Bahnhof, um sich ein wenig umzusehen. Hoffentlich fand er schnell wieder zurück. *In Sande verlaufen* wäre ein schöner Titel gewesen. Auf Gleis 2 fand er den Triebwagen der NWB, der über Sanderbusch, Schortens-Heidmühle und Jever um 14 Uhr 43 Wittmund erreichen sollte. Er stieg ein, die Spannung wuchs. Würde Imke am Bahnhof stehen?

Nein. Trotz ihres Versprechens gestern morgen am Telefon. Er erschrak, denn zu genau hatte er noch ihre Worte im Gedächtnis: „Ich hab ’n bisschen Angst, dass mein Ex-Freund mir auflauert und dann ... Er hat gesagt, dass er mich umbringen wird, wenn ich nicht zu ihm zurückkomme."

Marian Piekarski hatte das für einen Scherz gehalten und war nicht weiter darauf eingegangen. Nun aber ... Sollte dieser Sören Süstedt, sie hatte ihn schon in Griechenland erwähnt, wirklich ...?

Ach, Unsinn! Marian Piekarski verwarf diesen Gedanken. Irgendetwas war Imke dazwischengekommen, und er hatte ja sein Handy nicht eingeschaltet gehabt. Wahrscheinlich hatte sie keine Chance, ihr Geschäft für eine halbe Stunde zu verlassen. Klar, Freitagnachmittag gab es immer eine Menge zu tun. Er kannte nur die Firma, bei der sie arbeitete, wusste aber nicht genau, wo sich die Filiale befand. Irgendwo in der Fußgängerzone. Ein schneller Blick auf den ausgehängten Stadtplan zeigte ihm, dass es bis dorthin nur ein kleines Stückchen war. Er war das Wandern gewohnt.

Über die Bismarck- und die Friedenstraße kam er ins Zentrum. Es war alles so friesisch hier, wie es sein musste. Rote Klinker überall, als Straßenbelag wie an den Häusern. Am besten gefielen ihm das Kreishaus und die St. Nicolai-Kirche. Auch der Markplatz, spröde romantisch und nicht so überladen wie ähnliche Plätze im Süden, fand seine Zustimmung. Beim ersten Anlauf konnte er Imkes Filiale nicht entdecken und geriet an den Rand des Schlossparks. Unwillkürlich zuckte er zusammen, denn was stand am Schlosswall auf einer Tafel ... Dass Friedrich der Große das Wittmunder Schloss im Jahre 1764 geschleift hatte. Musste Wittmund also damals preußische Provinz gewesen sein. Noch etwas also, das ihn mit Imke verband. Es war Zeit, zu ihr zu eilen. Jetzt tat er das, was er an sich nur ungern tat, weil es gegen seine Ehre ging: Leute fragen. „In der Norderstraße, junger Mann." Er bedankte sich.

Keine fünf Minuten später war er am Ziel, das heißt nicht ganz am Ziel, denn im Laden sagte man ihm, Imke Glenewinkel sei heute morgen nicht zur Arbeit erschienen. „... und angerufen hat sie auch nicht." Was ansonsten nicht ihre Art sei. Nun war ihm doch ein wenig mulmig. Spontan beschloss er, zu ihr nach Hause zu gehen und nach dem Rechten zu sehen, obwohl abgesprochen war, dass er in einer Pension an der Peldemühle übernachten sollte.

„Warum denn das, deine Eltern sind doch verreist?“, hatte er gefragt.

„Der Leute wegen.“ Sie wohnte noch zu Hause und hatte Rücksicht zu nehmen.

Ihre Adresse hatte er genau im Kopf, wusste, dass er sich nordwärts wenden musste. *Kielsgang* las er, *Gartenstraße, Corneliuskamp, Up de Gast*. Nun fragte er noch einmal und erhielt die Auskunft, er möge nur in Richtung Windmühle gehen, davor sei es dann, *An der Leide*. So hieß die Straße, in der sie wohnte.

Es lag nahe, für sich selber den Spruch des Tages zu formulieren: „An der leide ich schon, an der Imke, ja.“ Es waren Entzugserscheinungen. Nie hatte er gedacht, dass ihm der Körper eines anderen Menschen so fehlen könnte. Sie war seine erste Beziehung, die nicht vom Kopf gesteuert wurde, sondern rein animalisch war. Vor Jahren war er wegen Erektionsstörungen beim Arzt gewesen, nun aber, als er nur den blanken Klingelknopf neben dem Schildchen mit Imkes Namen berührte, schien es ihm den Reißverschluss zu sprengen.

Mit der Erregung aber war es schnell vorbei, als sich im Haus nichts regen wollte. Und er konnte nicht verhindern, dass er ein Bild vor Augen hatte, das nicht sonderlich erotisch war. Wie sie in einer großen Blutlache vor ihrem Sofa lag. Sollte er sein Handy nehmen und 110 anrufen? Quatsch. Er erinnerte sich daran, dass Imkes Freundin Krankenschwester im Kreiskrankenhaus war. Er rief die Telekom an und ließ sich die Nummer geben. 04462/86-02. Er schrieb die Zahlen mit der Schuhspitze in den Sand und verwählte sich prompt, da er die 8 für eine 9 hielt. Dann wurde er falsch verbunden, schließlich aber hatte er Vanessa in der Leitung. Was denn mit Imke sei? Nichts. Warum sie, Vanessa, denn so herumdruckste? Tue sie das? Ja. Nach zehn Minuten, der Akku seines Handys wurde langsam leer, war Vanessa endlich bereit, ihm die Wahrheit zu sagen.

„Imke ist es gar nicht recht, dass du nach Wittmund kommst, und sie macht auf toter Käfer.“

Marian Piekarski erstarrte. „Ich brauche sie so dringend, wie ein Junkie seinen Stoff braucht.“

„Ich will mich da nicht einmischen.“

„Hängt das auch mit diesem Sören zusammen?“, fragte Marian Piekarski.

Sie wich ihm aus. „Wo bist du denn jetzt?“

„Ich bin hier vor ihrem Haus. An der Leide.“

„Dann steht sie garantiert hinterm Vorhang und beobachtet dich. Du, ein Patient klingelt nach mir. Tschüß dann.“

Marian Piekarski überlegte. Wie konnte er Imke dahin bringen, ihm zu öffnen? Wäre er Tom Cruise gewesen, hätte er es mit einem Männerstrip probiert, war er aber nicht. Sollte er in Tränen ausbrechen und sie anflehen? Ihr ein Ständchen bringen? Einen Brandsatz durchs Fenster werfen und warten, bis sie aus dem Haus stürzte? Unsinn. Er versuchte es erst einmal mit dem Handy. Doch sie nahm nicht ab. Dann rief er mit mittlerer Lautstärke: „Bitte, Imke, lass uns miteinander reden. Ich bin doch extra aus Berlin gekommen, um dich zu verwöhnen.“ Das klang verdammt nach Werbung für Telefonsex. Zugleich glaubte er einen andere Stimme zu hören: „Tote gehen nicht ans Telefon.“

Da hielt ein Kleinwagen hinter ihm. Er fuhr herum. „Imke!“ Schnell hatte er die Tür aufgerissen, um sie an sich zu ziehen und zu küssen, doch sie beugte sich nach hinten, so dass er sie nicht greifen konnte. „Was ist denn?“

„Nicht hier in aller Öffentlichkeit!“

„Ich dachte, du bist … Bei dir im Geschäft haben sie gesagt, dass du dich nicht krank gemeldet hast.“

„Quatsch.“ Jetzt stieg sie aus, deutlich auf Distanz bedacht. „Ich war in Jever bei meiner Schwester. Bei der haben gestern Abend überraschend die Wehen eingesetzt, und ich musste hin.“ Sie musterte ihn wie den Eismann, der mit nicht bestellter Tiefkühlkost am Gartenzaun stand. „Dich hatte ich ganz vergessen. Komm, ich bring dich schnell in deine Pension.“

„Wollen wir nicht erst …“ Marian Piekarski hatte sich ihr Wiedersehen etwas anders vorgestellt.

„Ich muss noch ins Geschäft.“ Sie küsste ihn nur flüchtig, als sie ihn in der Nähe der Peldemühle abgesetzt hatte. „Wir treffen uns um sieben Uhr auf dem Karl-Bosch-Platz.“

„Okay, ich werde sehen, dass meine Zündkerzen in Ordnung sind. Ich hoffe, deine auch …“

Als er dann allein in seinem Zimmerchen saß, fühlte er sich wie jemand, der angetreten war, Olympiasieger zu werden, und im Vorlauf ausgeschieden war.

In seiner Not rief er Vanessa an, um nachzuhaken, was denn mit Imke sei. „Ist sie also zu diesem Sören zurück?"

„Nein, aber ..." Imkes Freundin zögerte. „Soll ich dir wirklich alles sagen?"

„Ja, bitte."

„Na schön. Sie steht nun mal auf harte Männer, auf Machos, und du bist 'n echtes Weichei für sie. Im Urlaub, wo kein anderer da war, da ging's ja noch, aber jetzt ... Sie hasst eigentlich alle Lehrer und Schriftsteller. Sie will was erleben. Am liebsten wäre ihr 'n echter Knacki."

Marian Piekarski bedankte sich, und als er dann ausgestreckt auf dem Bett lag, kam er auf das, was nahe lag, denn in seinem Rucksack steckte in einer Gummizugmappe alles Material für seinen neuen Roman. Unter den Ausrissen und Fotokopien, die er mitgenommen hatte, befand sich auch ein Zeitungsbericht mit dem Phantombild eines jungen Mannes, der Ende März einen Supermarkt in Berlin-Marzahn überfallen und dabei einen Kunden erschossen hatte. Seine Freunde hatten damals gelacht: „Das bist du doch!"

Diese Ähnlichkeit wollte sich Marian Piekarski nun zunutze machen, und als er mit Imke in einer gemütlichen Kneipe mit dem schönen Namen *Im Eimer* allein in einer Ecke saß, zog er das Fahndungsfoto heraus.

„Du, ich muss dir was sagen ... Wenn du wüsstest ..." Er beugte sich zu ihr hinüber und fasste ihre Hände, als wären sie Rettungsanker. „Ich bin gar nicht der, für den du mich hältst. Ich bin kein Lehrer und ein Schriftsteller erst recht nicht, ich habe nur eine Lehre als Karosseriebauer angefangen und bin dann ... Kurz und gut: Ich hab 'ne ganze Latte an Vorstrafen – Raub, schwere Körperverletzung und so, und jetzt sucht mich ganz Berlin. Hier ..." Er schob ihr den Zeitungsbericht hinüber.

Imke las fiebernd, was das stand, und flüsterte: „Vorsicht! Ist bewaffnet und macht rücksichtslos Gebrauch von seiner Schusswaffe."

Marian Piekarski küsste sie. „Bitte, hilf mir. Ich muss 'ne Weile abgetaucht bleiben, bis ich an mein Geld ran kann. Dann fliegen wir beide nach Hawaii."

„Bist du das wirklich?", fragte Imke, immer noch atemlos.

„Ich schwör's dir."

Und sie glaubte ihm. Danach fuhren sie zu ihr nach Hause, und es wurde eine Liebesnacht, wie er sie noch nie erlebt hatte. Erst gegen vier Uhr morgens kehrte er in seine Pension zurück.

„Tja, was dann passiert ist, lässt sich in wenigen Worten erzählen. Nachdem Marian Piekarski gegangen ist, kann Imke Glenewinkel nicht einschlafen. Sie kämpft mit sich. Einerseits liebt sie Marian, andererseits ist sie absolut gesetzestreu erzogen worden. Sie schwankt. Soll sie 110 anrufen – oder soll sie nicht? Er hat ihr vertraut, sie allein kann ihn retten. Aber er ist eine tickende Zeitbombe, und erschießt er noch einen Menschen, ist sie mitschuldig an dessen Tod. Und vielleicht erschießt er sie, denn nun weiß sie ja alles und kann ihn jederzeit hochgehen lassen. Das ist der entscheidende Impuls. Bei der Polizei zögert man nicht lange, denn ein Blick in die Fahndungsunterlagen zeigt, dass der Mann wirklich gefährlich ist. Ein SEK-Kommando stürmt die Pension an der Peldemühle. Und dabei fällt dann der tödliche Schuss. Die SEK-Männer sagen aus, sie hätten gesehen, wie Piekarski unter sein Kopfkissen gegriffen habe – ihrer Ansicht nach, um seine Waffe hervorzuholen. Die Staatsanwalt meint aber, er habe nur die Hände hochreißen wollen, um klarzustellen, wie harmlos er ist. Schön, man könnte die Sache als Unfall sehen, wenn der Mann, der den tödlichen Schuss abgegeben hat, nicht ausgerechnet den Namen Sören Süstedt trüge und Imke Glenewinkels Ex-Freund wäre, von pathologischer Eifersucht erfüllt. Natürlich beteuert er, dass alles nur ein Zufall war. Nun bin ich sein Richter. Soll ich ihm glauben?"

Steckbriefe

Jürgen Alberts, geboren 1946 in Kirchen/Sieg, nach dem Abitur Studium (Germanistik, Politik, Geschichte) in Tübingen und Bremen, Promotion über die BILD-Zeitung (1972), freier Mitarbeiter von WDR und ZDF, lebt als Schriftsteller zusammen mit seiner Frau Marita in Bremen. Seit 1970 Mitglied des Werkkreises Literatur der Arbeitswelt, seit 1987 Mitglied im Syndikat (der Autorengruppe deutschsprachige Kriminalliteratur); Organisator des Krimifestivals PRIME TIME CRIME TIME in Bremen seit 1997, Spiritus rector der Literarischen Asservatenkammer, der ersten deutschen Krimibibliothek in Bremen. Lehraufträge für creative writing im In- und Ausland. Diverse Preise und Stipendien.Veröffentlichungen u.a. „Der Violinkönig", „Sieben Rosen im Atlantik", „Familienbild". 2006 erscheint der Krimiband „Der große Abschied des J. B. Cool – Das Allerletzte vom bekifften Bremer Detektiv" im Leda-Verlag.

Martina Bick: geboren 1956 in Bremen. Studium der Historischen Musikwissenschaft, Neueren deutschen Literatur und Gender Studies. Lebt und arbeitet als Autorin und Mitarbeiterin der Hochschule für Musik und Theater in Hamburg. Verschiedene Stipendien, u.a. Krimi-Stadtschreiberin in Flensburg (2001). Zahlreiche Krimis und Kurzgeschichten. Zuletzt erschienen: „Die Spur der Träume" (2001), „Heute schön, morgen tot" (2002) und „Die Winterreise" (Hg., 2004). Kurzkrimi „Heringstod" (in „Flossen hoch!", Leda-Verlag 2002) wurde für den Friedrich-Glauser-Kurzgeschichtenpreis nominiert. Mitglied im Verband deutscher Schriftsteller (VS) und im Syndikat.

Manfred Briese: geboren 1942 in Norden, lebt in Esens und ist pensionierter Realschullehrer. Er schreibt Prosatexte und Gedichte in Hoch- und Plattdeutsch. Gemeinsam mit Hans-Hermann Briese gab er sein erstes Buch „Mitnanner" heraus. Es folgten „Taxi nach Esens" und „Tag und Traum", beides Sammlungen von Kurzgeschichten und Erzählungen. Veröffentlichungen in Tageszeitungen, Kalendern und Anthologien, u.a. in „Der schwarzbunte Planet" und „Schiefer als Pisa". Briese ist Mitglied im Arbeitskreis ostfriesischer Autorinnen und Autoren und im Schrieverkring Weser-Ems. „Mord auf der Mühlengalerie", eine Sammlung hochdeutscher Kriminalgeschichten, erschien 2005 im Leda-Verlag.

Dieter Bromund: 1938 in Bromberg geboren, lebte von 1945 bis 1953 in Grefenmoor, Kreis Stade. Schreibt und übersetzt seit 1990 in Dreieich. Über 20 eigene und 21 aus dem Englischen übersetzte Bücher, dazu Funkfeatures und Hörspiele. Veröffentlichungen im Leda-Verlag: „Die Geschichte des Alan Macleod von Port of Ness auf Lewis in Schottland" (in „Mordlichter", 2001, nominiert für Friedrich-Glauser-Kurzgeschichtenpreis); „Mann mit Messer (in „Flossen hoch"); Kriminalromane: „Die Frau aus der Brandung"; „Die wandernden Sände" (beide 2002); „Kein Schnaps für den Zaren" (2003); „Metzgers Testament" (2005).

Gertrud Bruns, geb. 1960, lebt in Holtland; verheiratet, zwei Söhne. Kannte als waschechte Ostfriesin die hochdeutsche Sprache bis zum Beginn der Schulzeit nur aus dem Fernsehen. Arbeitet als Schulsekretärin, musiziert im Gitarrenchor Logabirum, schreibt seit ihrer Kindheit. 1999 wurde die Geschichte „Hermann, koom over“ in der Zeitschrift „Diesel“ veröffentlicht. Außerdem erschienen: „Selbst ist der Mann“ (in „Mordkompott, Leda-Verlag 2000; 3. Auflage 2003); „Mareike im Glück“ (in „Mordlichter“, Leda 2001).

Monika Buttler: Journalistin und Autorin, geboren in Berlin, wuchs in Detmold auf und machte in Hamburg ihren Magister in Literaturwissenschaft, Germanistik und Philosophie. Langjährige Tätigkeit als Redakteurin, übersetzte Thriller aus dem Dänischen und veröffentlichte die Bücher „Atem-Not“ und „Die Kaukasus-Kost“. In „Flossen hoch!“ (Leda-Verlag, 2002) erschien ihr Kurzkrimi „Das letzte Mahl“. Sie ist Mitglied bei den „Sisters in Crime“ und bei den „BücherFrauen“. Sie lebt mit ihrem Mann in Hamburg. Neueste Veröffentlichungen: „Herzraub“ (Kriminalroman, 2004); „Abendfrieden“ (Kriminalroman, 2005), „Das Hitler-Ei. Autobiographie (2005).

Ann-Kathrin Ehlers, geb. 1984 in Hamburg, wuchs im Wald zwischen zwei kleinen Dörfern im südlichen Schleswig-Holstein auf. Sie studiert „Creative Writing“ an der Universität Leeds in England. Ihre erste veröffentlichte Kurzgeschichte „Fünf Verdächtige Freunde“ wurde 2004 für den Agatha-Christie-Krimipreis nominiert.

Jürgen Ehlers, geboren 1948 in Hamburg, arbeitet als Geowissenschaftler im Geologischen Landesamt. Seit 1992 schreibt er Kurzkrimis, die in verschiedenen Anthologien im In- und Ausland veröffentlicht worden sind (z.B. „Mordkompott“, „Flossen hoch!“ und „Faszination See“, alle Leda-Verlag). Weitere Veröffentlichungen:„Die Moorleiche“ (Kurzgeschichten, 2000); „Mitgegangen“ (Kriminalroman, 2005). Mitherausgeber von „Mord und Steinschlag“ (Leda 2002). Mitglied im Syndikat und bei der Crime Writers’ Association (GB).

Kai Engelke, geb. 1946 in Göttingen, lebt mit seiner Familie als Schriftsteller, Kulturjournalist und (Teilzeit-)Grundschullehrer im Emsland. Letzte Veröffentlichungen: „Der Vollzeiterschrecker“, Kriminalgeschichten (Leda-Verlag Leer 2002); „Der Totdenker“, Kriminalroman, Leda 2005; „Das Pferd im See.“ Gedichte, Lieder, Erzählungen von Josef Hermann Engelke (Hg., Leda 2005).

Bernd Flessner: wurde 1957 in Göttingen geboren und verbrachte seine Kindheit und Jugend in Greetsiel. Der promovierte Germanist arbeitet seit 1990 als Lehrbeauftragter am Institut für Germanistik der Universität Erlangen/Nürnberg. Im Leda-Verlag erschienen u.a. der Erzählband „Lemuels Ende“, dessen Titelgeschichte für den Kurd-Laßwitz-Preis nominiert wurde, und die Kriminalromane „Die Gordum-Verschwörung“ und „Greetsieler Glockenspiel“.

Christiane Franke, geboren 1963, lebt mit ihrem Mann und zwei Söhnen in Wilhelmshaven. Mitglied bei den Sisters in Crime, im Syndikat und im Arbeitskreis ostfriesischer Autorinnen und Autoren. Veröffentlichungen u.a.: Roman: „Eine Mordsehe (2002). Kurzgeschichten: „Farben meiner Stadt“ (in „Schiefer als Pisa“, Leda-Verlag 2003), „In aller Stille“ (in „Mord ist die beste Medizin“, 2004); „Muttertag am Ijsselmeer“ (in „Dennoch liebe ich dich“, 2005). Ein Wilhelmshaven-Krimi ist in Vorbereitung.

Peter Gerdes, geb. 1955 in Emden, lebt in Leer (Ostfriesland). Studium der Germanistik und Anglistik, anschließend als Journalist und Lehrer tätig. Literarische Anfänge Ende der 70er Jahre; schreibt seit 1995 vor allem Kriminalliteratur (bisher sechs Romane) und betätigt sich als Herausgeber. Mitglied im Landesvorstand

Niedersachsen/Bremen des *Verbandes deutscher Schriftsteller* (VS), Mitglied im Syndikat, Leiter der *Ostfriesischen Krimitage.* Letzte Veröffentlichungen (Kriminalromane im Leda-Verlag): „Fürchte die Dunkelheit" (2004); „Solo für Sopran" (2005).

Alexandra Guggenheim, schätzt Ostfriesland besonders als Urlaubsregion. Erklärte Nicht-Biertrinkerin, deren Urgroßvater im 19. Jahrhundert Inhaber einer Brauerei am Niederrhein war. Die Autorin ist journalistisch tätig und schreibt u.a. Reportagen für Fachzeitschriften, Buchrezensionen und seit 2001 bevorzugt Kurzkrimis. Lebt mit ihrer Familie in der Nähe von Hamburg, Mitglied im Syndikat und bei den Sisters in Crime.

Ulrich Hefner, geboren 1961 in Bad Mergentheim, ist Polizeibeamter, Autor und Journalist. Er ist verheiratet, hat zwei Kinder und lebt in Lauda-Königshofen. Außer mehreren Anthologiebeiträgen veröffentlichte er unter dem Titel „Ein leiser Wind, der Fryheit hieß" einen Roman über die Bauernkriege. Kriminalroman: „Der Tod kommt in Schwarz-Lila" (Leda-Verlag 2004, 2. Auflage 2005). Der zweite Kriminalroman „Die Wiege des Windes" erscheint 2006 im Leda-Verlag. Gewinner des eScript 2002 des ZDF, Mitglied im Deutschen Presse-Verband, der Interessengemeinschaft deutscher Autoren und im Syndikat.

Lilo Ulja Heimann, geboren in Dresden, studierte Germanistik und Philosophie in Leipzig, Heidelberg und Hamburg und arbeitete als Redakteurin bei Zeitungen und Zeitschriften. Sie lebt in Leer und ist Mitglied im Arbeitskreis Ostfriesischer Autorinnen und Autoren und bei den Mörderischen Schwestern Sisters in Crime. Beiträge in Anthologien mehrerer Verlage wie Leda (Leer), rororo (Reinbek), Leporello (Krefeld), edition karo (Berlin), Verlage zwischen den Meeren/Verlag71 (Plön), Mitteldeutscher Verlag (Halle). OZ-Krimipreis 2003. Stipendien des Landes Niedersachsen.

Regine Kölpin, geb. 1964 in Oberhausen, lebt in Neustadtgödens. Examinierte Krankenschwester, z.Z. Familienmanagerin; verheiratet, fünf Kinder. Mitglied im Arbeitskreis ostfriesischer Autoren und im Förderkreis Literatur. Veröffentlichungen: „Ich hatte mal 'nen Seidenslip", amüsantes Großfamilienportrait; „Wer niemals eine Leiche fand, Neues aus dem Großfamilienleben". Artikel in der Lokalpresse, Anthologiebeiträge in verschiedenen Verlagen, zahlreiche Lesungen. Im Leda-Verlag erschienen: „Der Huchen" (in „Flossen höher!", 2004); „Graupen und Gedichte" (in „Schiefer als Pisa", 2003).

-ky (alias Horst Bosetzky), geb. 1938 in Berlin; Abitur, Lehre zum Industriekaufmann, Studium der Soziologie, Betriebswirtschaft, Volkswirtschaft und Psychologie; Professor für Soziologie an der FH für Verwaltung und Rechtspflege in Berlin. Verfasste wissenschaftliche Abhandlungen, schreibt seit 1971 Kriminalliteratur, seit 1983 auch andere Romane, Jugendbücher, Kinder-Krimis, Bürokraten-Satiren, Drehbücher für Fernsehspiele, Hörspiele und Kurzgeschichten. Zahlreiche Verfilmungen und Auszeichnungen, u.a. Preis für den besten deutschsprachigen Kriminalroman 1980, „Prix Mystère de la Critique" 1988, „Ehren-Glauser" für das Gesamtwerk 1992. Von 1991 bis 2001 Sprecher des Syndikats. Lebt in Berlin. Neuere Veröffentlichungen u.a.: „Wie ein Tier" (1995), „Küsse am Kartoffelfeuer" (2004), „Blödel und die Folgen" (in „Mordkompott", Leda 2000), „Und der Haifisch, der heißt Kähne" (in „Flossen hoch!", Leda 2002); „Älteres Ehepaar jagt Oberregierungsrat K." (Neuauflage Leda 2002); „In Bramme geht die Bombe hoch", (Kriminalroman, Leda 2003). Ein neuer Bramme-Krimi erscheint 2006 im Leda-Verlag.

Detlef Michelers: geboren 1942 in Berlin, war nach der Ausbildung zum Reedereikaufmann und Schiffsmakler in verschiedenen Berufen tätig. Verfasst Radiofeatures, Erzählungen, dokumentarische Literatur und Hörspiele. Lebt als freier Autor in Bremen und Berlin. Veröffentlichungen u.a.: „Draufhauen, draufhauen, nachsetzen. Die Bremer Schülerbewegung, die Straßenbahndemonstrationen und ihre Folgen" (2002); „In Freiheit leben – Jean Paul Sartre und seine Zeit", Hörbuch, Koautorin Brigitte Röttgers (2005); „Dukatenmännchen" (in „Mordlichter", Leda 2001).

Kerstin Rech, geboren in Blieskastel (Saarland), lebt in Stuttgart. Sie studierte drei Semester Mathematik und arbeitete danach in diversen Jobs. Veröffentlichungen u.a.: Die Hörspiele „In Zukunft" (SR 1995), „Es is nix bewiese" (SR 1995), „Kennen Sie Frau Zapf?" (WDR 1999). Bisher zwei Kriminalromane: „Das fünfte Geschlecht" (Leda-Verlag, 2003, für den Friedrich-Glauser-Preis nominiert), „Der Permes" (Leda 2004). Ihr dritter Roman „Der Werwolf vom Webenheimer Bösch" erscheint 2006 im Leda-Verlag. Preisträgerin des Wettbewerbs „Microracconti-Mikrogeschichten", einer Initiative des Instituto di Cultura Stuttgart und des Goethe-Instituts Berlin.

Manfred C. Schmidt: Geboren 1956 in Emden, Studium in Köln und Oldenburg; Stipendiat der Hans-Böckler-Stiftung; seit 1986 in Esens/Ostfriesland; Förderschullehrer. Schreibt für Kabarett und Radio, außerdem Kurzgeschichten, die er z.T. ins Plattdeutsche übersetzt. Veröffentlichungen u.a.: „Auf den Hund gekommen" (in „Mordlichter", Leda 2001); „Samstags in Esens" (in „Schiefer als Pisa", Leda 2003), sowie Beiträge in Tageszeitungen und im Literaturtelefon Ostfriesland. Mitglied des „Arbeitskreises Ostfriesischer Autoren und Autorinnen", bei dessen Jahrespreis 2002 er den 2. Platz belegte. Von 2002 bis 2004 gehörte er dem Vorstand des Arbeitskreises sowie seit November 2003 dem Vorstand der Fördergemeinschaft Literatur an.**Veranstaltet in Esens Lesungen, z.B. seit 2002 den Esenser Poetry Slam; Gewinner des Jeveraner Poetry Slams 2004.**

Ingrid Schmitz, 1955 wurde in Düsseldorf geboren, arbeitete dort als Speditionskauffrau bei einer kanadischen Reederei und später im sowjetischen Außenhandel, lebt mit ihrer Familie in Krefeld. Von der tödlichen Stille auf dem Land inspiriert, schloss sie ein dreijähriges Studium über das Schreiben ab und entdeckte die alte Liebe zu den Mordgeschichten wieder. Schreibt Buchrezensionen, Fachartikel, Kurzgeschichten, Ratekrimis für die NRZ/WAZ, hat zahlreiche Anthologien herausgegeben. Ein Kriminalroman ist unter Vertrag. Organisiert seit 2000 mit Ina Coelen die Krefelder Krimi-Tage. Ist Leiterin der E-Mail-Schreibklasse.

Maj Sjöwall, geboren 1935 in Stockholm, Journalistin, Grafikerin und Autorin, erschuf gemeinsam mit ihrem Ehemann Per Wahlöö die Figur des Ermittlers Martin Beck. Das Duo Sjöwall/Wahlöö gilt als das Elternpaar des sozialkritischen Schwedenkrimis. Die zehn Bücher, die zwischen 1965 und 1975 erschienen, wurden zu Welterfolgen; „Alarm in Sköldgatan" bekam den Edgar-Allan-Poe-Preis.

Reiner M. Sowa, geboren 1959, lebt mit Frau und zwei Kindern im Bergischen Land. Studierte Verwaltungswissenschaften und Jura in Köln, anschließend Kommissar bei der Polizei als Drogenfahnder und Todesermittler. Lehrte Kriminalistik und Strafrecht. Bildete Lehrpersonal für das Polizei-Ausbildungsinstitut in Brandenburg aus und reformierte als Mitglied einer Arbeitsgruppe die polizeiliche Ausbildung in Nordrhein-Westfalen. Errichtete im Auftrag der United Nations in Sarajewo eine Polizeiakademie; das „United States Department of Justice“ bildete ihn zum „Human Dignity Instructor“ fort. Verfasser von Fachbüchern und -artikeln, seit 1999 Krimiautor. Veröffentlichungen (u.a.): „Ein Bestatter fährt zur Hölle“ (2000), „Ein Bestatter in dunkler Vergangenheit“ (2002).

Regula Venske, geb. 1955, Dr. phil., lebt als freie Schriftstellerin in Hamburg; sie ist Mitglied im Syndikat und im P.E.N. Ihre Romane und Erzählungen wurden u. a. mit dem Oldenburger Kinder- und Jugendbuchpreis, dem Deutschen Krimipreis und dem Lessing-Stipendium des Hamburger Senats ausgezeichnet, der Kurzgeschichtenband „Herzschlag auf Maiglöckchensauce“ für den Frauenkrimipreis der Stadt Wiesbaden nominiert; einige Geschichten daraus waren zuvor im Leda-Verlag erschienen, z. B. in „Mordkompott“, „Mord und Steinschlag“ und „Flossen hoch“. Letzte Veröffentlichungen: „Du sollst nicht töten. Zwölf Verbrechen aus der Bibel“ (Scherz), „Hamburger Kanzelsturz“ (Axel Springer) und „Hotel Terminus. Ein Kriminalroman von 12 Autoren“ (Aufbau); in Vorbereitung ist der Roman „Marthes Vision“ (Eichborn).

Barbara Wendelken, geboren 1955 in Schwanewede bei Bremen. Verheiratet, drei Kinder, lebt in Moormerland. Beinahe zwanzig Jahre arbeitete sie als Kinderkrankenschwester. 1993 erschien ihr erstes Buch; seit 1996 veröffentlicht sie regelmäßig Bücher für Kinder und Erwachsene. Sie ist Mitglied im VS, im Syndikat und bei den Sisters in Crime. Seit 1999 Mitorganisatorin für die Vergabe des „Martin“, eines Autorenpreises für Kinderkrimis. Ihre Erzählung „Wagenbach“ wurde 1999 mit dem zweiten Platz beim Ellwanger Jugendliteraturpreis ausgezeichnet. Neuere Veröffentlichungen u.a.: „Indianerliebe“ (in „Mordlichter“, Leda 2001), Forelle auf Arsen (in „Flossen hoch!“, Leda 2002) sowie die Kinderkrimireihen „Oskar“ und „Die drei Paulas“.

Wolke de Witt lebt in Ostfriesland. Nach Redaktionsvolontariat und jahrelangem Redakteursdasein bei verschiedenen Tageszeitungen in Niedersachsen freie Mitarbeit bei Zeitungen, Zeitschriften und dem Internetmagazin TrekZone News. Mitglied der Sisters in Crime und als Amigo im Syndikat. Veröffentlichte unter anderem die Kurzkrimis „Alle meine Mädchen“ (in „Flossen höher!“, Leda 2004); „Der nächste Wurf“ (in „Wer hat hier das Sagen?“, 2005). Ein Kriminalroman ist in Vorbereitung.

Peter Gerdes (Hrsg):
Mordkompott
Kriminelles zwischen
Klütje und Kluntje

ISBN 3-934927-01-7
240 Seiten; 12,70 Euro

Billie Rubin (Hrsg):
Bayerisches Mordkompott
Kriminelles zwischen
Kraut und Knödeln

ISBN 3-934927-33-5
240 Seiten; 12,70 Euro

H. & P. Gerdes (Hrsg):
Flossen höher
Kriminelles zwischen
Fisch und Pfanne

ISBN 3-934927-34-3
240 Seiten; 12,70 Euro

Peter Gerdes (Hrsg):
Mordlichter
Anthologie zu den 2.
Ostfriesischen Krimitagen

ISBN 3-934927-12-2
240 Seiten; 12,70 Euro

J. Alberts/J. Ehlers (Hrsg):
Mord und Steinschlag
Krimis zum Jahr des
Geowissenschaften

ISBN 3-934927-26-2
240 Seiten; 12,70 Euro

Peter Gerdes (Hrsg):
Inselkrimis
Kriminelles zwischen
Strand und Düne

ISBN 3-934927-59-9
240 Seiten; 12,70 Euro